Kurt Flasch

Warum ich kein Christ bin

Kurt Flasch

Warum ich kein Christ bin

Bericht und Argumentation

C.H.Beck

2. Auflage. 2013

© Verlag C.H.Beck oHG, München 2013
Satz: Fotosatz Amann, Aichstetten
Druck und Bindung: GGP Media GmbH, Pößneck
Umschlaggestaltung: Anzinger/Wüschner/Rasp, München
Gedruck auf säurefreiem, altersbeständigem Papier
(hergestellt aus chlorfrei gebleichtem Zellstoff)
Printed in Germany
978 3 406 65284 4
www.beck.de

Inhalt

Vorwort 9

Einleitend

1. Rechenschaft 11
2. Was heißt hier ‹Christ›? 19
3. Ein bißchen Autobiographie 28
4. Samstagnachmittage bei Herbert Braun 30

ERSTER TEIL

Kapitel I
Der historische Einschnitt

1. Geschichtliche Umbrüche 41
2. Intellektuelle Entwicklungen 44
3. Historisch-kritische Forschung 48
4. Neue Glaubensbegründungen 64

Kapitel II
Der wahre Glaube

1. Etwas über ‹Wahrheit› 83
2. Muß Religion wahr sein? 89
3. Woran erkennt man die wahre Religion? 91
4. Religiöse Wahrheit heute 95

Kapitel III
Weissagungen und Wunder

1. Weissagungen 109
2. Wundergeschichten 114
3. Die Auferstehung 120
4. Die ‹Bekehrung der Welt› 132

ZWEITER TEIL

Kapitel IV
Gott

1. Könnte es sein, daß Gott tot ist? 139
2. Der Gott der Philosophen 144
3. Der Gott der Väter 157

Kapitel V
… und die Welt

1. Zweckgemäß? 168
2. Das Böse 171
3. Am Anfang schuf Gott … 180

Kapitel VI
Erlösung

1. Wovon erlöst? 194
2. Loskauf 199
3. Opfer 205
4. Augustinus. Erlösung mit Tod und Teufel 210

Kapitel VII
Ethik

1. Neue Regeln 215
2. Die Zehn Gebote 217
3. Die Bergpredigt 223
4. Sexualethik 229

Kapitel VIII
Seele. Himmel und Hölle

1. Seele. Unsterblichkeit 232
2. Noch eine Anleihe bei der Philosophie 234
3. Arme Seele 245
4. Himmel und Hölle 247

Kapitel IX
Wie es sich anfühlt, kein Christ zu sein

1. Ein persönliches Buch 253
2. Was mir alles nicht fehlt 254
3. Christentum der Unvernunft 257
4. Ein zweiter Durchgang 262

Anmerkungen 267
Sachregister 275
Personenregister 277

Vorwort

1) Ich bin kein Christ mehr. Hier möchte ich erklären, warum. Ich werde oft nach meinen Gründen gefragt; heute will ich darauf antworten, so kurz und klar wie möglich. Um es vorwegzunehmen: Mein Auszug hat wenig mit dem Zustand der Kirchen und viel mit ihrem Anspruch auf Wahrheit zu tun. Es geht hier nicht um Kirchenkritik, sondern um die Gründe, warum ich keine kirchliche Lehre teile.

2) Am 6. März 1927 hielt Bertrand Russell seinen berühmt gewordenen Vortrag: *Why I am not a Christian*. Es war ein Text von exemplarischer Klarheit und Kürze; er umfaßte 12 Seiten im Druck. Er verbindet in klassischer Einfachheit persönliche Reflexion mit theoretischer Argumentation. Nach 85 Jahren greife ich dieses Thema noch einmal auf; es hat an Aktualität hinzugewonnen. Ich untersuche es nach meinen Erfahrungen und mit neuen Argumenten. Hätte ich Russells Formel um jeden Preis vermeiden wollen, hätte ich stilistische Ziererei erzeugt.

3) Wikipedia nennt von meinen etwa 40 Vorlesungen an der Ruhr-Universität Bochum nur diese einzige: *Warum ich kein Christ bin*. Sie stellt es so dar, als habe es sich um einen zweistündigen Abschiedsvortrag gehandelt, aber es war eine vielstündige zweisemestrige Vorlesung. Die Angabe erzeugte einen Rattenschwanz von Anfragen. Immer wieder wollte jemand wissen, wo mein Text zu kaufen wäre. Ich konnte nicht alle Anfragen einzeln beantworten. Ich bitte dafür um Nachsicht und gebe hier eine Kurzfassung meiner Gründe. Sie richtet sich nicht zuerst an Fachtheologen, sondern an jeden, der sich seines Glaubens gewiß oder ungewiß ist. Ich berichte und argumentiere. Ich erzähle ein wenig von meinem Leben, denn ich beschreibe mein

privates Nachdenken und begründe meine persönliche Entscheidung. Der Haupton liegt auf den Argumenten, die den Abschied zur Folge hatten. Ich verfolge sie nur soweit, wie sie dem allgemein-interessierten Leser dienlich sind.

Ich will den Fachjargon vermeiden, besonders dort, wo ich von Augustin und von mittelalterlichen Autoren spreche, aber auch beim Beschreiben des Schöpfungsberichts und anderer Bibelstellen.

Ich lade meine Leser ein, sich darüber ein Urteil zu bilden. Übrigens gibt es auch Christen, die eine Debatte darüber besser finden als die konventionelle Selbstverständlichkeit, wir seien alle Christen.

4) Kann man vernünftigerweise Christ sein oder bleiben? Dies sorgfältig zu erörtern, liegt, scheint mir, im allgemeinen Interesse. Es gibt viele Zweifler; die Zeit homogenen Volksglaubens ist in Europa vorbei. Es hagelt Kirchenkritik, aber die kirchlichen Lehren erfreuen sich großer Schonung. Viele reduzieren sie auf Nächstenliebe und lassen alles, was darüber hinausgeht, auf sich beruhen. Gerade darüber, also über die Wahrheit des christlichen Glaubens, möchte ich Unterhaltungen anregen. Es geht nicht um ‹Religion› im allgemeinen, sondern um christliche Ansprüche hier und heute. Sie fordern öffentlich politischen und gesellschaftlichen Einfluß, zum Beispiel auf die Gesetzgebung des Bundestags, auf die Gesundheits-, die Schul- und Medienpolitik. Schon deshalb sind sie in Ruhe zu prüfen.

Ich grabe, wo ich stehe. Ich rede nicht vom Buddhismus und nicht vom Islam. Über diese höre ich mir nur Leute an, die Dokumente dieser Religionen in der Originalsprache studieren. Ich rede vom katholischen und protestantischen Christentum in Europa. Ich untersuche seine Wahrheitschancen in der Gegenwart und blicke, wo nötig, auf die Vergangenheit, aus der es kommt.

Mainz, 12. März 2013   *Kurt Flasch*

Einleitend

1. *Rechenschaft*

Ich, mit 83 Jahren, gehe mit kräftigen Schritten aufs Ende meines Lebens zu. Ich nutze die Gelegenheit, hier Bilanz zu ziehen über meine Erfahrungen. Zu ihnen gehört die christliche Religion. Sie war nicht das einzige Thema meines Lebens, noch nicht einmal sein Hauptinhalt. Politik und Philosophie, Geschichte und Literatur waren genausowichtig. Aber ich kam in wechselnden Formen immer wieder auf sie zurück und fasse kurz mein Resultat zusammen.

Ich habe sie früh unter den denkbar günstigen Bedingungen kennengelernt, nicht zur Zeit ihres Triumphs, sondern in einer kleinen Gruppe, die litt und verfolgt wurde. Ein Onkel von mir steht im Verzeichnis der katholischen Märtyrer des 20. Jahrhunderts. Später konnte ich ihre größten intellektuellen und künstlerischen Hervorbringungen in Ruhe und Unabhängigkeit studieren. Ich habe ihr Kleingedrucktes gelesen und mit Kardinal Joseph Ratzinger im Großen Amphitheater der Sorbonne über ihre Wahrheit diskutiert. Das Ergebnis war nicht Haß, sondern ruhige, sogar heitere Distanz. Ich bin kein Christ mehr. Hier möchte ich erklären, warum.

Es geht mir, wie gesagt, um die christliche Lehre. Aber schon höre ich den Einwand, das Christentum sei nicht in erster Linie *Lehre*, sondern *Leben*. Wo es wirklich Leben ist, werde ich es nicht kritisieren. Aber es ist inzwischen 2000 Jahre alt. Es hatte lange die Macht und konnte zeigen, was es bewirkt. Es ergriff jede Gelegenheit zu erklären, worum es ihm geht. Gleichwohl halten viele Mitmenschen sich für Christen, kümmern sich aber wenig oder gar nicht darum, was das Christentum über sich sagt. Das hat gute Gründe; es ist ihnen nicht vorzuwerfen, daß christliche Lehren das Leben kaum noch erreichen.

Aber den Spott Fichtes haben sie verdient, nicht wenige Christen redeten sich und anderen ein, «sie glaubten etwas, wenn man bloß nichts dagegen hat, und es ruhig an seinen Ort gestellt sein läßt.» Die christlichen Kirchen selbst haben sich in ihren drei Hauptformen – östliche Orthodoxie, römischer Katholizismus und protestantische Kirchen – unendlich oft selbst dargestellt. Sie haben Glaubensformeln und Konzilsbeschlüsse, Bekenntnisschriften, Lebensregeln und Rituale geschaffen; Synoden und Lehrämter haben die Lehre des Christentums verbindlich festgelegt. Bis ins 20. Jahrhundert hinein besaß es zudem die Liebenswürdigkeit, der Klarheit halber hinzuzufügen, wer seiner Lehre widerspreche, sei für immer verdammt. Es gebrauchte die Formel der Verwerfung so oft, daß es für sie eine eigene Abkürzung erfand. In älteren theologischen Büchern liest man dann nur *a. s., anathema sit*, er sei verdammt. Es gab auf die Fragen: «Was wollt ihr denn? Was glaubt ihr?» Antworten im Übermaß.

Die Auskünfte fallen nicht übereinstimmend aus. Der christliche Glaube hat eine Geschichte voller Streit und Divergenzen. Wer heute fragt, was Christen glauben, bekommt hundert Antworten. Aber sie zeigen Gemeinsamkeiten. Und die holen sich die verschiedenen Gruppen aus der fernen Vergangenheit, aus Büchern, die um das Jahr 100 entstanden sind, auch aus Beschlüssen von Kirchenversammlungen des 4. und 5. Jahrhunderts und von Bekenntnisschriften des 16. Jahrhunderts. Sie verleugnen das gelegentlich. Sie wollen jünger aussehen als sie sind. Kleine Gruppen brechen Einzelteile aus dem alten Gebäude heraus. Aber sie sagen, sie böten das ‹ursprüngliche› Christentum; auch sie beziehen das christliche ‹Leben› auf ‹Tradition›.

Die Kirchenoberen, die wir am meisten *sehen*, treten museal auf. Das ist kein Zufall. Sie denken ungefähr so, wie sie sich zeigen – mit Titelpomp wie ‹Seine Heiligkeit›, altertümelnd und exotisch, mit Gewändern und Wortungetümen wie ‹Superintendent›. Das *repräsentative* kirchliche Leben pflegt seine sklerotisierte Form. Wir sehen mit Vorliebe ältere Herren in urtümlicher Kleidung und hören eine altmodische Sprache. Einige von ihnen fühlen den Druck, die museale Tonart abzulegen. Der eine oder andere Theologe liefert aktualisierte Abschwächungen. Ein frommer Pater spricht Mut zu; er verlegt sich auf Seelenpflege; Lutheraner weichen gern in die Umwelt aus. Aber

1. Rechenschaft

die Ausbruchsversuche bleiben wie mit Fußfesseln ans Vergangene gebunden. Wer das Christentum der Gegenwart kennenlernen will, kommt um seine altertümelnden Selbstauslegungen nicht herum. Ich bestreite nicht, daß es irgendwo christliches Leben gibt. Mit Papstbegräbnissen und Reformationsjubiläen wird es niemand verwechseln. Auseinandersetzungsfähig sind die historisch vorliegenden Selbstfestlegungen. Daher muß, wer heute über das Christentum nachdenkt, sich oft an alten Bestandstücken orientieren, am besten an dem Glaubensbekenntnis, das Katholiken wie Protestanten feierlich ablegen.

Es liegt nicht an mir, daß das Christentum alt aussieht. Seine Anfänge liegen 2000 Jahre zurück. Natürlich hat es nicht schon deswegen unrecht, weil es antik ist. Die Geometrie ist noch älter. Die griechische Philosophie ebenso. Auch sie hat ihre Traditionslast.

Auch von dieser muß hier die Rede sein, denn Philosophie und Geschichtsforschung haben meine Kinderzweifel am christlichen Glauben großgezogen. Nicht, als hätte ich eine vorhandene antichristliche Philosophie übernommen. Die Infektion geschah subtiler: Philosophen stärkten die in mir aufkeimende Überzeugung, ich sei für meine Ansichten verantwortlich, ich sollte und dürfe sie überprüfen und bewerten. Geschichtsforscher und Gräzisten zeigten mir, wie man genau liest; Philosophen lehrten mich, auch die christlichen Dokumente nach Für und Wider zu durchdenken. Sie machten mir Mut zur Revision von Überzeugungen. Sie schlugen die Zweifel nieder, ob ich, der ich schwankte, es mir überhaupt erlauben dürfe, die feierlichsten Sätze selbständig zu untersuchen. Sie zeigten mir: Gläubige stellen sich genau wie Ungläubige unvermeidlich als urteilendes Ich der Tradition gegenüber. Auch wer sie übernimmt, selbst wer lehrt, kein Erdenwurm dürfe sich beurteilend über Gottes Wort stellen, richtet über sie; er erklärt sie für übernehmenswert und weist andere Traditionen zurück. Nicht christentumsfeindliche philosophische Thesen, die im Umlauf waren, erzeugten die Reibung, sondern ich erzeugte sie selbst. Ich sah mich ermutigt, Weltauslegungen eigenwillig-distanziert zu untersuchen. Nichts, was mir wichtig war, sollte als selbstverständlich gelten, zunächst – die Verbrecher waren noch an der Macht – nichts Politisches, dann nichts vom Schulstoff, nichts aus allen wilden Lektüren und zuletzt nicht die christliche Religion, die mir dazu verholfen hat, mich als ein Ich zu begreifen, das für Wahrheit und Unwahrheit zuständig ist.

Zufälle der Geburt, der Geschichte und der Umgebung, von denen ich erzählen muß, halfen mit; sie machten mein Leben und Denken zu einem individuellen Beispiel für das heutige Verhältnis von Philosophie und Religion. Dies vereinfacht darzustellen ist das Ziel dieses Buches. Ich verschweige nicht die individuelle Konstellation. Sie zu wiederholen ist weder möglich noch wünschenswert. Jeder Leser kann prüfen, was davon er in seine Überlegungen einführt oder abweist. Auf den Zusammenhang von Individualität und Wahrheit komme ich zurück; einleitend gebe ich diese Überlegung Goethes in *Dichtung und Wahrheit* zu bedenken:

> *Der Mensch mag seine höhere Bestimmung auf Erden oder im Himmel, in der Gegenwart oder in der Zukunft suchen, so bleibt er doch innerlich einem ewigen Schwanken, von außen einer immer störenden Einwirkung ausgesetzt, bis er ein für allemal den Entschluß faßt, zu erklären, das Rechte sei das, was ihm gemäß ist.*

Nicht, als handle es sich beim Sprechen über den christlichen Glauben nur um rein individuelle Seelenaffären. Einiges läßt sich objektiv sagen, sowohl vom Christentum wie von der Philosophie. Um mit der Philosophie zu beginnen: Es läßt sich überprüfbar belegen, daß und wie sie früh in Konflikt trat mit der Götterwelt der Hellenen. Daß sie ihren Bildungsvorrang gegen Dichtung und Religion polemisierend durchsetzte, oft mit rohen Worten:

Heraklit wollte, Homer sollte ausgepeitscht werden. Denn Homers viele, rivalisierende Götter täuschten über die *eine*, göttlich-naturhafte Realität. Die Griechen müßten umerzogen werden. Die Götter Homers und Hesiods, sagten die frühen Philosophen, seien Erfindungen von Menschen.

Platon kritisierte diese Götter. Seine Philosophie sollte das korrupte Leben Athens korrigieren, das private wie das öffentliche. Sie sollte das richtige Leben durchsetzen, auch gegen volkstümliche Religionsvorstellungen. Notfalls, indem sie diese uminterpretierte. Manche von ihnen enthalten wahre Ahnungen wie die Sprüche des Orakels, aber das Übermaß der Korruption, das zur Hinrichtung des gerechtesten Menschen geführt hat, beweist, daß es an der Zeit ist, begründende Rechenschaft zu geben von lebensleitenden Überzeugungen.

Sokrates hat gezeigt, wie das aussieht: Ein Einzelner sieht sich verantwortlich für das, was er denkt und sagt. Er nimmt sich nicht mehr nur als Produkt seiner Verhältnisse; er stellt sich ihnen gegenüber. Nichts, was lebensbestimmend wichtig ist, steht ihm unbefragt fest, außer, daß er dies alles prüfen muß. Keineswegs will er *alles* prüfen, wohl aber alles, was allgemein als gut gilt. Diese Prüfung regt einige junge Leute an zu Enthusiasmus, erzeugt aber auch Haß. Sokrates zeigt, wie unsicher die bestehenden Meinungen über das richtige Leben sind; er sucht nach neuen. Diesen Eigensinn nimmt man ihm übel. Er trägt die Kosten des Verfahrens, bis zum Tod.

Der Konflikt bestand schon in vorsokratischer Zeit. Das belegt Heraklits *Fragment B 42*. Anaxagoras erklärte, Helios, die Sonne, sei kein Gott, sondern ein Haufen glühender Steine. Er griff die herrschende Religion an, um den neuen Anspruch des Wissens gegen die Tradition durchzusetzen. Die Frommen reagierten mit dem Prozess wegen Gottlosigkeit.

Auch Xenophanes sprach distanziert von der Volksreligion. Er relativierte: Die Äthiopier behaupten, ihre Götter seien schwarz und stumpfnasig, die Thraker, sie seien blauäugig und rothaarig (B 16). Oder er argumentierte: Wenn Ochsen, Pferde und Löwen Hände hätten und malen könnten, dann würden die Pferde pferdeähnliche, die Ochsen ochsenähnliche und die Löwen löwenähnliche Götter malen (B 15).

Der Kampf tobte früh. Und mit scharfen Worten. Gerade weil es Gemeinsames gab zwischen Philosophie und Religion. Beide gaben große Themen vor. Sie erzählten, was am Anfang war. Sie nannten Ursprünge und teilten Zeiten ein. Sie gliederten sie nach Epochen: Goldenes Zeitalter, *vor* dem Fall, *nach* dem Fall. Dichter, die über die Götter nachdachten, *theologêsantes*, waren die ersten Philosophierenden. Sie haben Geschichten erzählt, *mythoi*, und gaben zu denken. Mit solchen Worten berief Aristoteles sich am Anfang seiner *Metaphysik* auf sie. Sie waren der Anfang, den Philosophen zu achten und zu verlassen hatten. Die Ganzalten gaben Bilder vor, regten an zum Denken über den Kosmos, seinen Ursprung und seine Zukunft, aber das waren für Aristoteles unbeholfene Anfänge.

Die alten Religionen gaben Völkern eine kulturelle Form, sicherten ihre Lebensart, halfen Zusammenbrüche zu überleben. Kein Wunder, daß sie verteidigt wurden. Oft mit Klauen und Zähnen. Daher hebe ich noch einmal die Gemeinsamkeit mit den Philosophen hervor: zunächst die gemeinsame alte Herkunft. Die griechische Religion war älter als die Philosophie. Beide redeten von umfassenden Themen: sie berührten Ethik und Heilkunst, Magie und Naturerklärung; beide beanspruchten private und politische Lebensleitung. Beide traten oft in Konkurrenz. Im Laufe der Neuzeit mußten sie beide bestimmte Kompetenzen abtreten; sie wurden zu Randgebieten, zu Ressorts für Spezielles. So entstand die geschichtliche Situation, vor der heute Religiöse wie Irreligiöse stehen.

Es geht mir um die realgeschichtliche und intellektuelle Situation, in der *heute* Religion und Religionskritik stehen. Mein Thema ist nicht die Religion im allgemeinen, weder ihr Wesen noch ihre Zukunft. Beides weiß ich nicht. Ich zweifle, ob andere beides oder auch nur eins von beiden wissen. Viele reden heute von der Zukunft des Glaubens; ich kenne sie nicht und rede daher nicht davon. Zwar komme auch ich nicht ohne allgemeine Annahmen über Religionen aus. Das war nicht einmal bei meinen ersten Einleitungsworten der Fall, aber sie waren vorläufig, mehr experimentell formuliert. Sie kommen auf den Prüfstand. Und es geht nicht um meine Ausgangsformeln, nicht um den allgemeinen Begriff von Religion, sondern ums Christentum, weil es die einzige Religion ist, die ich umfassend aus den Quellen und als Realität in der heutigen Welt kenne. Ich will wissen, ob ich Gründe habe, sie als wahr anzuerkennen oder nicht. Ich äußere mich zwar zum Konzept von Wahrheit, das dabei mitspielt, aber nicht zum allgemeinen Begriff von Religion.

Dieser Einschränkung liegt folgende Beobachtung zugrunde: Wer erst einen allgemeinen Begriff *der* Religion entwickelt und dann übergeht zur Bewertung einer einzelnen, z. B. des Christentums, arbeitet aus zwei oder drei historischen Religionen gemeinsame Merkmale heraus. Er entwickelt sie z. B. anhand ihrer Ethik oder beschreibt ihre

1. Rechenschaft

Sprache. In der Regel kennt er nur eine oder zwei Religionen gründlich; dann beruhen solche ‹Wesensbeschreibungen› der Religion auf fragwürdig-bruchstückhaften Tatsachenannahmen, oft auf schwachen Sprachkenntnissen. Die so gewonnene Definition von Religion enthält oft verborgen eine begünstigende oder eine distanzierende Religionsbeschreibung; wer sie dann aufs Christentum anwendet, erhält leicht das erwünschte Resultat. Ich traue bei historischen Gegenständen solchen generellen Phänomenbeschreibungen nicht. Sie fingieren Neutralität.

Was ‹Wahrheit› in meinen Sätzen bedeutet, das kann und muß ich theoretisch begründen; aber was beispielsweise der Islam ist und wie eine vorfabrizierte Religionsdefinition auf ihn paßt, das fordert langes Studium, das selbst Islamwissenschaftlern nicht durchweg gelingt, teils weil sie von ihren westlichen Vorannahmen nicht loskommen, teils weil sie das Selbstverständnis nur einzelner Gruppen für das Islamische halten, teils weil sie die *Entstehung* des Islam nicht als ihre Forschungsaufgabe sehen. Dies würde syrische, aramäische und vermutlich noch andere Sprachkenntnisse sowie archäologische und numismatische Studien voraussetzen. Also beschränke ich mich aufs Christentum. Dieses hat bekanntlich allein schon viele, teils sich widersprechende Formen. Darauf komme ich bald zu sprechen.

Zuvor noch ein kurzes Wort zur Art meiner Untersuchung: Sie dient meiner Selbstverständigung und bleibt philosophisch, auch wo sie theologische Themen berührt. Da das Christentum ein historischer Gegenstand ist, nehme ich alles Historische genau. Ich gehe von den gegenwärtigen Präsentationen des Christentums auf die alten Glaubensbekenntnisse und teilweise auch auf die Bibel zurück. Es soll das Bild einer geschichtlichen Bewegung entstehen, nicht das einer abstrakten, mir entgegenstehenden These. Ich argumentiere überprüfbar, philologisch, ohne mich in die Einzelheiten zu vertiefen, die bei Spezialuntersuchungen nötig sind. Aber ohne Details geht es nicht. Das philosophische Denken wird nicht gründlicher, wenn es sich keine präzisen Wahrnehmungen verschafft. Wahrnehmungen muß man sich *verschaffen*; die Objekte fallen nicht in uns hinein. Gewiß gibt es Leute, die sich *zu viele* Wahrnehmungen verschaffen, die nur sammeln und wenig denken. Ich versuche Philosophie mit Historie zu verbinden; also über Wahrheit nachzudenken, ohne wichtige Texte der Bibel oder Entwicklungen im Denken Augustins oder Luthers zu übersehen. Ich will die Quellen des christlichen Denkens genau lesen und fragen, wo heute für mich einlösbare Wahrheitschancen liegen. Ich will als Philosoph aus Interesse an Wahrheit historisch exakt über das Christentum als geschichtlich vorgegebene Serie von Komplexen sprechen. Wer historisch arbeitet, legt nicht seine Herzensangelegenheiten in die Dokumente der christlichen Religion. Skepsis verdienen philosophierende Autoren, die erst das Christentum *verändern*, verbessern, also reformieren wollen, um es dann von ganzem Herzen zu bejahen. Sie sagen, das Kirchenchristentum verstehe seine eigene Intention nicht recht. Diese müsse man ihm klarmachen, und dann werde es zur Religion der Zukunft, deren Stunde jetzt schlage. Meist wollen sie ihm das buchstäbliche Selbstverständnis abgewöhnen. Sie hätten es gern freier, bildlicher, und menschlicher; sie halten nur das von ihnen ausgedachte Christentum für das wahre. Solche Philosophen, die auch Theologen sein können, wollen eigentlich eine andere Kirche gründen. Aber das ist nicht die Aufgabe von Philosophen; das gelingt außerdem nicht.

Ein Beispiel solcher Wohlgesinnter ist Gianni Vattimo. Er liebt seine katholische Kirche und will sich nicht von ihr trennen. Nur soll sie anders über Frauen und Homosexuelle denken als sie es tut. Vattimo verlangt noch mehr von ihr: Sie soll den ‹Objektivimus› ihres Wahrheitskonzepts aufgeben und eine neue Auslegung ihrer Botschaft erlauben. Sie soll ihre Dogmen metaphorisch deuten.

Es sieht nicht danach aus, als wolle die römische Kirche Vattimos Wünsche erfüllen. Sie waren schon 1965 illusionär. Die Frage ist, ob sie das überhaupt könnte, wenn sie es selbst wollte. Vattimo kommt mir vor wie ein freundlicher und sensibler junger Mann, der aus Familientradition in einen Anglerverein geraten ist – es gibt übrigens in Deutschland noch Fischerzünfte, in die man hineingeboren wird und in die kein Fremder kommt –, der aber dann seine Sympathie für Fische entdeckt und vorschlägt, der Anglerverein soll sich in Zukunft mit dem Häkeln von Tischdeckchen statt mit dem Töten von Fischen befassen. Ich bewundere die seelische Feinheit solcher junger Männer, aber Erfolgsaussichten versprechen kann man ihnen nicht. Ihr

Herzenswunsch beweist noch keine besondere philosophische Qualifikation. Philosophisch kohärent wäre, den Anglerverein zu verlassen, ohne ihn zu verfluchen, denn er zeigt nur das übliche Beharrungsvermögen, dem alte Vereine ihren Fortbestand verdanken.

2. Was heißt hier ‹Christ›?

«Wenn man's so hört,
möcht's leidlich scheinen,
Steht aber doch immer schief darum;
Denn du hast kein Christentum.»
MARGARETE ZU FAUST, GOETHE, FAUST I,
MARTHENS GARTEN, VERS 346 FF.

Wer sagt, er sei kein Christ, muß wohl hinzusagen, was er unter ‹Christsein› versteht. Das ist gar nicht so leicht. Denn es gibt nicht *das* Christentum, sondern Christentümer. Zum Glück brauche ich nicht zu entscheiden, wer das Recht hat, sich ‹Christ› zu nennen. Der Titel scheint begehrt und sein Besitz umstritten zu sein. Ich möchte nur sagen, in welchem Sinn von Christsein *ich* keiner bin.

Das Wort ‹Christ› läßt sich verschieden auslegen. Mancher Mann gilt schon als ‹Christ›, weil er keine Schecks fälscht und seine Frau nicht schlägt. Andere verstehen unter einem ‹Christen› einen Menschen, der sich um seine Nächsten sorgt. Das ist schon besser, reicht aber nicht. Es gibt eine Palette von weiterführenden Bestimmungen, ich gehe von der einfachen zur vollständigeren.

Mancher nennt sich ‹Christ› und verbindet damit die Minimalvorstellung, Gott meine es gut mit ihm oder überhaupt mit den Menschen. Frage ich ihn, was das mit Christus zu tun habe, fügt er vielleicht hinzu, Christus habe die Botschaft gebracht, daß Gott nicht zornig sei und keine blutigen Opfer verlange; Gott sei gütig, sogar die Liebe selbst. Ein Christ wäre demnach ein metaphysischer Optimist; sein Glaube bestünde darin, daß er auf die Güte Gottes baut.

Ein *zweiter* Typus von Christ vertraut auf Gott und erhofft *nach dem Tod* ein besseres Leben in einer gerechteren Welt. Er fügt seinem

Glauben die Jenseitshoffnung hinzu und das Motiv der Gerechtigkeit, wenn nicht für dieses Leben, dann doch fürs Jenseits. Auf Befragen antwortet er vielleicht, er nenne sich ‹Christ›, denn Christus habe ihm den Zugang zu Gott eröffnet.

In *dritter* Version sagt ein Christ: Er glaube der Bibel. Er nehme an, Gott habe die Welt erschaffen. Vielleicht nicht in sechs Tagen, aber immerhin habe er dem Menschen eine hohe Stelle zugedacht. Er behaupte nicht, die Geschichten von Adam und Eva erzählten den *faktischen* Anfang der Menschheitsgeschichte; er verstehe sie ‹bildlich›. Er wisse nicht, ob die Menschheit von einem einzigen Paar abstamme. Fragt man, was diese Ansicht mit Christus zu tun hat, dann antwortet er vielleicht, Christus habe dies bestätigt und uns gelehrt, zum Schöpfergott ‹Vater› zu sagen. Ihm verdankten wir ein vertrautes, ein vertrauliches Verhältnis zum Schöpfer.

Eine *vierte*, nun schon sehr besondere Gruppe gibt Gründe an, warum sie mit Recht glaube. Sie verteidigt ihre Orthodoxie, ihre Rechtgläubigkeit. Heute sagt sie es nicht mehr so laut, aber sie denkt, Muslime glaubten *leichtfertig*, Christen glaubten mit guten Gründen. Für die Glaubwürdigkeit dieses christlichen Glaubens weiß sie sich im Besitz sicherer philosophischer und historischer Beweise. Diese dienten als rationale Hinführung zum Glauben. Sie nennt sie *praeambula fidei*. Darunter versteht sie zwei Gruppen von Beweisen, die das Christentum glaub*würdig* machten: Die erste Gruppe bildeten die philosophischen Argumente, mit denen die natürliche, allgemeinmenschliche Vernunft beweise, daß Gott ist und daß die Seele den Tod übersteht. Die zweite Gruppe beweise historisch, daß Gott sich de facto in Christus offenbart hat.

Nicht nur Katholiken stützten den christlichen Glauben durch philosophische Argumente für Theismus und Seelenunsterblichkeit. Das taten auch Muslime, sobald sie mit der griechischen Philosophie vertraut wurden. Auch Protestanten betrieben bis etwa 1800 ‹natürliche Theologie›, die sich auf rationale Einsichten berief. Ich erinnere nur an Leibniz, gestorben 1716. Auch Kant brach nicht in letzter Konsequenz mit dieser Tradition. Im Laufe des 19. Jahrhunderts wurde sie zunehmend zum Sondergut der römischen Katholiken. Das Erste Vatikanische Konzil behauptete sie als verbindliche christliche

2. Was heißt hier ‹Christ›? 21

Lehre und dekretierte, die rechte Vernunft *beweise* die Grundlagen des Glaubens, *cum recta ratio fidei fundamenta demonstret*.[1] Diese Position stützte sich sowohl auf Philosophie wie auf Geschichtsforschung. Sie rechtfertigte den Glauben mit philosophischen und historischen Argumenten.

Die *fünfte* Ansicht ist der soeben genannten entgegengesetzt. Diese Christenart verlangt für ihren Glauben keine Beweise; sie beruft sich auf ihr Herz und ihr Gefühl. Sie nimmt an, es gebe *keine* sicheren Beweise zugunsten der Glaubensentscheidung, der Christ wage den *Sprung* des Glaubens.

Diese Theorie entstand als Ablehnung der Religionsphilosophie des deutschen Idealismus und verbreitete sich im Lauf des 20. Jahrhunderts besonders unter protestantischen Theologen. Der Gott der Philosophen war bei ihnen in Verruf geraten; die Metaphysik der unsterblichen Seele galt als überholt; sie haben im November 1918 mit Wilhelm II. ihren Pontifex maximus verloren, sie lernten in der Not beten und suchten ihre Zuflucht jetzt mehr beim stärkeren Arm des himmlischen Herrn. Diese Glaubensgruppe beruft sich gern auf Pascal und Kierkegaard, sie hält sich für die gegenwartsgeeignetere, die fortgeschrittene Version; sie nimmt ihre Verlegenheit zum Anlaß, sich des großherzigen Verzichts auf Metaphysik und Polizei zu rühmen. Die vierte Christensorte strotzte vor Erkenntniszuversicht in Sachen der philosophischen Theologie und überforderte die Geschichtsforschung, von der sie den Beweis für ‹Glaubenstatsachen› verlangte; sie unterschied Glauben und Glaubwürdigkeit und konstruierte diese rationalistisch als die rationale Vorbereitung des Glaubens. Ganz anders die fünfte Variante. Sie verhält sich skeptisch zur philosophischen Gotteserkenntnis und zur Metaphysik der Seele; sie setzt auf den Glauben als Sprung. Sie deutet ‹Glauben› als persönliche Beziehung, als Vertrauen auf Gott, nicht als gehorsame Zustimmung zu einer Gruppe von Sätzen, die von der Kirche vorgelegt wird. Sie versteht sich als vernunft- und kulturkritisch. Während die Christen der vierten Variante darauf bestanden, daß ihre Botschaften historische Tatsachen mitteilen, nimmt die fünfte Konzeption die Glaubensbotschaften vorwiegend bildlich, gerät aber in die Schwierigkeit, einen klaren Trennungsstrich zu ziehen zwischen dem, was sie bildlich versteht und dem, was faktisch, historisch real sein soll. Und so erzeugt sie in ihren Reihen eine Protestgruppe, die zur buchstäblichen Auslegung, also zu einer ‹Theologie der Tatsachen› zurückwill. Jetzt muß das Grab Jesu wieder leer sein.

So geht es mit der Frage der Metaphorik oder Allegorie mehrfach hin und her. Man entgeht ihr nicht. Ganz ohne metaphorische Deutung kommt kein Bibelleser aus. Dafür gibt es zwei schöne Beweise: Erstens: Jesus nennt in *Lukas* 13,32 Herodes einen ‹Fuchs›. Muß der Christ nun glauben, der Gottessohn habe in diesem Augenblick den König in einen Fuchs *verwandelt*? Oder hat er eine Metapher gebraucht und nur gemeint, Herodes sei schlau wie ein Fuchs? Aber wenn Jesus beim Letzten Abendmahl vom Brot sagt: «Das ist mein Leib», dann lehren Thomas von Aquino und Luther, das Brot sei nicht mehr vorhanden oder nur zum Schein da, Jesus habe inzwischen das Brot in seinen Leib *verwandelt*. Warum beim Fuchs bildlich, beim Brot buchstäblich? Wo und warum gerade dort liegt die Grenze der metaphorischen Auslegung? Der einfache Glaube kann das offenlassen, aber Theologie, die als Wissenschaft auftreten wollte, konnte das nicht und schuf endlose Konflikte. Sie wird weder friedlicher noch klarer, wenn sie sich verbindet mit sozialethischen oder ‹spirituellen› Motiven.

Das zweite Argument ergeben die sechs Tage, in denen nach dem ersten Buch der Bibel Gott die Welt erschaffen haben soll. Ein gegenwärtiger Religionsverteidiger nennt jeden einen ‹Fundamentalisten›, der die sechs Tage wörtlich nimmt. Aber die Bibel selbst präsentiert sie wörtlich; sie gibt in keiner Weise zu verstehen, daß diese Darstellung dem Wirken Gottes nicht angemessen ist. Aber schon in der Antike haben Juden und Christen den philosophischen Gottesbegriff dagegen geltend gemacht und die sechs Tage ‹symbolisch› genommen. Ihr Gott war zeitlos; sein Wirken zählte nicht nach Tagen. In diesem Fall wurde die Bibel so früh allegorisiert, daß der buchstäbliche Sechs-Tage-Glaube heute als Kennzeichen des ‹biblischen Fundamentalismus› durchgeht.

Ich bin in keiner der charakterisierten Bedeutungen Christ. Am wenigsten harmoniere ich mit Mischungen dieser Versionen, die im deutschsprachigen Raum – außer in strengnormierten Zirkeln – das Normale geworden zu sein scheint.

2. Was heißt hier ‹Christ›?

Ich nehme also das Christentum nicht als Einheit, sondern differenziere. Vielleicht veranlasse ich den einen oder anderen christlichen Leser zu der Frage, zu welcher dieser Varianten er tendiert. Er könnte damit seinen Ideenhaushalt schon ein wenig aufräumen. Indem ich sage, ich teile keine dieser fünf Versionen, behaupte ich nicht, sie seien Unsinn. Ich nenne keine von ihnen ‹Unsinn›, ich mache nur von keiner dieser Hypothesen Gebrauch. Meine Position ist konsequent agnostisch, nicht atheistisch. Denn ein Atheist traut sich zu, er könne beweisen, daß kein Gott sei. So zuversichtlich bin ich nicht.

Daher bin ich auch nicht verpflichtet, an die Stelle des christlichen Glaubens etwas Besseres zu setzen. Wenn ich sage, daß ich kein Christ bin, werde ich oft gefragt, ob ich etwa Buddhist geworden sei. Ich antworte: Nein, ich brauche keinen Ersatz. Ich lasse die Stelle leer. Ich leide nicht an Phantomschmerz. Ich habe kalt und ersatzlos abgeschlossen. Die Geschichte des Christentums, seine Kunst und Literatur interessieren mich wie zuvor, aber alles Dogmatische geht mich nur historisch etwas an. Argumentativ interessiert mich, was heute behauptet wird. Wer das Christentum bewußt aufgegeben hat, verlangt nichts von all dem, was als Religionsersatz üblich ist: Nationalismus, Sieg über die Konkurrenz, Rekordsucht im Sport, Wirtschaftswachstum, Wissenschaft oder Gelderwerb. Er kann von allem, was sich als Letztwert aufspreizt, so skeptisch und analytisch sprechen, wie früher es radikale Jenseitsgläubige taten. Zum Beispiel Augustin, der das Römische Reich herunterredete und ihm nicht einmal zugestand, ein Gemeinwesen (*civitas*) zu sein.

Es hat sich inzwischen abgezeichnet, was ich unter ‹Philosophie› verstehe, nämlich das Nachdenken über allgemeine Voraussetzungen des alltäglichen und des wissenschaftlichen Sprechens. Zugleich ist sie wirksames Movens zum Aufsuchen zurückgedrängter Fakten. Dabei verwandelt Philosophie sich sehenden Auges in Philologie, natürlich phasenweise, nicht für immer. Sie braucht, meine ich, heute beide Bewegungsrichtungen, die zum abstrakten Argument und die zum philologisch-historischen Detail. Beide möchte ich etwas näher beschreiben:

Philosophie ist heute ein unübersichtliches Universitätsfach. Ich selbst beteilige mich an ihren spezialistischen Debatten, zum Beispiel über die Zeittheorie des Aristoteles, fasse aber hier, im Zusammenhang dieses Buches, ‹Philosophie› einfacher und allgemeiner, nämlich als die Aufforderung an mich, bei aufkommenden Zweifelsfragen kohärent zu bleiben. In diesem Fall liegt der Ausgangspunkt nicht bei kleinen Detailfragen, sondern bei etwas, das vor aller Augen liegt. Das können sehr verschiedene Themen sein, z. B. Schulorganisation oder Sterbehilfe oder Rüstungsexporte. Bei Diskussionen über solche allgemeinen Themen sucht der Philosophierende ihre allgemeinen Voraussetzungen auf; er analysiert und bewertet sie. Das Philosophieren kommt in Gang durch den Beschluß, Zweifeln nachzugehen, die allgemeine Dinge betreffen. Im Alltag widmen wir aufkommenden Zweifeln, z. B. über Konzepte von ‹Natur›, von Gesundheit und Tod, keine lange Zeit. Wir huschen darüber hinweg. Wer philosophiert, macht bei ihnen Halt. Es setzt voraus, ihre Klärung sei nützlich, gar notwendig; sie diene dem Gemeinwesen. Das verlangt niemand bei fachinternen Diskussionen, z. B. über die Zeittheorie des Aristoteles. Aber Philosophie im hier gemeinten Sinn geht von dieser Erwartung aus. Sie klinkt sich aus dem abgegriffenen Sprachgebrauch der flüchtigen Sprachbenutzer aus und insistiert: Du feierst Weihnachten, sag mir warum. Weihnachten ist heute ein gewaltiges ökonomisches, soziales und psychologisches Phänomen von komischer und nicht selten tragischer Größe. Wer behauptet, es beruhe auf Wahrheit, oder auch wer das bestreitet, setzt ein bestimmtes Konzept von Wahrheit voraus. Und danach in argumentierenden Unterhaltungen zu suchen, ist die Sache der Philosophie, wie sie hier gemeint ist.

Sie setzt voraus, daß ein Mensch so fragen *darf*. Sie käme auch nicht in Gang, stünde von vornherein fest, daß sie zu keinem Ergebnis kommen kann. Beide Voraussetzungen – also ihre Erlaubtheit und ihre Aussichten – sind wert, eigens untersucht zu werden; sie sind umstritten. Hier muß genügen, sie genannt zu haben. Aber auch die bescheidenste Teilnahme an solchen Überlegungen setzt voraus, daß der Leser sich ein Urteil bilden darf und kann. Er muß sich als ‹Subjekt› verstehen. Er muß seinen Glauben wie seinen Unglauben als *seine* Gedanken erkennen, die er bewerten darf und kann. Das heißt keineswegs, daß er *alles* beurteilen darf und kann, wohl aber das, was er sich zu eigen gemacht hat und von dem er sich fragt, wie er es heute sieht. Dann bleibt Dunkles genug. Das Leben steckt voller Überraschungen, aber über seine eigenen Anschauungen steht ihm ein Urteil zu, freilich auch nicht über alle, also z. B. kann er in der Regel nicht wissen, ob homöopathische Arzneien helfen. Er wird entscheiden, welche Anschauungen für ihn wesentlich sind, vielleicht nur jetzt, nicht für sein ganzes Leben. Manches, was ihm vor fünf Jahren wesentlich war, wird heute nebensächlich. Das gilt auch für religiöse Annahmen. Ich sage nicht, sie gehörten zur bleibenden Natur des Menschen; das weiß ich nicht. Ich weiß nur, daß einige Menschen in unseren Breiten sie noch behaupten und daß andere sie diskutieren. Zudem haben sie gesellschaftlichen und politischen Einfluß; sie haben sogar ökonomische Bedeutung, nicht nur für Wallfahrtsorte. Daher lasse ich mir nicht einreden, ich *dürfe* sie gar nicht in Frage stellen. Ich weiß, daß fromme Christen ihren Glauben als Wirkung Gottes sehen, die sie nicht zu verantworten haben. Wenn sie damit begründen wollen, daß sie ihn nicht diskutieren können, *beenden* sie die philosophische Unterhaltung. Ich verstehe hier ‹Philosophie› als die entschiedene Ansicht, für meine Annahmen selbst verantwortlich zu sein. Folglich bin ich nicht verletzt, wenn ein anderer sie nicht teilt. Ich beharre aber darauf, ein ‹Subjekt› sein zu dürfen, das beurteilen kann, was ihm wichtig ist. Zugleich weiß ich, daß ich ein *‹Subjekt› unter Subjekten* bin. Deswegen interessiere ich mich für sie und nehme ihre Selbstdarstellungen so peinlich genau, daß oberflächliche Zuschauer meine Vorgehensweise als ‹positivistisch› verwerfen. Was ich wirklich tue, ist *momentane* Selbstverwandlung des philosophischen Impulses in historisch-philologische Recherche. Diese ist bei einem geschichtlichen Gegenstand, wie es das Christentum ist, unentbehrlich. Mein Nachdenken sucht etwas zu entscheiden, was *jetzt* bei mir zur Entscheidung ansteht und achtet deshalb sorgfältig auf *meine Zeitstelle* – was mehr ist als deren bloß korrekte Datierung – und macht sich dazu die geschichtliche Differenz zum Untersuchten klar, hier zu den geschichtlich gewachsenen Formen des Christentums und zu ihrer gegenwärtigen Rolle.

Man sieht, wie heikel die Frage werden kann, was ein Christ ist. An der Eigentumslosigkeit, also am Liebeskommunismus, erkennt man die Christen schon lange nicht mehr. Kaum auch noch am Herbeisehnen des Jüngsten Gerichts. Diese uralten Versionen sind de facto verschwunden oder bringen sich nur an Rändern in Erinnerung. Sie zeigen, daß es im ‹Christentum› so etwas wie geologische Schichten gibt. Was das Christentum sagt, bestimmt nicht der, der sich für es entscheidet. Gewiß gibt er ihm seine eigene Note, denn er entscheidet sich unter *seinen* Bedingungen; er fügt es in das Gesamt seiner Erwartungen und Ansichten ein; er sieht es aus seiner individuellen Situation. Und doch liegt ein differenzierter geschichtlicher Stoff vor ihm. Früher hat das Christentum sich lebhaft bewegt und ganze Völker in seinen Strudel gerissen. Heute steht es erstarrt, aber wohlgeschichtet vor uns, denn früher haben die Kirchen ihre Ansichten als Alleinstellungsmerkmale mit schneidender Klarheit definiert. Ich gehe von ihren Selbstdarstellungen aus, nicht von der Selbstcharakteristik einzelner Christen. Das ist ein gewaltiger Stoff in seiner historischen Breite vom ersten Paulusbrief bis zu den kirchlichen Verlautbarungen der letzten Jahre, auch wenn ich außer der Bibel nur Urkunden des westlichen Christentums heranziehe. Diesen Stoff wird nicht los, wer sich mit *ausgewählten Punkten* der christlichen Botschaft – wie mit dem Leiden Jesu, der Nächstenliebe oder der Gnade – identifiziert. Ich gehe von den geschichtlichen Quellen des Christentums aus. Das erzeugt vermutlich den Eindruck, was ich ablehnte, sei nur ein veraltetes, ein heute kaum noch vertretenes Christentum. Das muß so aussehen bei Christen, die nur ein abgespecktes Christentum, eine ‹Orthodoxie light› kennen. Ich behaupte, es sei die Altertümlichkeit des unverkürzten Christentums selbst. Ob das stimmt, kann nur der Gang zum einzelnen Lehrpunkt und seinen Quellen entscheiden. Damit zeichnet sich der Weg ab, den mein kleines Buch nimmt:

Zuerst kommt ein kurzes autobiographisches Intermezzo. Ich erzähle ein wenig von meiner christlichen Sozialisation. Mit dem ersten Kapitel beginnt die sachliche Argumentation. Es beschreibt geschichtliche Lebensbedingungen des modernen Christentums, realgeschichtliche und intellektuelle. Es handelt von den historischen Einschnitten, die es seit dem 18. Jahrhundert mehr umgeformt haben, als seine Bekenner gewöhnlich wissen. Mancher wird mir zugeben, das Chris-

2. Was heißt hier ‹Christ›?   27

tentum sei ein historischer Gegenstand, aber ich möchte diese Redensart in konkrete Anschauung und Begriffe umwandeln. Auch die Sichtweise, mit der wir es sehen, hat sich verändert. Einen scharfen Einschnitt brachte die historisch-kritische Methode. Ich stelle sie daher im ersten Kapitel kurz vor.

Das zweite Kapitel zeigt: Seit etwa 1800 reagierten europäische Christen mit neuen Glaubensbegründungen auf die Verluste seit dem 18. Jahrhundert. Sie empfehlen die Annahme des christlichen Glaubens unter erschwerten Bedingungen. Aber sagen uns die neuen Verteidiger des Glaubens, warum er *wahr* ist? Ich frage, was es heißen kann, wenn jemand sagt, das Christentum sei ‹wahr› oder wenn er seine Wahrheit bestreitet. Ich halte diese abstrakte Frage für notwendig, auch um zu einem klareren Konzept von ‹Fundamentalismus› zu kommen, fasse sie aber so kurz wie möglich und gehe im dritten Kapitel zu anschaulicheren Themen über: Ich prüfe die traditionellen Argumente der Glaubensverteidiger; das waren Weissagungsbeweise und Wunderberichte.

Der zweite Teil geht die Hauptinhalte des christlichen Glaubens durch. Er bespricht zuerst die Christenlehre über Gott. Kapitel IV geht auf die Gottesbeweise ein und konfrontiert den Gott der Philosophen mit dem gar nicht so zärtlichen ‹Gott der Väter›. Kapitel V kommt zu seinem Verhältnis zur Welt, also zum alten Problem der Theodizee: Widerlegt das Übel in der Welt die Ansicht vom guten und allmächtigen Schöpfer?

Danach gehe ich konkreter auf die Glaubenslehre ein und frage nach dem christlichen Konzept der Erlösung (Kapitel VI). Es folgt eine kurze Kritik der christlichen Ethik, auch der Sexualethik (Kapitel VII). Schließlich kommen die ‹Letzten Dinge›, Tod und Unsterblichkeit; ich besehe das Schicksal der Seelen in Himmel und Hölle (Kapitel VIII). Am Ende antwortet das neunte und letzte Kapitel auf die Frage, wie es sich anfühlt, kein Christ zu sein.

3. Ein bißchen Autobiographie

Muß ein Autor sich dafür entschuldigen, wenn er ein ‹ernsthaftes Buch› damit beginnt, indem er ein wenig aus seinem Leben erzählt? Jedenfalls ist es schwer zu vermeiden, wenn ich erklären soll, warum *ich* kein Christ bin. Ich bekomme jetzt schon Briefe, in denen der fromme Schreiber sich für Biestigkeiten entschuldigt, die seine Glaubensgenossen mir angetan hätten. Anders denn als Reaktion auf mitchristlichen Ärger kann er sich meinen Unglauben nicht erklären. Er kennt seine Glaubensgenossen besser als mich. Dem Manne kann geholfen werden, aber nur mit ein bißchen Biographie. Denn ich bin dem Christentum abhanden gekommen, nicht weil die Kirche mich gedemütigt, gequält oder mißbraucht hätte, sondern während sie mich verwöhnt hat. Das kommt ziemlich selten vor und muß daher erzählt werden.

Gedanken *entspringen* dem Leben. Sie kommen aus ihm hervor, springen ihm aber davon. Sie stellen sich dem Leben gegenüber und beurteilen es. Sie sind nicht eine Funktion des vorhandenen Lebens; sie lassen sich nicht ableiten aus der Biographie. Gedanken kommen aus Gedanken.

Der Unglaube wurde mir nicht an der Wiege gesungen, als ich 1930, noch in der Weimarer Republik, in Mainz zur Welt kam, ziemlich genau dort, wo der Main in den Rhein fließt.

Wir waren eine katholische Familie. An ihrer religiösen Orientierung gab es keinen Zweifel, aber ich muß sofort hinzusagen, was für eine Art von Katholizismus das war. Wir waren ‹gut katholisch›, warm, klar und mit Leidenschaft, aber nicht ‹streng katholisch›. Es könnte zu Mißverständnissen führen, wenn ich sagen würde, wir waren ‹liberal katholisch›, jedenfalls war es ein städtischer, ein kulturell offener und ein politischer Katholizismus. Goethe stand in der kleinen Büchersammlung; Fastnacht war wichtiges Lebenselement; wir Kinder durften zu Kirche und Glauben Fragen stellen, auch leicht spöttische. Wir sprachen heiter über religiöse Fragen. Zum Beispiel fragte – es dürfte 1941 gewesen sein – meine große Schwester beim

Mittagessen die Mutter, was sie denn machen würde, wenn Gott auf den Gedanken käme, Hitler in den Himmel aufzunehmen. «Dann will *ich* nicht hinein», platzte sie heraus sie und löste damit vergnügliche Gespräche über ihren theologisch bedenklichen Eigensinn aus. Aber die Lage wurde ab 1937 immer ernster, denn wir gehörten zu der Gruppe, welche die Nazis den ‹politischen Katholizismus› nannten; das waren die kleinen Teile der Zentrumspartei, die nicht zu den Braunen umschwenkten. Mein Vater, mittlerer Bahnbeamter und kein Parteimitglied, wurde als ‹politisch unzuverlässig› schikaniert und beruflich benachteiligt; 1943 wurde er nach Schlesien an einen kleinen Bahnhof strafversetzt. Bis dahin war mein Vater der dritte Mann in einer nicht ganz alltäglichen Skatrunde. Deren andere Mitspieler waren der Bischof von Mainz, Albert Stohr (1890–1961), und dessen Freund, der Pfarrer von Mainz-Kastel, Domkapitular Johannes Schwalbach. Mein Vater war mit Schwalbach befreundet, der wiederum Jahrgangsgenosse von Stohr war. Stohr schickte seinem Freund das beste Personal, über das er verfügte.

Der Bischof war von 1931 bis 1933 Abgeordneter der Zentrumspartei im Hessischen Landtag gewesen, und dort war sein Fraktionsvorsitzender mein Onkel, der Reichstagsabgeordnete Dr. Fritz Bockius. In den 1970 gedruckten Memoiren des Reichskanzlers Brüning (1885–1970) berichtet Brüning, er habe den Dr. Fritz Bockius gebeten, als erster demokratischer Politiker mit Hitler persönlich wegen einer eventuellen Koalition in Hessen zu verhandeln, übrigens ergebnislos. Bockius amtierte als Rechtsanwalt in Mainz; er wurde nach dem 20. Juli 1944 verhaftet und in Mauthausen umgebracht.

Zusammen mit diesen Herren und in dieser Atmosphäre habe ich den Mainzer Klerus in seinen edelsten Spitzen in ihrer bedrängten Lage kennengelernt. Kein Gedanke daran, daß ich je das Opfer sexueller Gewalt durch Geistliche geworden wäre. Kleriker haben mich weder gedemütigt noch bedrängt. Daß mein Vater in der Nazi-Zeit für ein paar Jahre der dritte Mann in der Skatrunde des Bischofs war, hatte 1940/1942 für ihn und uns massive Nachteile, aber dafür genoß ich im Alter von 10 bis 14 Jahren das Privileg, mir unter vielen Mainzer Klerikern die beiden Geistlichen aussuchen zu können, die am freundlichsten zu mir waren und von denen ich am meisten lernen konnte. Der eine war Philosoph mit mathematischen Neigungen und astronomischen Interessen; er schenkte mir, als ich vierzehn wurde, Nietzsches *Zarathustra* zum Geburtstag, der andere, Professor Anton Philipp Brück, Verwandter des Dichters Stefan George und wie dieser aus Bingen-Büdesheim, Bibliothekar und Archivar, brachte mir, als ich 13, 14 Jahre alt war, das Lesen mittelalterlicher Handschriften bei. Es gab im Klerus auch kleine Tyrannen, Schnüffler und dogmatische Betonköpfe; aber ihnen ging ich bequem aus dem Weg. Ich war nie von ihnen abhängig. Aus Klerikerunarten läßt sich also meine Glaubensverweigerung biographisch nicht ableiten. Meine Gründe waren leiser Art. Sie waren theoretischer und historischer Natur, sie hatten kulturellen und quasi-politischen Charakter. Ich habe anti-nazistische Katholiken aus nächster Nähe gekannt, z. B. Johannes Schwalbach und Lorenz Diehl, den späteren Gründer der CDU in Rheinland-Pfalz, zu denen mich mein Vater oft mit kleinen Botschaften schickte, die er der Post nicht anvertrauen wollte. Diese beiden Herren saßen mehrfach im Gefängnis. Diesen stolzen, selbstbewußten Männern ging es nicht nur um die Kirche, sie sahen den Untergang Deutschlands. Sie haben schwere Opfer gebracht und mich früh in ihre politischen Gespräche eingeweiht. Ich war stolz, zu ihnen zu gehören. Ich habe nie eine Naziuniform getragen, weder beim Jungvolk noch bei der Hitlerjugend. Freilich wurde mir schon in den fünfziger Jahren klar: Die privilegierte Stellung der Kirchen in der frühen Bundesrepublik beruhte auf der Lebenslüge, sie hätten *insgesamt* Widerstand gegen die Nazis geleistet. Aber die Kirchen als Körperschaften haben mich wenig interessiert; mich beschäftigte das, was ihr Inhalt sein sollte und es selten genug war, nämlich die Frage: Ist das Christentum wahr?

4. Samstagnachmittage bei Herbert Braun

Es besteht, wie man sieht, wenig Aussicht, meinen Unglauben aus Beschädigungen durch Kirchenleute abzuleiten. Kein kirchlicher Apparatschik hat mich in meiner Kindheit und Jugend seelisch oder gar körperlich verletzt. Meine Feinde standen auf der anderen Seite.

4. Samstagnachmittage bei Herbert Braun

Geistliche Herren haben mich gefördert und ermutigt. Ich war hungrig, und der eine und der andere von ihnen gab mir zu essen. Ihre Religionsstunden waren interessanter und hatten ein höheres allgemein-kulturelles Niveau als die meisten übrigen Schulstunden des staatlich-kontrollierten Unterrichts, mit der einzigen Ausnahme eines Deutschlehrers, von dem ich erst später erfuhr, daß er der strafversetzte, degradierte Oberstudiendirektor von Bingen und der Vorsitzende der dortigen Freimaurerloge gewesen war. Was die Kleriker sagten, war weniger durch Unterwürfigkeit gegenüber den Nazis kompromittiert. Das kirchliche Denken bot in kleinsten katholischen Zirkeln Schutz gegen die herrschende Ideologie; dort habe ich früh die Wahrheit über die Judenverfolgung und Hitlers Kriegsverbrechen gehört. Diese Herren hatten nicht nur die Interessen ihrer Konfession im Sinn, sondern förderten in mir früh philosophische, historische und kunstgeschichtliche Interessen, so daß mir in den letzten Kriegsmonaten der Gedanke kam, die katholische Kirche könnte in dieser neuen Barbarenzeit noch einmal die antike Kultur, ihre Philosophie, auch das mittelalterliche Denken, den Humanismus und die deutsche Klassik in sich aufnehmen und in die ungewisse Zukunft vermitteln. Dieses hohe Bild kirchlicher Kulturmission hielt mich nach dem Krieg einige Jahre in seinem Bann; mein Studium brachte mich davon ab. Meine Kindheitsgeschichte habe ich an anderer Stelle erzählt;[2] die intellektuelle Entwicklung im Frankfurt der fünfziger Jahre zu erzählen, wäre nicht ohne Interesse, denn ich war als gewählter Fachschaftsvertreter jahrelang der einzige Student, der an den Fakultätssitzungen der Philosophischen Fakultät teilnehmen durfte, würde aber dieses Buch sprengen; hier trage ich nur einige Szenen nach, die plausibel machen, daß ich heute kein Christ bin.

Im Herbst 1959 begann ich meine Arbeit als Studienassessor an einem hessischen Gymnasium. Ich unterrichtete Deutsch, Geschichte und Philosophie, zuweilen auch Latein. Religion als Schulfach zu wählen habe ich bewußt abgelehnt; ich wollte schon als Zwanzigjähriger keinen kirchlichen Regeln und Kontrollen unterstehen, sondern in Freiheit über sie nachdenken. Es gab kein Jahr in meinem Leben, in dem ‹Glaube oder Unglaube› mein *einziges* Thema gewesen wäre, aber ich kam immer wieder einmal zum Thema ‹Christentum› zurück, und als es 1959 gegen Weihnachten ging, schlug ich meinen Primanern vor: Wir könnten für ein paar Stunden über Religion reden. Kaum hatte ich den Satz beendet, rief mir einer der jungen Männer in üppiger Tonlage zu: «Aber sind Sie denn schon entmythologisiert?» Ich sagte lachend: Ja. Denn ich war es wirklich und fand es gescheit und witzig, wie Klaus Weckesser das Wort ‹entmythologisiert› so verfremdete, daß es klang wie ‹entnazifiziert›. Dieses Wort lag damals in der Luft. Später erzählten mir die Schüler, sie hätten in der evangelischen Religionsstunde den Pastor mit derselben Frage begrüßt; er habe aber ungehalten reagiert; er bekannte sich als frischer DDR-Flüchter und Gegner Bultmanns. Ich hielt die freche Frage für die beste Eröffnung einer Arbeitseinheit ‹Philosophie der Religion›. Und daß ich gründlich ‹entmythologisiert› war, das kam so:

Ich studierte seit Jahresbeginn 1952 an der Universität Frankfurt. Ich wußte, daß ich als Elternloser nicht das Geld hatte, lange zu studieren; ich suchte mir bewußt die besten Professoren aus, um bei diesen in kurzen Jahren gründlich und quasi-exklusiv zu studieren. Ich wählte Max Horkheimer und Wolfgang Cramer statt Sturmfels und Allwohn für die Philosophie, bald auch Adorno und Hirschberger. Im Fach Geschichte entdeckte ich Matthias Gelzer und Paul Kirn, der nicht nur altmodisch gelehrt, sondern auch witzig war. Ich warf mich mit Leidenschaft auf Alte und Mittlere Geschichte, entdeckte bald für mich die bedeutenden Frankfurter Gräzisten Patzer und Langerbeck, ging auch gern mit meiner Freundin zu dem Romanisten Erhard Lommatzsch (1886–1975), der kenntnisreich von Montaigne sprach und mit der verschmitzten Bonhomie eines älteren Gelehrten die anwesenden Damen davor warnte, Rabelais zu lesen, was mich für immer für diesen Autor gewann. Ich hörte auch Germanisten, aber ihr schlechtes Deutsch stieß mich ab, bis ich durch meinen Freund Herbert Heckmann Kurt May und Walter Höllerer entdeckte.

Jeder Studientag begann um 8 Uhr mit den Vorlesungen von Matthias Gelzer: von 9 bis 10 folgte Paul Kirn, von 10 bis 11 saß ich bei Otto Vossler, den wir den ‹müden Lord› nannten. Er hatte eine Fürstin Solms geheiratet, wohnte in deren Schloß und demonstrierte ironische Distanz zu seinem bescheidenen Brotberuf als Professor. Mein Nachmittag gehörte den Philosophen.

4. Samstagnachmittage bei Herbert Braun 33

Ganz anders als Otto Vossler, der Sohn des berühmten Karl Vossler, war Matthias Gelzer (1886–1974) mit Leib und Seele Lehrer. Er kämpfte darum, daß wir bei ihm etwas lernten. Er war ein ebenso leidenschaftlicher Pädagoge wie ein bedeutender Forscher. Daß, wer in sein Proseminar kam, von Theodor Mommsen die *Römische Geschichte* gelesen hatte, betrachtete er als selbstverständlich; aber er geriet schon bei kleinerem Anlaß in großväterliche Erregung und schrie: «Wie, Sie kennen nicht den zweiten Band von Mommsens ‹Römischem Staatsrecht›?» Als ich ihn kennenlernte, war er 66 Jahre alt, aber von ungestümer Lebendigkeit, immer ernsthaft, immer bestens vorbereitet, ein weltberühmter Forscher und intensiver Hochschullehrer. Er stammte aus Liestal bei Basel, und seine Sprache behielt den sympathischen Tonfall von Basel-Land. Er las vierstündig über antike Geschichte; er hielt ein streng konzipiertes Proseminar und ein Oberseminar. Ich habe vier oder gar fünf Jahre lang mindestens sechs Stunden die Woche bei ihm gesessen. Ich mochte ihn wie meinen Opa und ertrug schmunzelnd seinen pädagogischen Eifer. Er sprach wie jemand, der sich auskennt. Und man kann sagen, er kannte sich aus. Er war der unübertroffene Spezialist für die Zeit von Pompeius bis Augustus. In Proseminaren las er mit uns Texte aus der Zeit Ciceros und Caesars. Er lehrte uns, jeden Brief Ciceros dreimal umzudrehen und ihn unendlich genau auf andere Dokumente zu beziehen, um seine historische Verläßlichkeit zu bejahen oder zu verneinen. Er war ein Meister der historischen Methode und der lebendigen Darstellung. Den Untergang der Römischen Republik habe ich bei ihm fast miterlebt, konnte aber nicht erkennen, ob er dabei an den Untergang der Weimarer Republik dachte. Er löste in mir ungeheuren Wissensdurst nach antiker Geschichte aus; ich bewundere ihn bis heute. Aber der große Mann beging einen für mich schicksalhaften Fehler. In der letzten Vorlesung vor Weihnachten wollte er den Studenten etwas ‹fürs Leben› mitgeben und sprach über die Anfänge des Christentums. Das gehörte durchaus zu seinem Arbeitsgebiet; auch andere Althistoriker wie Eduard Meyer haben die Anfänge des Christentums erforscht und kunstvoll dargestellt. Ich besaß noch Teile meines Kinderglaubens und hörte mit größter Anspannung zu; aber mir wurde bald klar: Mein verehrter Professor ließ, wenn er von Paulus sprach, das feine Instrumentarium links liegen, dessen Benutzung er uns das ganze Jahr über beigebracht hatte. Der Sohn des Pfarrers von Liestal bei Basel fing an zu predigen. Wenn es um die Entstehung des Christentums ging, vergaß er die historische Kritik. Er enthistorisierte einzelne Elemente der neutestamentlichen Texte, identifizierte sich mit isolierten Themen daraus und suchte uns dafür zu gewinnen. Bei mir trat das Gegenteil ein: Daß ein Historiker von so hohen Graden wie Matthias Gelzer die Contenance verlor, wenn er vom *Neuen Testament* sprach, daß er von Paulusbriefen so viel weniger streng redete als von den Briefen Ciceros, das war für mich ein aufreizender, ein ungeheurer Vorgang. Ich blieb Gelzers aufmerksam-lernbereiter Schüler, aber nur für die römische Geschichte. Mit dem *Neuen Testament* fand ich mich allein. Und ich begann mich zu fragen, ob der Glaube nicht zuweilen den Verstand ruiniert.

Nun studierte ich im Hauptfach Philosophie, hörte bei Horkheimer und Adorno. Sie ließen an Heidegger kein gutes Haar und fanden es unter ihrer Würde, Karl Jaspers auch nur zu erwähnen. Als mein verehrter Lehrer Wolfgang Cramer einmal über die Wahrheit sprach, rief er vom Podium aus: «Da gibt es Herren, die schreiben Riesenwälzer über die Wahrheit.» Das war auf Jaspers gemünzt. Und er fuhr fort: «Ihnen möchte ich nur zurufen: ‹Schont die Bäume!›» Gleichwohl fiel mir die Auseinandersetzung von Karl Jaspers mit Rudolf Bultmann in die Hände (*Die Frage der Entmythologisierung*, München 1954), eine Debatte, die anregte, über Mythos und Epochenkonzepte nachzudenken – war zum Beispiel die Auferstehung eines Toten den antiken Menschen aufgrund ihres anderen ‹Weltbilds› leichter glaubhaft als uns? –, sie befriedigte aber nicht meine althistorischen Interessen an der Entstehung des Christentums. Doch jetzt war ich auf Bultmann aufmerksam geworden. Es begann eine Lese-Odyssee, in deren Verlauf mir die ‹Entmythologisierung› immer weniger wichtig wurde. Ich hielt sie für eine sekundäre philosophische Konstruktion zum Zweck der Verkündigung. Diese Herren wollten predigen; ich wollte forschen. Die Entmythologisierung entsprach dem persönlichen Interesse Bultmanns und vieler Pfarrer an der ‹Übersetzung› mythologischer Inhalte in eine modern klingende Diktion. Dieses Predigerinteresse teilte ich keinen Tag. Und das philosophische Muster, dem sie folgten,

4. Samstagnachmittage bei Herbert Braun

löste in mir nur Zweifel aus. Ich konnte ihr Kunstwort ‹Kerygma› schon nicht mehr hören. Darüber wurde mir Bultmanns frühes Werk *Die Geschichte der synoptischen Tradition* von 1921 wichtiger als seine *Theologie des Neuen Testaments* von 1953. Ich denke auch heute noch, über Bultmann sollte niemand sprechen, der nicht dieses Werk zusammen mit einer Synopse der Evangelien mit dem Bleistift in der Hand durchgearbeitet hat. Jedenfalls wurde ich Schüler des frühen Bultmann, nicht des ‹Theologen› und Entmythologisierers, sondern des Philologen und Historikers. Sein Werk *Das Urchristentum im Rahmen der antiken Religionen* (1949) wurde eines meiner Lieblingsbücher: Das Theologisch-Systematische bei ihm schien mir aus zweiter Hand; es diente seinen Verkündigungsabsichten. Ich lernte Hans-Werner Bartsch kennen, der in der Entmythologisierungsdebatte tätig war; ich begann, mich mit Bultmannschülern zu beschäftigen, fand sie aber mehr an Bultmanns ‹Übersetzung› als an historischer Forschung interessiert. Sie dachten mir zu viel ans Predigen und redeten aus ihrer festen Burg heraus. Bis ich auf Herbert Braun (1903–1991) stieß. Ich weiß nicht mehr, was ich zuerst von ihm gelesen habe; es dürfte ein einzelner Aufsatz gewesen sein; ich atmete auf: seine Sprache war am wenigsten predigerhaft; sie klang härter und weniger redundant. Ich hatte den Eindruck, Braun bleibe länger als seine Kollegen beim historisch-kritischen Schwarzbrot. Er wollte offenbar wissen, was am Anfang des Christentums wirklich gewesen ist. Und das war das Problem, das Matthias Gelzer mir hinterlassen hatte. So erkundigte ich mich denn, wo Herbert Braun lebe, und erfuhr, er lehre in Mainz als Professor. Ein älterer Freund von mir und Kollege von Braun vermittelte mir den Zugang, und so fuhr ich einige Wochen lang von Seligenstadt, wo ich als Lehrer auch am Samstag arbeitete, vorbei an Frankfurt, wo ich wohnte, in meine alte Heimatstadt. Ich hatte einen methodenstrengen Gelehrten erwartet, fand aber einen freundlichen Herrn vor, der gegen die Fünfzig ging und den meine Fragen offensichtlich interessierten. Ich erzählte ihm, ich sei ursprünglich katholisch, komme aber von der Alten Geschichte her und hätte einen Sack voller Zweifel. Mir war vorher klar, daß ich ihn nicht nach Theologenart befragen konnte: Glauben Sie an die Gottheit Christi? Wir sprachen über Einzelheiten; er war ein guter Kenner von Qumran, er verstand sich auch auf die antike Philosophie, und nie hat er angefangen zu predigen. Er holte seine Pfeife heraus, stopfte sie umständlich und redete im Plauderton gelassen weiter. Er mischte gelegentlich die Bemerkung ein, bei solchen Themen komme es nicht nur auf das Was, sondern auch auf das Wie, auf Wortwahl und Tonfall an. Er war im Denken um Konsequenz bemüht, in der Sprache um Takt und Präzision. Der Mann, den ich mir als den radikalsten der Bultmannianer ausgesucht hatte, stellte in unseren Unterhaltungen das Problem der Bultmannschen ‹Übersetzung› zurück. Er redete von Historiker zu Historiker; wir fanden beide Gefallen am Plaudern. Er lud mich mehrfach ein, am nächsten Samstag wieder in sein Zimmer im ersten Stock der ehemaligen Flakkaserne zu kommen, und so ergab sich eine Serie von Unterhaltungen.

Das Wort ‹Entmythologisierung› dürfte kaum gefallen sein. Ich erinnere mich nicht mehr an einzelne Wendungen, wohl aber an seine theoretische Position. Ich wollte wissen, was er vom historischen Jesus wisse. Es war fast nichts. Hingegen malte er aus, Jesus seien im Lauf der urchristlichen Geschichte Aussagenschicht auf Aussagenschicht aufgetragen worden, erst die jüdischen Prädikate wie Messias und Menschensohn, der bald zum Weltende in Herrlichkeit wiederkomme; in der hellenistischen Welt wurde er Gottessohn, Herr und Retter. Jetzt kam er aus der Himmelswelt und führte seine Gläubigen dorthin zurück; nun sagte man von ihm, er sei von einer Jungfrau geboren und sei aus dem Grabe auferstanden. Die Prädikate wurden im Lauf der Zeit immer mächtiger. Und nur wer sie zustimmend nachsprach, war ein ‹wahrer› Christ. Sie streiften alles GeschichtlichRelative ab. Braun stöhnte: Nicht was ein Christenmensch im Leben tat, sondern welche Titel er Jesus zusprach, wurde zum Charakteristikum der Christen.

Herbert Braun gestand in aller Ruhe ein, daß Jesus und Paulus sich über das nahe Weltende getäuscht haben. Er selbst hege keine Hoffnung aufs Jenseits. Das Elend des Christentums sei: die Christusformeln überdeckten die Jesus-Erfahrung; viel Pessimismus, viel Lamento über das irdische Jammertal habe sich eingeschlichen; schon Paulus zeige Neigung zur Intoleranz, wollte er doch einen Sünder dem Satan übergeben; außerdem habe er gegen die Ehe gesprochen und zur Abwertung der Frau beigetragen. Er, Herbert Braun, verstehe sich nur insofern als Christ, als er für sich aus der Traditionsmasse herausnehme, was ihm einleuchte. Er übernehme natürlich nicht das vor-moderne ‹Weltbild› der Bibel, noch weniger die verhängnisvolle Neigung, sich selbst gegenüber der himmlischen Welt als Niete zu sehen. Das vollständige, das unbeschnittene Christentum sah Herbert Braun als ein Unglück für die Menschheit an. Er beklagte dessen Dogmatismus.

Ich fragte: «Ja, warum brauchen Sie dann noch Jesus?» Die Antwort lautete etwa: «Er ist mir vertraut. Er zeigt mir, wie ich leben soll. Er leitet mich an zur Selbsterforschung, ohne mich zu demütigen. Er gestattet mir Selbsterkenntnis, mit der ich ‹getrost› weiterleben kann.»

Er sagte dies in einem so warmen Ton, mit großem Ernst und innerer Heiterkeit, daß ich Sympathie für ihn empfand und nur schonend formulierte, was ich doch dachte: Dafür brauche ich diesen Jesus nicht. Herbert Braun sagte einmal, fast zitiere ich ihn, glaube ich, wörtlich: Jesus gebe ihm, daß er «getrost leben und für andere Menschen offen» sein könne. Ich ging von ihm weg mit großem Respekt vor seiner Person und seiner Gelehrsamkeit, bedrückt, wie leer, wie ergebnislos diese Forschung sei. Die mit prächtigen Prädikaten prangende Theologie war ihm abhanden gekommen. Das war nicht seine Schuld. Das konnte ich ihm nicht verübeln. Aber zur Beschwichtigung meiner begründeten Selbstzweifel brauchte ich keine Theologie. Es war das letzte Mal, daß ich einen Theologen um Rat in Glaubenssachen fragte. Ich war endgültig ‹entmythologisiert›.

Erster Teil

Kapitel I
Der historische Einschnitt

1. Geschichtliche Umbrüche

Seit Napoleon leben wir hier in Europa nicht mehr in konfessionell geschlossenen Gebieten. Wir haben keinen Landesherrn mehr, dessen Religion die der Untertanen bestimmt. Jedes Kind, das an Christus glaubt, weiß, daß es Andersgläubige und Ungläubige gibt. Wer glaubt oder nicht glaubt, weiß, daß er Alternativen hat. Das gibt allen Glaubensartikeln eine realiter veränderte Bedeutung.

Die Entwicklung der letzten 300 Jahre hat tief eingeschnitten ins Fleisch des Christentums. Sie veränderte seine soziale, politische und intellektuelle Substanz. Auch wo Glaubensformeln und Institutionsnamen geblieben sind, hat sich fast alles verändert. Viel mußte seit dem 18. Jahrhundert passieren, bis die christliche Vorstellung von Erlösung nicht nur unplausibel, sondern als eines guten Gottes unwürdig erschien: Wie konnte der Ungehorsam des ersten Menschen Gott so sehr beleidigen, daß allein das blutige Opfer seines geliebten Sohnes ihn mit der Menschheit versöhnte?

«Welt ging verloren,
Christ ward geboren.
Freue dich, freue dich, o Christenheit!»
Ging dem Gott, der sie erschaffen hatte und gut fand, die Welt verloren? Und wer war der erste Mensch? Bis ins 18. Jahrhundert hinein nahm man an, Gott habe die Welt im Jahr 4004 vor Christus erschaffen. Bei diesem Zeitabstand konnte man es sich noch eben vorstellen, Adam habe als einziger Rechtsvertreter der Menschheit die Gesamtlage der menschlichen Natur durch das Essen der verbotenen

Frucht wesentlich verdorben. Die Zahl der unerlöst Verstorbenen war noch nicht unermeßlich groß. Daß Tod und Krankheit erst durch Adams Sünde in die Welt gekommen seien, galt allerdings, wie der Bischof Julian von Eclanum erklärte, schon im 5. Jahrhundert als Unsinn für jeden Denkenden mit minimalen biologischen Interessen. Nur sahen die führenden Kleriker vom 6. bis zum 13. Jahrhundert keinen Grund, über die moralisierende und theologisierende Symbolik der Tierwelt hinauszudenken. Wozu sollten sie über das Niveau der Tierkenntnis von Jägern, Reitern und Bauern hinausgehen? Das wurde anders, als im 13. Jahrhundert Albert der Große die Tierkunde des Aristoteles dem Westen erschloß. Seit Giordano Bruno und Galilei trennten Naturwissenschaftler Lebensraum und Weltraum, Lebenszeit und Weltzeit. Raum und Zeit wuchsen ins Unendliche. Die neuen ungeheuren Dimensionen revolutionierten allmählich auch die alltägliche Erfahrung und deren herkömmliche Zurechtlegungen. Bereits das Zeitalter der geographischen Entdeckungen hatte die Verengung des Begriffs der Welt auf das Mittelmeer und seine Umgebung zerstört – die Lage des irdischen Paradieses stellte sich als unauffindbar heraus –, aber jetzt verschoben sich die Konzepte von Zeit und Raum, von Vergangenheit und Gegenwart, also von Weltgeschichte. Ergebnisse des Naturwissens veränderten Alltag und religiöse Erfahrung: Der Blitzableiter – in Deutschland ironischerweise zuerst 1769 auf dem Jacobi-Kirchturm in Hamburg – mäßigte die Gewitterangst; er raubte dem Blitz und dem Donner den Charakter des Gotteszorns. Die medizinische Forschung und die Mikrobiologie verminderten Seuchengefahr und Kindersterblichkeit. Die Menschen der Industrieländer lebten länger; Tod und Sterben wurden zu Randerfahrungen. Erdbeben, Mißernten und psychiatrische Auffälligkeiten – die früheren Besessenheiten – wurden zwar nicht lückenlos beherrschbar, ließen sich aber kaum noch als Gottes Zorn über Sünden erklären. Dies veränderte die Rolle Gottes im täglichen Leben; er rückte an den Rand; seine Funktion verschob sich ins Moralische, Sentimentale und Jenseitige. Die christliche Religion war jahrhundertelang Lebenshilfe, Morallehre und Weltorientierung in einem, jetzt verlor sie an Realitätsgehalt. Sowohl ihre Welterklärungen wie ihre Hilfsangebote – Gebet und Buße, Wallfahrten und wohltätige

1. Geschichtliche Umbrüche 43

Spenden – erwiesen sich als weniger tauglich. Die Weltgeschichte zeigte sich unendlich reicher als vorher; sie war nicht mehr nur jüdische und römische Vorbereitung der christlichen Offenbarung. Daß Ägypten älter war als das auserwählte Volk, irritierte. Chinas höhere Kultur wurde präsent. Der Eurozentrismus baute ab. Weder Rom noch das weltverlorene Wittenberg standen im Zentrum der Ereignisse, so sehr sie bemüht waren, politisch und publizistisch die Aufmerksamkeit auf sich zu ziehen.

Ich sage nicht, diese Entwicklungen hätten die christliche Religion unmöglich gemacht. Sie haben ihre Lebensbedingungen verändert. Sie haben ihren Realitätsgehalt reduziert. Sie haben sie an den Rand gerückt und in Erklärungsnot gebracht. In den Krisenstunden des 20. Jahrhunderts hat sie entweder klug geschwiegen oder sich auf die Seite der Staatsverbrecher gestellt: 1914, 1933, 1938 und 1939. Nach 1945 hat sie die Christenheit über ihre Rolle in den Schicksalsjahren getäuscht, indem sie beflissen ihre wenigen Märtyrer öffentlich aufbaute. Die christlichen Kirchen haben ein moralisches und politisches Glaubwürdigkeitsproblem, und zwar nicht nur durch ihr Verhalten, sondern bereits mit ihrer Botschaft. Ihren finanziellen Reichtum in der Bundesrepublik sahen nur Außenseiter wie Heinrich Böll als Skandal. Aber bleiben wir bei ihren *Lehren; sie* kamen immer schwerer an die Hörer.

Die allgemeinen Lebensverhältnisse der Großstadt wirken individualisierend und auflösend; die allgemeine Mobilität löst Kultgemeinden auf und erschwert die kirchliche Kontrolle des Alltags; das begriffliche Instrumentarium und die Sprache der christlichen Reden verlieren den Boden der Erfahrung. Statt diese objektiven Veränderungen zu analysieren, klagen Kirchendenker den Konsumismus der Spaßgesellschaft an und verurteilen die Diktatur des ‹Relativismus›. Sie verkennen die objektiven Entwicklungen, gegen die sie anrennen: Das Zusammenwachsen zur *einen* Welt, verkehrs- und nachrichtentechnisch, sowie die politischen, sozialen und ökonomischen Folgen der Globalisierung nehmen der hiesigen Religion den Anspruch auf Ausschließlichkeit; ökonomische Unsicherheiten und Informationsmassen relativieren objektiv die Religion, stellen sie neben die anderen Lebensgebiete und erzeugen eine Reihe psychischer Nebenwirkungen, die de facto den christlichen Glauben verändern: Einerseits verdrängen sie ihn, andererseits stellen sie ihn als Rückzugsmöglichkeit in die Sphäre kindlichen Vertrauens zur individuellen Verfügung. Wer sie wahrnimmt, aber im Konkurrenzkampf bestehen muß, lebt alltags in einer entzauberten, profanen Welt. Seine Alltagserfahrungen verdrängen in den europäischen Industriegesellschaften die Religion aus der Aufmerksamkeit. Die kapitalistische Ökonomie hat für Europa das Problem des Hungers fast beseitigt, aber das Maß der Unsicherheit erhöht. Sie hat die Arbeit in kleinste Teile zerlegt, die auch maschinell erledigt werden können; sie hat die Beziehung des Menschen zu seinen Produkten ins Massenhafte und Unvorhersehbare gesteigert. Sie hat auch entlastet, hat mehr Freizeit erlaubt und die Unterhaltungsindustrie geschaffen. Sie gab dem Einzelnen den Freiraum, sich seine Kultur und seine Religion selbst zusammenzustellen. Kirchenmitgliedschaft und Gemeindezugehörigkeit traten demgegenüber zurück. Die Erfolge der Medizin veränderten die Bewertung des eigenen Körpers. Sie verlängerten das Leben und drängten das Todesbewußtsein zurück. Sie erhöhten zugleich die Sorge um die eigene Gesundheit. Viele Menschen wollen über ihre Sexualität und Familienplanung selbst bestimmen. Die Autorität von Ahnen und Eltern schrumpft. Die Dynamisierung der Verhältnisse zieht auch die Disposition zum Glauben in ihren Strudel. Sie verändert ihn gerade dort, wo Menschen ihn trotzig gegen die Entwicklung festhalten. Die Erfahrung der ‹Grenzen des Wachstums› führt ihm neue, eingeschüchterte und besorgte Klienten zu. Die intellektuellen Voraussetzungen der Christenheit schwinden, selbst wenn sie in den Medien von ihrer Fremdartigkeit profitiert. Dies will ich genauer beschreiben.

2. Intellektuelle Entwicklungen

Gott und die Seele, Erlösung und Abendmahl, das sind keine beherrschenden Themen mehr. Woher kommt das? Das Desinteresse an ihnen entspringt weder der Oberflächlichkeit der Menschen noch dem Relativismus. Nicht einmal die Mißbrauchsskandale oder Fehler der Kirchenverwaltungen erklären es. Es handelt sich nicht um eine Mode,

2. Intellektuelle Entwicklungen 45

die morgen vorübergehen wird; ein grundlegender intellektueller Wandel hat seit dem 18. Jahrhundert die europäische Religionslandschaft verändert. Interessierte Kreise rufen ab und zu eine Renaissance der Religion aus. In der Tat wurde die Kriegspolitik von George W. Bush unter Gebeten beschlossen, die das Fernsehen übertrug; in Teheran und Kairo wurde Religion zur politischen Hauptmacht, aber in Westeuropa weht der geistige Wind seit dem 19. Jahrhundert, seit dem Ende von Spätromantik, Idealismus und Restauration, dem christlichen Glauben ins Gesicht. Die Kirchen sind noch da, besetzen als große Arbeitgeber mächtige Stellungen im Sozial-, Rundfunk- und Fernsehwesen, aber ihre Botschaft wird im Alltag kaum gefragt; nur ‹Events› und Touristen verschaffen ihr massive optische Effekte.

Ihre Sprache verrät sie. Sie bleibt abgehoben oder klingt effektheischend laut. Viele, die meisten Menschen, schalten ab. Ihr Deutsch ist unverständlicher als ihr altes Latein. Es hat den Erfahrungsboden verloren; kein Trick der Kanzelberedsamkeit hilft ihm auf. Wittgenstein variierend kann man sagen: Die Grenzen ihrer Sprache sind die Grenzen ihrer Welt. Dies ließe sich in eingehenden Sprachanalysen zeigen, aber ich gewärtige den Einwand, das ergebe nur Geschmacksurteile. Daher lasse ich diesen Faden fallen. Das ändert aber nichts daran, daß nicht zuletzt der Abscheu vor der heutigen Kirchensprache die Menschen aus den Kirchen vertreibt.

Der sprachlichen Verödung und Verkrampfung entspricht die intellektuelle Randlage. Theologien kommen nicht mit ihren früheren großen Themen: Gott, Trinität, Menschwerdung und Ewiges Leben zu Wort, sondern erzeugen Interesse wie Hans Küng durch aufmüpfige Papstkritik oder indem sie wie Eugen Drewermann und Pater Grün grasen auf den Wiesen der Seelenkunde. Die alte Metaphysik, die im deutschen Idealismus die Angriffe durch Hume und Kant überwunden zu haben schien, ist kaum noch da. Manche erforschen sie historisch. Andere beschwören sie rhetorisch. Nur noch Konkordatsprofessoren und kirchliche Angestellte lehren philosophische Theologie. Ich folgere daraus nicht, Metaphysik sei nicht mehr möglich; ich stelle nur den intellektuellen Einschnitt fest. Die Metaphysikkritik mit ihren vielfältigen Formen verändert insgesamt die geistige Situation der christlichen Konfessionen, auch dann, wenn sie sich aus theologischen Gründen von der Metaphysik trennen, also aus der Not eine Tugend machen. Das vertieft den Abstand zur alten Situation, also zu den Jahrhunderten vor 1700 und zu der Harmonie, die Leibniz noch zwischen Glauben und Wissen glaubte herstellen zu können, als er sah, welch ein Bruch im Entstehen war. Damals erhob der christliche Glaube vor allem auf drei Arbeitsfeldern wissenschaftliche bzw. philosophische Ansprüche; heute steht er vor der Frage, ob er sie aufrechterhalten will oder ob er sie aufgeben kann:

1) Der Glaube an die Welterschaffung durch den allmächtigen Gott stützte sich jahrhundertelang auf den philosophischen Theismus, sei's in der neuplatonischen, sei's in der aristotelischen Form. Sein Theorienpalast ruhte auf dem philosophisch unterlegten Schöpfungsdogma: Dieses sei philosophisch beweisbar, also für jedes vernünftige Wesen verbindlich. Damit verschaffte das christliche Denken sich eine Absicherung und lud sich zugleich eine Last auf, die seit dem 14., vermehrt seit dem 18. Jahrhundert immer schwerer wurde. Es sanktionierte und integrierte sich eine altertümliche Kosmologie auf der Grundlage der aristotelisch-ptolemäischen Astronomie, ergänzte sie mit biologischen Elementen, zum Beispiel mit der Ansicht von der Konstanz der Arten, und bestimmte die Zeitspanne seit der Erschaffung auf knappe 4000 oder 6000 Jahre.

Diese Annahmen gerieten schon seit dem 14. Jahrhundert ins Gedränge; das Zeitalter der Entdeckungen und der Metaphysikkritik baute sie ab. Daher verwarfen Christen, Luther voran, den Domherrn Kopernikus.

2) Das Dogma von der Gottheit Christi schuf früh theoretische Beweislasten. Es zwang zum Ausbau der Trinitätslehre bzw. wurde als dessen logische Konsequenz präsentiert. Dies erzeugte philosophische Festlegungen der Konzepte von Person und ‹Natur›, die mit dem modernen Begriff der Person zwar den Namen gemeinsam haben, aber mit ihm inkompatibel sind. Das 18. Jahrhundert brachte neue Theorien über das Bewußtsein; die Vorstellung zweier Bewußtseine in der Person Jesu wurde unerträglich. Weitere Belastungen erstanden den durch die neue Philologie:

2. Intellektuelle Entwicklungen 47

Der Glaube, durch Christus erlöst zu sein, hatte schon zur Zeit des Neuen Testaments zur christologischen Interpretation der Hebräischen Bibel geführt. Sie sollte unzweideutige Weissagungen enthalten über die Erlösung durch Jesus. Die Auslegung der Hebräischen Bibel als Weissagung Christi erzeugte den Dauerkonflikt mit deren jüdischer Interpretation. Aber gegen 1700 ergriff die strenge Philologie den Bibelstoff und machte den Weissagungsbeweis unmöglich. Die biblische Grundlage auch anderer dogmatischer Behauptungen geriet ins Wanken, z. B. die Abendmahlslehre. Wilhelm von Ockham schon hatte festgestellt, das Neue Testament erzwinge sie nicht in ihrer augustinischen, gar ihrer scholastischen Form, er akzeptiere sie nur im Gehorsam gegen die kirchliche Autorität. Aber diese erreichte gerade zu Ockhams Zeit einen Tiefpunkt der Anerkennung; sie verlor zunehmend in der Zeit der Religionskriege und im Kampf um neuzeitliche Freiheitsrechte und für Toleranz. Das Leben der realen Gesellschaft beruhte zunehmend auf dem freien Transfer von Informationen zunächst des Naturwissens und der Technik, dann aber auch des Kulturwissens. Die kirchenamtliche Gängelung der Bibelforschung verurteilte in beiden Großkirchen die wissenschaftliche Bibelarbeit, die sich ihr unterwarf, zur Bedeutungslosigkeit. Die neue Übersteigerung des Autoritätsprinzips führte zum Autoritätsverlust der konfessionellen Wahrheitsbehörden.

3) Der Ausbau der Lehre von der Kirche als einer ‹vollkommenen Gemeinschaft› stärkte die Hierarchie und ihre Souveränität *sui iuris*. Das führte im Mittelalter zu Konflikten mit dem Kaiser; es zerriß Italien politisch und machte die römische Kirche in der demokratisch werdenden Welt zum soziologischen Fremdkörper. Rom ist bis heute eine absolute Monarchie, ohne Gewaltenteilung und ohne Gleichberechtigung der Geschlechter.

So hat eine Reihe von Koeffizienten im 19. und 20. Jahrhundert die kulturelle Lage der zerstrittenen Christenheiten verengt. Es war nicht nur die Metaphysikkritik, welche die geistige Situation der christlichen Konfessionen veränderte, aber sie verdient in dem Prozeß besondere Beachtung. Lutheraner, die erklärten, sie trennten sich aus theologischen Gründen von der Metaphysik, hatten vorher – nicht in der Bibel, sondern bei Ockham oder Hume oder Kant – gelesen, daß auf sie kein Verlaß mehr sei, und machten aus ihrer Not eine Tugend. Das trennte die neue Lage des Glaubens und Unglaubens von der alten Situation der Jahrhunderte vor 1700 und ihrer schon damals prekären Harmonie. Leibniz glaubte noch, den Konsens zwischen Glauben und Wissen wiederherstellen zu können. Er sah, welch ein Bruch im Entstehen war.

3. Historisch-kritische Forschung

Das Christentum von heute ist geprägt durch die hier nur angedeutete Verlustgeschichte. Zwei Einschnitte vor allem trennen es von der Zeit *vor* 1700: Erstens bilden Gott und unsterbliche Seele nicht mehr Grundlage und Zielpunkt der Wissenschaft. Zweitens hat sich für geschichtliche Gegenstände – wie das Christentum einer ist – unabweisbar eine neue, strenge Methode entwickelt. Wenn Christen wähnen, ihr Glaube habe mit diesen beiden Entwicklungen nichts zu tun, täuschen sie sich über ihre reale Lage. Ihre Glaubensinbrunst mag Berge versetzen. Aber sie ersetzt nicht historische Umsicht. Ich bin kein Christ, weil ich die veränderte Lage sehe und aus ihr die Konsequenzen ziehe.

Der Bruch, den Leibniz überwinden wollte, war entstanden durch die empiristische Tendenz in der Philosophie. Sie zerstörte die alten philosophischen Gewißheiten von Gott und Unsterblichkeit der Seele. Was das konkret bedeutet, zeige ich in den Folgekapiteln. Hier wende ich mich dem zweiten Vorgang zu, also der neuen Geschichtsmethode. Leibniz war beunruhigt: Spinoza und der französische Orientalist Richard Simon hatten die Fruchtbarkeit ihrer neuen kritischen Bibelanalyse bewiesen; Pierre Bayle hatte in vier mächtigen Bänden den umstürzlerischen Denkstoff versammelt, den die historisch-kritische Durchleuchtung der Theologie- und Kirchengeschichte zutage förderte.

3. Historisch-kritische Forschung 49

Theologen sind nach Religion, Konfession und Schulrichtung zu sehr zerstritten, als daß man ihnen nachsagen könnte, sie trieben alle dasselbe. Ich rede hier, in diesem Abschnitt, nur von jenen Theologen – eine in Westeuropa immer kleiner werdende Gruppe –, die versprechen, historisch Gewißheit zu verschaffen vom wunderbaren Zug der Juden durch das Rote Meer. Hat sich das Meer ‹wirklich› vor dem auserwählten Volk geteilt? Ihr berühmtestes Beispiel ist die Auferstehung des Gekreuzigten; in diesem extremen Fall erwähnen schon die neutestamentlichen Erzählungen Zweifler wie den ungläubigen Thomas. Wer heute noch durch *wissenschaftliche* Betrachtung der Berichte die Zweifel zu beseitigen verspricht – nach dem Motto: Die Bibel hat doch recht –, muß scheitern. Jetzt reden wir nicht vom Glauben oder von Poesie, sondern von dem Anspruch, durch historische Wissenschaft dem schwankenden Glauben aufzuhelfen. Er kann keinen Erfolg haben. Das zeigen zahllose Beispiele, aber es ergibt sich auch schon beim Nachdenken über historische Methode.

Wissenschaften definieren sich nicht durch ihre Inhalte (‹Stoffe› oder ‹Materie› genannt), sondern durch ihre Verfahren, ihre ‹Methoden›. Das sind Regelsysteme, die ihre Anwender oft für zeitlos halten, nur weil sie meist erst nach längeren Zeiträumen ausgetauscht werden. Wer in ein solches System eintritt, wird Experte, und zum Experten gehört, daß er methodenimmanent konsequent verfährt. Er kann Vorschläge zur Verbesserung oder Abänderung machen, aber auch diese müssen sich kohärent auf den vorhandenen Regelsatz beziehen. Mit bloßen Wünschen und Anmutungen ist hier nichts zu machen.

Ein solches System von Regeln ist die historisch-kritische Methode. Ich sagte, sie könne prinzipiell nicht den christlichen Glauben begründen. Aber inhalts- und folgenlos ist sie deswegen nicht. Wenn das Christentum sich als *geschichtliche* Religion versteht, wenn es sich auf Ereignisse gründet, die unter Pontius Pilatus in Palästina geschehen sein sollen, dann veränderten sich seine Prämissen, seit sich mit der historisch-kritischen Forschung eine neue Betrachtungsweise der geschichtlichen Welt bewährt hat. Es gibt Theologen, die von ihr absehen oder sie nur zum Schein integrieren. Sie verhalten sich wie Naturkundige, die von Atomphysik nichts wissen wollen – wenn es solche Narren gäbe. Die historisch-kritische Untersuchung hat als einzige theologische Disziplin unbestreitbare Ergebnisse gebracht, und darunter verstehe ich Ergebnisse, die nur zusammen mit dem Beweisweg vorgetragen werden, der zu ihnen geführt hat, so daß sie widerlegbar sind. Weil sie prinzipiell widerlegbar sind, sind sie überwiegend sicher. Es ist Mode geworden, die Ungewißheiten der Vernunft in den Kulturwissenschaften zu betonen. Aber mit Redensarten ist hier nichts gewonnen. Wenn die historisch-kritische Bibelforschung zum Beispiel feststellt, Paulus nenne niemals Jesus ‹Gott›, dann ist leicht mit völliger Gewißheit zu ermitteln, ob dieser Satz wahr ist oder falsch. Wenn er richtig ist, sagen die vermutlich ältesten Texte der Christenheit noch nichts von der Gottheit Christi. Wenn er wahr ist, verlangt er als unbestreitbares Faktum eine historische Erklärung, von der nur ablenkt, wer vorbringt, historisches Wissen sei keine strenge Wissenschaft. Natürlich kann die Frage auch als unentscheidbar beurteilt werden, aber auch dann nur mit philologisch präziser Argumentation, etwa durch Verweis auf den *Römerbrief* 9,5 oder auf den Umstand, daß das Wort für Gott (*theos*) die Bedeutung ändert, je nachdem es mit oder ohne Artikel steht.[3]

In der Theologie hatte die historisch-kritische Methode ihren ersten großen Auftritt mit Lorenzo Valla († 1456). Er bewies mit Argumenten, die bis heute überprüfbar sind und sich als gültig erweisen, daß die Rechtsgrundlage des Kirchenstaats, die sog. Schenkungsurkunde Kaiser Konstantins an den Papst, eine Fälschung war. Er bewies weiterhin, daß Dionysius vom Areopag, den sein Freund Nicolaus Cusanus noch für den größten aller Theologen hielt, keineswegs ein direkter Paulusschüler, überhaupt nicht, wie er vorgab, ein Mann des ersten Jahrhunderts war, sondern daß er um 500 n. Chr. in Anlehnung an den heidnischen Philosophen Proklos seine neuplatonische Auslegung des Christentums unter falschem Namen in Umlauf gebracht hat. Die Argumentation Vallas war so präzise, daß sie bis heute als richtig gilt; neue Untersuchungen haben sie mehrfach bestätigt. Über Erasmus von Rotterdam erreichte Vallas Forschungsart Michael Servet. Der junge Spanier entdeckte, daß die augustinisch-scholastische Trinitätslehre im *Neuen Testament* nicht vorkommt. Er veröffentlichte sein Ergebnis unter dem Titel *De Trinitatis erroribus* in

3. Historisch-kritische Forschung 51

Hagenau 1531. Calvin ließ ihn dafür 1556 mit der Zustimmung vieler Christen verbrennen. Mit sanfter Gewalt veränderte die humanistische Philologie des 15. und 16. Jahrhunderts das Bild der frühen christlichen Tradition; die Religionsstreitigkeiten förderten die kritische Forschungsweise. Sie beschränkte sich ihrer Natur nach nicht auf Kirchengeschichte; sie entmythologisierte die Entstehungsgeschichte des Koran ebenso wie die Anfänge Roms. Sie entrümpelte Europas alte Legenden. Gegen 1700 erreichte sie einen ersten Höhepunkt in den Werken von Pierre Bayle (der Franzose starb in Rotterdam 1706) und von Richard Simon († 1712), der dieses Verfahren auf das *Alte Testament* anwandte, angeregt und herausgefordert durch Spinozas *Tractatus theologico-politicus* (Amsterdam 1670).

Um die neue Auslegungsart der Bibel vorzustellen, führe ich vereinfachend die Argumentation von Richard Simon vor. Diesen polyglotten Gelehrten, Ordensmann und Bibliothekar schloß seine Ordensgemeinschaft, das Oratorium, aus wegen seines Buches *Histoire critique du Vieux Testament* (Paris 1678). Sein Werk wurde verboten und in der ersten Auflage vernichtet, so daß ich es mir in der Neuauflage, Rotterdam 1685, besorgen mußte, um es 1967 in Frankfurt zum Nachdruck zu bringen.

Wer eine Ausgabe des *Alten Testaments* aufschlägt, findet darin fünf Bücher Moses. Richard Simon fiel auf, daß am Ende des 5. Buches der Tod des Moses berichtet wird. Er nahm an – wie vor ihm schon Spinoza –, Moses habe wohl nicht seinen eigenen Tod berichtet, und folgerte, Moses könne das Buch nicht als ganzes verfaßt haben. Er bestritt keineswegs die Autorschaft des Moses für alle fünf Bücher; er wollte möglichst wenig ändern. Er leugnete auch nicht die dogmatische Lehre von der Inspiration der Schrift. Er suchte eine Erklärung dafür, daß die Bibel einige Geschichten mehrfach erzählt. Er überlegte, die Schriftrollen seien klein gewesen und nicht miteinander vernäht, so daß es zu Unordnung der Teile und zu Dubletten kam. Er stellte sich vor, Moses habe ältere ‹Akten› aus dem Archiv der israelischen Republik zusammengestellt und verkürzt; dadurch sei manche Erzählung mißverständlich geworden. Ihn störten Ungereimtheiten in den Genealogien; auch die hohen Altersangaben erregten seine Zweifel. Adam soll im Alter von 930 Jahren gestorben sein, und

Methusalem sei noch älter geworden, nämlich 966. Verdankten sich solche Zahlen Schreibfehlern? Waren sie falsch übersetzt? Richard Simon stellte solche Fragen und trat damit Lawinen los: Stammten vielleicht auch andere Texte nicht von Moses? Vielleicht auch das *Zweite Buch Mose* nicht, das vom Auszug aus Ägypten und von Gottes Taten am Sinai erzählt? Waren vielleicht die Verfasser gar keine Augenzeugen, wie man es von Moses annahm? Welche Verfassernamen waren historisch authentisch, welche nicht? Die Fragen weiteten sich aus: War vielleicht der Verfasser des Matthäusevangeliums kein Apostel? War Markus, der Evangelist, wirklich ein Petrusschüler? Richard Simon war katholischer Geistlicher; er suchte vernünftige Gründe gegen das *sola scriptura*-Prinzip der Protestanten, aber seine Vorgehensweise schleppte einen verzehrenden Bazillus ein. Katholische Autoritäten, allen voran der kämpferische und beredte Bischof Bossuet, verstanden das richtig und ließen das Buch verbrennen. Denn mit Richard Simon setzte ein Bibelleser neuer Art nicht mehr das Dogma als Richtschnur an den Anfang und suchte die dazu passenden Stellen; er löste Aussagen nicht mehr ab von der Textumgebung, sondern überprüfte Wortlaut, Überlieferung und Übersetzung. Wenn es um einen Fragepunkt ging, zum Beispiel um die Bekehrung des Paulus, dann erwog er, daß er den Vorgang selbst nicht prüfen, sondern nur in Texten studieren konnte, nämlich in den Berichten der Paulusbriefe und der *Apostelgeschichte*. Wenn deren Verfasser nicht mehr feststand, wenn er zeitlich und örtlich weiter weg war vom berichteten Geschehen als bisher vermutet, dann verlor der Bericht an Autorität, mit der er bisher den Christen versichert hatte, die berichteten Ereignisse hätten tatsächlich stattgefunden. Und wenn dies bei den Büchern des Moses der Fall war – Bücher mit so wichtigen Inhalten wie Welterschaffung und Sündenfall, wie Bundesschluß Gottes mit Israel und Empfang der Zehn Gebote –, dann konnte es auch bei anderen autoritativen Texten der Fall sein.

Das historisch-kritische Verfahren begann die Arbeit nicht mehr mit dem dogmatisch fixierten *Ereignis*, sondern mit einem *Text* darüber, und untersuchte ihn, wie man andere literarische Produkte erforscht; es fragte nach Ort und Zeit, nach Sprachform und Textüberlieferung, nach Vorläufern und Gegnern, nach Benutzern und Nach-

3. Historisch-kritische Forschung 53

ahmern. Es rekonstruierte den Kontext für jedes Buch, manchmal auch nur für Teile eines Buches, das nachträglich zusammengestückt war. Lorenzo Valla untersuchte zum Beispiel den Wortschatz des angeblichen Dionysius vom Areopag und stellte fest, daß er Wörter und Wendungen benutzte, die es im ersten Jahrhundert noch nicht gab; außerdem erkannte er, kein Schriftsteller der Zeit vor 500 zitiere den großen Theologen und Paulusschüler. Er belegte mit Einzelnachweisen die Abhängigkeit von dem heidnischen Philosophen Proklos, der 485 in Athen gestorben war.

Dieses Verfahren auf Koran und Bibel anzuwenden, stieß bei Muslimen, Katholiken wie Protestanten auf Widerstand, die lehrten, Gott habe jeden Satz des Koran selbst geschrieben und jeden Satz der Bibel inspiriert; das Buch sei heilig und irrtumslos. Ihnen sprach aus jeder biblischen Wendung die ewige Wahrheit Gottes. Wenn die Bibel ein Ereignis zweimal mit kleinen Abweichungen erzählte, dann sahen sie zwei verschiedene Ereignisse, nicht Varianten einer Erzählung. Der Heilige Geist, nahmen sie an, mußte doch wissen, ob Jesus bei der Brotvermehrung fünf oder sieben Brote verwandelt hatte. Beides wird erzählt. Also hatte Jesus zweimal Brot vermehrt.

Nun waren schon antiken Christen Abweichungen im Bibeltext aufgefallen. Augustin hatte ein Buch geschrieben, *De consensu evangelistarum*, in dem er die Harmonie der Differenzen bewies. Er sah die Autorität der Zeugen bedroht, wenn sie nicht mit *einer* Zunge sprachen. Seine Argumentation illustriert als ihr Gegenteil die historisch-kritische Methode. Er ging von der ewigen Wahrheit Gottes aus und von dessen Anwesenheit in der Kirche, die über Bibelauslegungen wache.

Augustin rekonstruierte nicht wie die historisch-kritische Methode die kulturelle Umgebung einer Bibelstelle. Dazu fehlte es ihm allein schon an Sprachkenntnissen. Erasmus hat über ihn gespottet, Augustin habe ja geglaubt, er komme bei der Bibelauslegung mit *einer* Sprache aus; er konnte kein Hebräisch und kaum Griechisch. An der kulturell-historischen Einordnung des Bibeltextes hatte er kein Interesse; die historisch-kritische Methode hingegen erforscht die zeitliche und intellektuelle Konstellation, die einen Text hervorgebracht und überliefert hat. Sie versucht, den ältesten Text zu rekonstruieren. Sie registriert die Veränderungen der historischen Stufen und sucht sie zu erklären. Wo es möglich ist, sucht sie Quellen des Textes, Vorlagen oder zeitgenössische Kritiken. Einige biblische Schriften sind Sammlungen älterer Erzählungen; die historisch-kritische Forschung unterscheidet in ihnen Schichten und Herkünfte, Kombinationen und Rücksichten auf Empfängergruppen. Sie überprüft die Einheitlichkeit der Endredaktion; sie setzt diese nicht als gesichert voraus. Solange Gott als der direkte Urheber der Schriften galt, war ihre Wahrheit und Einheitlichkeit gesichert; er sprach aus der Ewigkeit; für die historisch-kritische Exegese kommen die Texte aus komplexen Konstellationen; sie enthalten Divergierendes und Widersprüchliches; sie sind regional gebundene historische Endprodukte. Die Endredaktoren formulierten für bestimmte geographische und religiöse Gruppierungen ihre eigene ‹Theologie›; sie verfolgten je verschiedene Zwecke.

Die historisch-kritische Methode redet nicht erbaulich, sondern genau. Für traditionell-kirchliche Zwecke ist sie kaum verwendbar. Die dogmatische Theologie hat immer wieder versucht, sie loszuwerden oder sie zu domestizieren; der historisch bewunderungswürdig gebildete Rudolf Bultmann versuchte, sie für den Kirchengebrauch zu ‹übersetzen›. Großtöner erklären von Zeit zu Zeit, sie sei ‹überwunden› oder, wie sie es gern grob sagen, ‹erledigt›. Viele verwechseln dabei das historisch-kritische Verfahren mit ‹Historismus›, als sei es die überwundene Weltanschauung des 19. Jahrhunderts; in Wirklichkeit ist es eine Methode, die Historiker aller Art heute anwenden.

Es gibt viele ohnmächtige Versuche, die Kirche und ihre Dokumente aus dem allgemeinen Strom der Geschichte herauszunehmen. Es sind Rückfälle in den Äternismus. Darunter verstehe ich eine geschichtsferne Denkweise, die Zeitliches und Geschichtliches ansieht als wäre es eine zeitenthobene, eine ewige ‹Gestalt›.

Die historisch-kritische Methode ist die erste grundlegende Operation des geschichtlichen Wissens. Sie ist als Wissenschaft in den Strudel der Vernunftkritik und der Historismusdebatten geraten, schon seit den letzten Jahren des 19. Jahrhunderts. Als Wissenschaft bleibt sie nicht unberührt von Debatten über den Begriff des Wissens

3. Historisch-kritische Forschung 55

und der Wahrheit. Sie weiß, daß sie nicht das Leben ist; sie weiß, daß sie auch Nachteile für das Leben bringt. Sie kennt ihre Grenzen, aber alles Historische liegt innerhalb dieser Grenzen. Daher fallen Judentum, Islam und Christentum in ihr Arbeitsfeld, und neue Betrachtungsweisen – etwa die befreiungstheologische oder die feministische – können sie nicht ablösen. Sie stellen höchstens deren Resultate in *ihren* neuen Zusammenhang. Wenn z. B. die feministische Interpretation Frauenunterdrückung in paulinischen Texten, besonders im *1. Korintherbrief*, Kapitel 11, nachweist, kann sie das nur behaupten, wenn sie die historisch-kritische Betrachtung integriert. Sie muß von ihr lernen, der *1. Korintherbrief* habe höhere Authentizität als der *Brief an die Epheser*, denn sie hat gute Gründe, nur den ersten der beiden Texte für von Paulus verfaßt zu halten. Sie kann bedauernd feststellen, im Laufe des 2. Jahrhunderts seien Briefe mit besonders frauendiskriminierenden Stellen wie *1 Timotheus* 2,11 als Paulusbriefe in dessen Briefsammlung aufgenommen worden. Dann nimmt sie ein Ergebnis der historischen Arbeit auf und gibt ihm einen neuen kritischen Akzent; sie ersetzt sie nicht.

Die historische Methode duldet ihrer Natur nach in Faktenfragen keinen Kompromiß. Sie schließt einige alte Zuordnungen neutestamentlicher Schriften aus, also etwa die Ansicht, der *Brief an die Hebräer* sei von Paulus verfaßt. Sie hat entweder korrekt erarbeitete Ergebnisse oder sie hat gar keine. Aber sie entscheidet nicht darüber, welchen Gebrauch jemand von dem Resultat macht. Wer ihre Ergebnisse respektiert und frei nutzt, darf sie in neue Zusammenhänge einfügen, so wie ich es in diesem Text tue. Sie sagt schonungslos, was sie herausfindet; sie läßt frei, welcher Gebrauch davon zu machen ist. Sie verargt es keinem kirchlich bediensteten Bibeldeuter, wenn er die Kategorien der antiken Konzilien des 4. und 5. Jahrhunderts an diese Resultate heranträgt, wenn er nur sagt, was er tut. Bringt er aber vor, Wörter hätten oft einen ‹tieferen›, einen ‹allegorischen› Sinn, dann ist das neue Mythenbildung. Argumentiert er, die Bibel sei als ganze das Werk des ewigen Gottes und müsse daher als Ganzes gelesen werden, dann verläßt er das philologisch-genaue Handwerk. In der Tat hat die Kirche im Laufe des 2. und 3. Jahrhunderts entschieden, welche Texte zum ‹Kanon› gehörten. Sie entsprach damit ihrem Bedürfnis zu einem konkreten Zeitpunkt, der nicht heiliger ist als andere. Wer die Kanonbildung als Werk des Heiligen Geistes reklamiert und folgert, jede einzelne Schrift und jede einzelne Aussage sei nach dem *Ganzen* der Bibel auszulegen, wird die Hebräische Bibel im Licht des Neuen Testaments lesen, sei sie doch das einheitliche Buch der von Gott in der Wahrheit gehaltenen Kirche. Aber diese Einheitlichkeit hat in einer bestimmten kirchenpolitischen Konstellation eine dominierende Gruppe erst festgesetzt. Wer sie heute als maßgebend auszeichnet, bedient *heutiges* Gruppeninteresse.

Vor etwa 30 Jahren haben Theologen für diese Art der *Ablehnung* des historischen Denkens ein Fremdwort erfunden; sie sprechen von der ‹kanonischen Exegese›. Was sie für den Gesamtsinn des ‹Kanon› halten, nehmen sie als Auslegeschlüssel. Sie tragen zuweilen vor, die ‹kanonische› Bibelerklärung sei die Ergänzung oder die Überhöhung der historisch-kritischen Lektüre. Aber sie ist ihr gegen sie gerichteter *Gebrauch*. Sie löst die Probleme nicht, die sie zu beseitigen verspricht. Denn was ist der Gesamtsinn der Bibel? Die Kirchen haben jahrhundertelang versucht, eine solche Gesamtauslegung vorzutragen. Aber welche Kirche soll uns heute über die Gesamtaussage der Bibel belehren? Es gibt diese einheitliche Kirche nicht mehr; sie hat sich gerade darüber zerstritten, welches die Grundwahrheit der Schrift sei. Wenn heute ein konservativer Theologe die Glaubensregel der mittelalterlichen Kirche in Anspruch nimmt, wenn er mit dem vielsinnigen Charakter der Sprache argumentiert und eine ‹spirituelle› Bibeldeutung versucht, dann nimmt auch er sich subjektiv eine Auslegungsart aus vielen heraus. Auch er erlaubt sich eine nur subjektive Perspektive, die andere Bibelleser nicht teilen. Deutet er das *Alte Testament* nach den christologischen Dogmen der alten Kirche, suchen wir die alttestamentliche Weissagung in ihrem geschichtlichen Kontext auf und zeigen die Differenzen zwischen dem *Neuen Testament* und dem *Alten*, zwischen den Dogmen des 5. Jahrhunderts und den Texten des Urchristentums. Die ‹Kirche›, in deren Schatten er die Bibel lesen will, existiert nicht mehr. Setzt sich jemand darüber hinweg, ist das ein individualistischer Kraftakt, mit dem heute ein Einzelner sich die Autorität der ‹Tradition› anmaßt. Die kirchlichen Entwicklungen der Neuzeit und insbesondere die historisch-kritische Me-

3. Historisch-kritische Forschung 57

thode haben die Einheitlichkeit zersetzt, die er gegen das Chaos der Meinungen anruft. Sein Ruf ist nur ein Teil des bestehenden Chaos. Die ‹Kirche›, die dem Kanon Autorität verliehen und einzelne altchristliche Texte zum Gotteswort erhoben und andere ausgeschieden hat, ist heute eine partikuläre Vereinigung. Sie hat das Privileg der Schriftauslegung verloren, das sie immer noch beansprucht. Wer seine Auslegungsregel kraft Willensentschluß mit dem Kanon identifiziert, hat sich nur ein antimodernes Kostüm aus dem Vorrat der großen Kleidersammlung ‹herausgenommen›.

Ich illustriere das historisch-kritische Vorgehen am Beispiel der Wunder. Die historisch-kritische Bibellektüre kann nicht beweisen, daß es keine Wunder gab. Der kritische Forscher sieht nicht zuerst auf die Lehre der Dogmatiker über Wunder; er stand nie einem Wunder direkt gegenüber; er kennt nur Wunder*erzählungen*. Erzählen diese von der Auferweckung eines schon verwesenden Toten wie Lazarus, dann analysiert er diesen Bericht: Wo steht er? Wie wird er erzählt? Wie nimmt er sich in seiner Umgebung aus? Was erzählten damals Zeitgenossen über Tote, die ins Leben zurückkehrten? Er stellt fest, allein das *Johannesevangelium* berichte die spektakuläre Wundertat mit dem schon verwesenden Lazarus, *Johannes*, 11,1–44. Die meisten Forscher datieren heute das *Johannesevangelium* auf die Zeit um 100 nach Christus; der Bericht läge dann rund 70 Jahre später als das Ereignis. Aber auch 30, 20 oder zwei Jahre genügen zur Legendenbildung. Um eine solche handelt es sich, auch wenn wir über keine exakte Chronologie verfügen. Der historisch-kritische Leser sucht die genaue Datierung, aber wenn er keine findet, behält er die Frage nach ihr im Sinn und untersucht zunächst einmal andere Wundererzählungen. Denn er weiß von anderen antiken Texten, z. B. von Platon, daß wir oft den genauen inhaltlichen Sinn einer Passage erfolgreicher suchen als ihre genaue Zeitstelle. Und dann findet er: Der Prophet Elias soll sich dreimal auf die Leiche eines Kindes geworfen und es so zum Leben erweckt haben.[4] Totenerweckungen kommen in der Bibel öfter vor, sie waren nicht so ungewöhnlich wie wir heute annehmen; sie waren ein beliebter Erzählstoff. Markus berichtet im achten Kapitel, Jesus habe die Jünger einmal gefragt, was die Leute so über ihn sagen. Sie antworteten, die einen hielten ihn für den zurückgekehrten

Johannes den Täufer, andere für Elias oder einen anderen der Propheten. Die leibhaftige Rückkehr von Toten war ihnen ein vertrauter Vorgang. Die *Apostelgeschichte* erzählt, Petrus und Paulus hätten Tote erweckt.[5] Im Unterschied zu Augustins Evangelienharmonisierung sucht der historisch-kritische Forscher in den Quellen eine vergangene kulturelle Situation; er fragt in unserem Fall weiter, wie griechische und lateinische Texte der Antike das literarische Motiv der Rückkehr von Toten behandeln; er nimmt die Ergebnisse der biblischen Archäologie zu Hilfe.

Wenn möglich, wird er einen Text zunächst datieren. Augustin ging bei seiner Evangelienbetrachtung davon aus, die im Kanon festgesetzte Reihenfolge – *Matthäus, Markus, Lukas* und *Johannes* –, sei auch die historische. Diese Vermutung hat sich in den Jahrhunderten historisch-kritischer Forschung nur für das *Evangelium nach Johannes* bestätigt; fast allen Forschern gilt heute das *Markusevangelium* als das älteste.

Wer nicht nur die Bibel, sondern auch andere antike Bücher liest, z. B. die antiken Historiker, weiß, daß diese gern die Absicht einer handelnden Person und die Analyse einer Lage in die Form einer großen Rede des Protagonisten kleiden. Sie bieten künstlerische Formung; sie fingieren nicht, sie liefern ein Protokoll. Der berühmteste Fall sind die Reden bei Thukydides. Wer vom griechischen Historiker zurückkehrt zum *Neuen Testament*, erkennt, daß es die späteren, literarisch-stilisierten Texte des *Neuen Testaments* sind, welche die großen Reden Jesu und der Apostel bringen, also das *Johannesevangelium* und die *Apostelgeschichte*. Die Abschiedsreden Jesu im *Johannesevangelium* unterscheiden sich in Inhalt und Stil so stark von den Reden Jesu in den drei ersten Evangelien, daß die Vorstellung wörtlicher Wiedergabe ausgeschlossen ist. Ihre Auffassungsweise ist zu verschieden; divergierende Interessen und Konzepte von Autoren und Empfängergruppen bestimmten Auswahl und Akzentsetzung. Stil und Inhalt fallen unterschiedlich aus. Wer sie richtig datieren und in die Geschichte des apostolischen Zeitalters einordnen könnte, gäbe von diesen oft ausgelegten Reden einen neuen Begriff.

Ich kann hier keine vollständige Analyse der historisch-kritischen

3. Historisch-kritische Forschung 59

Methode geben. Zu ihr gehören weitere Voraussetzungen und wissenschaftliche Techniken, zum Beispiel ermittelt und sichert sie Textbestände; sie bewertet die überlieferten Zeugnisse; sie bleibt empirisch-historisch. Auch beim Lesen religiöser Texte setzt sie voraus, Gott könne nicht Gegenstand historisch-kritischen Wissens werden. Als ‹geschehen› oder ‹Faktum› anerkennt sie nur, was von Zeugnissen bestätigt wird, deren Kreditwürdigkeit sie kritisch untersucht hat. Sie weiß, daß vieles in der Geschichte geschehen ist, von dem sie nichts weiß, weil sie davon keine Zeugnisse hat. Sie versteht daher das Wort ‹historisch› als einen Fachbegriff im Unterschied zu dem Wort ‹geschichtlich›; ‹historisch› ist für sie nur das, was methodisch streng ermittelt ist. Sie beruht nicht auf prinzipiellem Skeptizismus, aber wenn von Menschen erzählt wird, die über 900 Jahre alt wurden, untersucht sie die Erzählungen mit Mißtrauen. Sie stellt in einer Sammlung von Wundererzählungen fest, daß die Wunder immer größer werden, je weiter weg und je länger zurück das Ereignis liegt.

Auch ein gewisses Konzept von ‹Entwicklung› gehört zu ihr, dessen genaueren Sinn näher zu erörtern hier zu weit führen würde. Als relativ einheitliches Methodenkonzept war sie anfangs umstritten, aber dann trotz eingestandener Unsicherheiten so erfolgreich, daß sich heute mancher historische Dilettant mit ihrem Namen schmückt, ohne sie zu praktizieren. Aber nicht jeder, der ein altes Buch in die Hand nimmt, treibt historische Forschung. Sie muß erlernt und konkret erprobt werden; sie erfordert handwerkliches Training bei Historikern des Altertums und des Mittelalters, bei Gräzisten und Orientalisten.

Auch die protestantische Orthodoxie hat sie nicht geliebt, aber ihr Hauptfeind war die römische Kurie. Es lohnt sich, einen Blick auf deren Umgang mit Fragen der historisch-kritischen Methode zu werfen. Papst Leo XIII. gründete 1902 eine Kommission zum Schutz der Heiligen Schrift, kurz: die Bibelkommission. Sie hat zwischen 1902 und 1915 eine Reihe von Entscheidungen getroffen gegen die historisch-kritische Bibelauslegung. Diese Entscheidungen charakterisieren das streng-historische Vorgehen, indem sie es verwerfen; sie zeigen, wozu die historisch-kritische Forschung und wozu die römische Wahrheitsverwaltung fähig ist. Das Dekret des Heiligen Offiziums vom 3. Juli 1907 gebot den Katholiken, die Bibel sei von Gott direkt inspiriert und daher bis in die letzten Einzelheiten von jedem Irrtum frei. Die fünf Bücher Moses, befahl die Bibelkommission am 26. Juni 1906, stammten von Moses. Die Weissagungen des Jesaia seien echte Voraussagen, dekretierte sie am 28. Juni 1908. Das *Evangelium nach Matthäus* habe der Apostel Matthäus geschrieben, so am 19. Juni 1911. Ich nenne die Daten der Dekrete, damit der Leser diese merkwürdigen Dokumente leicht finden und nachlesen kann. Der Evangelist Markus sei der Schüler des Petrus gewesen, Lukas der Begleiter des Paulus (26. Juni 1911); *Matthäus* sei das älteste der Evangelien (26. Juni 1911); die *Apostelgeschichte* habe den Evangelisten Lukas zum Autor (12. Juni 1913). Alle Briefe, die Paulus zugeschrieben werden, stammten von Paulus (12. Juni 1913), auch der *Brief an die Hebräer* (24. Juni 1914). Die Berichte des *Johannesevangeliums* seien historisch; eine Lehrentwicklung habe es nicht gegeben (Dekret des Heiligen Offiziums *Lamentabili* vom 3. Juli 1907).

Mit diesem Block anti-historischer Behauptungen fiel die Kommission um zwei Jahrhunderte hinter Richard Simon zurück. Hätte dieses intellektuell vergreiste Lehramt nicht die Arbeit christlicher Gelehrter um Jahrhunderte zurückgeworfen und das Leben einiger von ihnen zerstört, wären seine Ukasse nur amüsant. Sie waren ein einziger Affront gegen die historisch-kritische Forschung. Die päpstliche Wahrheitsverwaltung lehnte insgesamt die Art der Textforschung ab, die in der protestantischen Exegese seit etwa 1850 unzweifelhafte Erfolge zeigte. Sie hielt argumentlos auch gegen katholische Gelehrte wie Alfred Loisy die alten Überzeugungen fest, die mit Gründen seit 200 Jahren in Zweifel gezogen waren. Heute beschwört sie kaum noch ein katholischer Exeget. Wo die historisch-kritische Lesart Differenzen und Entwicklungen entdeckte, sah die Papstkirche legendäre Einheitsblöcke. Ihre Verbote waren kein vereinzelter bürotechnischer Fehlgriff; ihr ständig wiederholter Immobilismus hatte Methode; er war die Anti-Methode zur historisch-kritischen. Er war auf die Dauer nicht zu halten: Die Bibelkommission hat 1964 mit ihrer Instruktion über die historische Wahrheit der Evangelien die historisch-kritische Exegese in ‹ihren Grenzen› anerkannt, aber wo deren Grenze liegen, bestimmt die Kirche. Nun hat sie zwar Grenzen,

3. Historisch-kritische Forschung 61

aber die ermittelt sie selbst durch fortlaufende Erörterungen der historischen Methode.

Ein symptomatischer Fall beleuchte den Unterschied zwischen der augustinisch-äternistischen Bibelauslegung und der historischen. Bekanntlich hat der Apostel Judas, wie *Matthäus* 27,9 berichtet, den Erlöser zum Preis von 30 Silberlingen verraten. *Matthäus* sah darin eine Weissagung erfüllt, wie so oft, und zitiert dafür den Propheten Jeremia: «Sie nahmen die dreißig Silberlinge» (*Matth.* 27,9). Nun findet sich dieser Spruch mit den 30 Silberlingen nicht im Text des Jeremia, wohl aber beim Propheten Zacharias, 11,12–13. Der Evangelist, würden wir folgern, habe die beiden Namen verwechselt. Augustin sah den Fehler, dachte aber folgendermaßen weiter: Niemand solle deswegen den Evangelisten der Unzuverlässigkeit bezichtigen. Zwar nennten einige Handschriften an dieser Stelle den Namen des Jeremias. Das lege nahe, es handle sich um einen Schreibfehler. Wer diese Verteidigung vorziehe, könne sie gebrauchen, ihm, Augustin gefalle sie nicht. Denn viele, gerade ältere und vor allem griechische Handschriften hätten den Namen ‹Jeremia›. Einige Schreiber hätten diesen Namen getilgt, weil sich das Zitat bei Jeremia nicht finde. Er, Augustin, aber denke, vielleicht habe *Matthäus* sich in beiden Namen vertan, aber auch das sei nicht ohne providentielle Führung geschehen. Andere fromme Zeitgenossen hätten den Evangelisten gewiß korrigiert, wäre seine Erinnerung nicht, vom Heiligen Geist geleitet, zu der Einsicht gekommen, daß alle Propheten, da vom Heiligen Geist inspiriert, miteinander harmonieren, *inter se consensione constare*. Daher sage Jeremias dasselbe wie Zacharaias. Es gehe schließlich um die Autorität des Heiligen Geistes, nicht um die einzelner Propheten. Der Geist Gottes habe, um die Identität der Aussagen des Jeremias und des Zacharias hervorzuheben, die Verwechslung nicht nur erlaubt, sondern kraft eigener Autorität befohlen.[6]

Dem Historiker sträuben sich die Nackenhaare: Der Evangelist Matthäus behauptet, der Judaslohn von 30 Silberlingen sei beim Propheten vorausgesagt. Augustin weiß, daß bei Jeremias davon nicht die Rede ist, wohl aber bei Zacharias. Er erwägt die einfache Lösung, daß es sich um einen Schreibfehler handelt. Er gestattet diese Ansicht, aber er macht sie sich nicht zu eigen. Daß ein Schreibfehler vorliege und daß Zacharias, nicht Jeremias gemeint sei, ist ihm zu simpel. Sein Gott schreibt auf krummen Zeilen gerade. Selbst der falsche Prophetennamen beweist ihm die Weisheit des inspirierenden Gottesgeistes, obwohl bei Jeremias die 30 Silberlinge nicht vorkommen, also mit seinem Text der von Matthäus behauptete Weissagungsbeweis nicht zu führen ist. Für Augustin ist Prophet gleich Prophet, da Gott alle Propheten gleichermaßen inspiriert. Er sieht allein die geheimnisvolle Absicht Gottes, der die Geister der Propheten leitet. Das Textproblem verschwindet. Die Differenzen sind eingeebnet. Die Übereinstimmung aller Bibeltexte steht ihm aufgrund der Inspiration fest. Er will den offenbaren Fehler nicht korrigieren; die theologische Ewigkeitsperspektive macht Ambiguität erträglich. ‹Jeremias› und ‹Zacharias›, das *klingt* nur verschieden, meint aber immer den Propheten als Werkzeug Gottes. Daher kommt es auf den Namen nicht an.

So abenteuerlich das gedacht ist, unter bestimmten Prämissen war es plausibel: Wenn alle biblischen Texte Gottes wörtliches Wort sind, dann besteht die eigentlich theologische Auslegung darin, sie als aus der Ewigkeit gesprochen zu denken. Dann sind Zeitdifferenzen und individuelle Perspektiven zweitrangig. Ihre Divergenzen betreffen Nebensachen. Für uns heute liegen die verschiedenen biblischen Texte um eine ganze Reihe von Jahrhunderten auseinander. Sie belegen Auseinandersetzungen, Gruppenbildungen und Konflikte. Die historisch-kritische Analyse sieht sie zeitgebunden, aus Quellen zusammengesetzt, als Korrektur früherer Autoritäten. Denkt der christliche Leser jedoch, die Bibel sei als ganze Gottes Wort, dann unterstellt er, sie sei von Anfang bis Ende dieselbe Wahrheit Gottes, zeitüberlegen, überindividuell. Die einzelnen Schriftsteller sieht er als Hände Gottes; deren Individualität und historische Situation zählt nicht, bildet keinesfalls Widersprüche zu anderen biblischen Stimmen; sie sind alle die *eine* Stimme des Ewigen. Insofern hatte Bossuet so unrecht nicht, wenn er die kritischen Untersuchungen des Richard Simon als Angriff auf den wahren Glauben wertete. Simon erwiderte ihm, er sei kein Theologe, sondern Philologe, wofür er das Wort ‹Kritiker› gebrauchte. Aber die eine und ewige Wahrheit des Glaubens als zeitbedingt, als spannungsreich und eventuell widersprüchlich zu be-

3. Historisch-kritische Forschung 63

trachten, das hieß zugleich: methodisch festen Boden zu schaffen und aus der Haltung frommen Hinnehmens herauszutreten. Es gibt auch heute Versuche, die alte Ewigkeitsperspektive *neben* die historisch-kritische Analyse zu setzen. Die sog. kanonische Exegese ist, historisch gesehen, ein Unding. Sie soll die historisch-kritische Betrachtung ‹ergänzen›, ‹ausweiten› oder ‹überwinden›. Aber das heißt nur, daß man deren Logik nicht verstanden hat. Unerleuchtete Kirchendiener wollen sie eingemeinden und dadurch unschädlich machen.

Der Haupteinwand gegen diese theologische Majorisierung: Jede beanspruchte biblisch-göttliche Gesamtdeutung war bisher nichts als ein historisch plazierbarer Anspruch *eines* Individuums oder *einer* zur Dominanz strebenden Gruppe. Sie wählte einen historischen Zustand als den richtigen und erklärte *ihre* Gesamtauslegung des Christlichen als die Ansicht Gottes oder als die wahre Zusammenfassung des Wesentlichen der Bibel.

Der Ewigkeitsanspruch kann die Zeitperspektive nicht löschen. Dagegen hilft auch nicht der Hinweis, jeder Satz der menschlichen Sprache sei vieldeutig, sei reich an Assoziationen, habe einen poetischen Mehrwert, und der ewigkeitsbezogene tiefere Sinn lasse sich in jedem biblischen Satz aus der Gesamtperspektive vertiefend aufdecken. Die Mehrdeutigkeit der Vokabeln ist unstrittig, aber daß sie aus der Einheitsansicht der göttlichen Wahrheit ‹ergänzt› oder ‹ausgeweitet› oder ‹vertieft› werden könnte, das ist nur ein unbeholfener Angriff auf die historisch-kritische Untersuchung, die jeden einzelnen Autor aus seinem Werk zu verstehen sucht. Sie ist entstanden, weil die von den Traditionalisten angerufene Sicht des Heiligen Geistes immer umstritten blieb. Diese war immer nur eine bloß individuelle Ambition, oder das Dekret einer Wahrheitsbehörde hat sie für eine Weile bei einer bestimmten Klientel durchgesetzt.

4. Neue Glaubensbegründungen

> *Der Oberherr der Welt schwimmt unbewiesen in seinem Blute ... Die Unsterblichkeit der Seele liegt in den letzten Zügen – das röchelt, das stöhnt ...*
>
> HEINRICH HEINE ÜBER KANT IN: RELIGION UND PHILOSOPHIE IN DEUTSCHLAND (1834)

Die Christen der ersten Jahrhunderte konnten ihren Glauben nicht als selbstverständlichen Besitz ansehen. Sie waren in einer missionarischen Situation. Sie mußten und sollten Rechenschaft geben von ihrer Hoffnung auf ein nahes Weltende. Sie sollten argumentieren, also einen vernünftigen Grund (*logos*) angeben, wenn sie gefragt wurden (1. Petrusbrief 3,15). Was sie vorbrachten, hing teilweise von ihrem Gegenüber ab. Wenn sie mit Juden sprachen, brauchten sie nicht ihren Monotheismus zu verteidigen. Gegen den Polytheismus und die Zwei-Götter-Philosophie der Manichäer war die Berufung auf griechische Philosophen am Platz. Die *antiken* Glaubensbegründungen machen für uns die Einschnitte sichtbar, die seit etwa 1700 erfolgt sind. Sie haben sowohl den Glauben wie den Unglauben verändert.

Gefragt, warum er glaube, nannte Augustin folgende Gründe: Ihn überzeuge die breite Zustimmung der Völker. Der Missionserfolg, der gegen 400 in der Mittelmeerwelt festzustellen war, imponierte ihm als Argument. Damit sei die alte Prophetie sichtbar erfüllt.

Die Autorität der christlichen Kirche sei durch Wunder begründet. Hoffnung habe sie genährt und Liebe vermehrt; ihr hohes Alter habe sie bestätigt; das zeige die ununterbrochene Abfolge der Bischöfe von Rom, von Petrus bis zum heutigen Tag.

Schließlich halte ihn auch die Tatsache, daß allein seine Kirche die ‹katholische› heiße; selbst viele Häretiker nennten sie so.[7]

An Augustins Glaubensbegründungen fällt zunächst einmal auf, wie rational, wie advokatenhaft sie angelegt sind. Sie beziehen sich auf die Außenwelt. Sie appellieren an äußere Fakten, auch an das, was die Leute sagen, an die Stabilität der Kirche als Institution, nicht an Sinnfindung und psychisches Schutzbedürfnis. Dem Glauben, dachte

4. Neue Glaubensbegründungen 65

Augustin, gehe die rationale Prüfung der Glaubwürdigkeit voraus. Er sagte ausdrücklich, es werde doch wohl niemand an etwas glauben, wenn er nicht zuvor eingesehen hat, daß es glaubwürdig ist (*De praedestinatione sanctorum* 2, 5).

Als Augustin sagte, warum er glaube, waren der Christenheit die Felle des vermeintlich Faktischen noch nicht weggeschwommen. Sein Glaube war *auch* ‹Vertrauen›, aber nicht mit dem Übergewicht des emotionalen oder – wie sie sagen – des ‹existenziellen› Moments, das ihm heute protestantisch orientierte Religionsphilosophen geben, nachdem die Faktenbasis ihnen entzogen ist. Damit reagieren sie auf den von mir beschriebenen historischen Einschnitt. Auf Luther können sie sich dafür kaum berufen. Für ihn war Glaube immer auch das Überzeugtsein davon, daß bestimmte Außenereignisse wie Kreuzigung und Auferstehung tatsächlich stattgefunden haben: «So es dazu keme, das man vergessen solt illam historiam, so were der Grund hin» (Weimarer Ausgabe 29, 657).

Die erwähnten ‹Tatsachen› waren nicht alles, was Augustin glaubte vorbringen zu können. Er war überzeugt, das Christentum gewähre dem Intellektuellen tiefe Einsichten, denn es teile die Gott- und Seelenspekulation der ‹platonischen Bücher›. Nur wollte er darauf nicht die *erste* Glaubensbegründung stützen; bei ihr nenne er nur Vorgänge in der *sichtbaren* Welt. Tiefere Wahrheit zu bringen, das versprächen alle.

Auch Thomas von Aquino hat die Frage beantwortet, warum er glaube. Als er um das Jahr 1265 seine *Summa contra gentiles* schrieb, hob er gleich am Anfang (Buch 1, Kapitel 6) hervor, der christliche Glaube beziehe sich zwar auf Inhalte, die unsere Vernunft überstiegen, aber wer ihm zustimme, handle keineswegs leichtgläubig. Gottes Weisheit habe es so eingerichtet, daß sie den Menschen die Wahrheit ihrer Lehre mit passenden Argumenten beweise (*convenientibus argumentis ostendit*). Gott bestätige sie *in der sichtbaren Welt* auf sichtbare Weise, und zwar durch Heilung von Kranken, durch Auferweckung von Toten und durch wunderbare Veränderungen an Himmelskörpern, durch die Bekehrung vieler Menschen, nicht nur einfacher Leute, sondern auch der Gelehrten, und zwar ohne Gewalt und ohne daß es – wie der Islam – sinnliche Genüsse verspreche. Für die Wahrheit des Christentums spreche auch, daß alle diese Wunder alte Prophezeiungen erfüllten.

Thomas von Aquino sprach wie Augustin davon, Gottes Weisheit habe das Christentum mit *sichtbaren* Zeichen ausgestattet, damit die Menschen seine Glaubwürdigkeit an *äußeren* Ereignissen erkennen. Gottes providentielle Veranstaltung schließe aus, daß jemand den christlichen Glauben leichtfertig annehmen müsse. Seine Vorausplanung war erfolgreich; die ganze Welt sei nun christlich. Wunder geschähen zwar weiterhin, seien aber jetzt nicht mehr nötig. Das größte Wunder sei die Ausbreitung des Christentums bis an die Grenzen der Erde.

Mit solchen Begründungen gab sich die evangelische Christenheit bis etwa 1800, die katholische bis etwa 1960 zufrieden. Im 19. Jahrhundert feierten römische Theologen ihre Kirche als sichtbares Zeichen auf dem Berg, als Garanten der Heiligkeit und Sittlichkeit. Sie priesen ihre Einigkeit und Kontinuität. Sie betonten, diese äußeren Zeichen der Glaubwürdigkeit seien nicht etwa nur wahrscheinlich, sondern völlig gewiß. Wen sie nicht überzeugten, der sei seiner Verblendung und Sündhaftigkeit überführt. Katholiken, die sie bestritten, lüden schwere Schuld auf sich. Es handle sich um Zeichen in der sichtbaren Welt; die göttliche Vorsehung habe sie zum Zweck der Bezeugung des Glaubens ersonnen, daher könne niemand sich schuldlos herausreden. Die Bestätigung durch äußere Daten sei *evident*. Sie anzunehmen sei für alle vernünftigen Wesen verbindliche Pflicht. Freilich *bewirke* allein Gottes Gnade den Glauben. Doch beweise die *äußere* Bestätigung der Glaubenszeugnisse mit absoluter Gewißheit ihre Glaub*würdigkeit*. Sie rufe zwar nicht den Glaubensakt hervor, sie sei aber, da materiell, von allen leicht einsehbar, frei von jedem Zweifel und daher für jeden verpflichtend.

Das waren um 1870 verlorene Verteidigungstöne. Längst konnte jeder sehen, daß nicht einmal der ‹sicherste Beweis›, die Ausbreitung bis an die Grenzen der Erde, auf Tatsachen beruhte. Die historischen Beweise hatte die historisch-kritische Forschung zerstört. Und wer die Verhältnisse im Kirchenstaat vor 1870 kannte, sah zwar immer noch den kulturellen Reichtum des Landes, nicht aber die erhabene Moralität dieser Kirche.

4. Neue Glaubensbegründungen 67

Die Entstehung der Neuzeit ist ein komplexer Vorgang mit vielen Ursachen. Um 1800 war jedenfalls die einfache Sicherheit geschwunden, die der Glaubensbegründung sowohl bei Augustin wie bei Thomas zugrunde lag, glaubten sie doch, sie könnten einem Ereignis in der sichtbaren Welt ansehen, daß allein Gott es bewirkt haben könne. Gottesbeweise waren in Verruf gekommen. Seitdem schwimmt der Oberherr der Welt, wie Heinrich Heine schrieb, unbewiesen in seinem Blut. Die Zeit drängte, den Glauben entweder aufzugeben oder neue Gründe seiner Glaubwürdigkeit zu erfinden.

Vor Kant hatten viele Religionsphilosophen ihre Aufgabe darin gesehen, den christlichen Glauben, den sie in ihrer Kultur als allgemein akzeptiert vorfanden, in ihre philosophische Sprache zu übersetzen. Fichte, Hegel und der späte Schelling machten dazu die letzten Anläufe. Sie wollten den Glauben, von dem sie ihre Gesellschaft noch weitgehend geprägt sahen, als vernünftig erweisen. Aber spätestens mit dem Beginn der Industrialisierung gab es im Volk keine einheitliche Glaubenswelt mehr. Wer über Religion nachdachte, sah Vielfalt, Widerspruch, Diskussion und Skepsis. Seitdem stand das Christentum in der Kritik; das Nachdenken darüber konnte nicht die alte Form behalten, in *begrifflicher* Klarheit zu sagen, was das tiefe Gemüt des frommen Volks *anschaulich* glaubte. Dieses fromme Volk gab es bei uns nicht mehr. Die Gegensätzlichkeit der vorhandenen Ansichten ist selbst den Frömmsten geläufig. Die Einschnitte ins Fleisch der Christenheit seit 1700 blieben ihnen nicht verborgen. Daher produzierten sie neue Argumente. Ich skizziere einige von ihnen. Sie machen deutlich, daß die alte Sicherheit verloren ist.

Die Erkenntnis göttlicher Beglaubigung in der sichtbaren Welt – vom Ersten Vatikanischen Konzil noch ‹evident› genannt – war dahin. Die Christenheit bestand weiterhin, der Glaube war als Trost und Orientierung noch gefragt, aber die klassischen Brücken zu ihm waren demoliert. In der sichtbaren Welt waren sie nicht mehr zu finden, also fand man sie in der Innenwelt. Die Verlegenheitslösungen konnten sich rühmen, weniger stofflich, vielmehr feiner und geistiger zu sein als die alten Derbheiten. Genauer besehen, belegen die Rettungsversuche den Einschnitt und den Verlust. Hier sind – in arg verkürzter Form – einige dieser neuen Glaubensbegründungen:

Erstens: Gefühl

Unter dem Eindruck Kants sagten romantische Protestanten, nur das Gefühl verschaffe Glaubenssicherheit. Es schenke persönliche Verbindung zu Jesus, zu Gott. Es bedürfe keiner Vermittlung des Glaubens durch äußere Daten.

Der alt-apologetische Weg der Scholastiker und vieler deistischer Aufklärer setzte voraus, die objektive Welt werde von uns übersubjektiv und zweifelsfrei erfaßt; sein philosophisches Hintergrundsystem war objektivistisch-realistisch. Wer sich auf das Gefühl als Glaubensgrund berief, gab – moderner – demgegenüber dem religiösen Subjekt sein Recht zurück. Es macht davon bis heute Gebrauch.

Der Nachteil dieses Portals zum Glauben: Nicht jeder hat dieses Gefühl. Es war direkt und persönlich und paßte mehr zum frommen Inhalt als die kalte, fast kriminalistische Erkenntnis der Glaubwürdigkeit der Evangelien und der Kirche, aber es blieb aufs Individuum beschränkt. Fichte, Schelling und Hegel haben es als zu subjektiv kritisiert. Das 20. Jahrhundert drängte zu neuer Sachlichkeit und Gemeinschaftserfahrung; die Katholiken wollten jetzt der mystische Körper Christi sein; das Gefühl als Glaubenszugang überzeugte immer weniger. Schon seine Definition bot Schwierigkeiten: Meinte es soviel wie Intuition? Emotion? Oder Leidenschaft? Stimmung? Schleiermacher verstand es als ‹unmittelbares Selbstbewußtsein›; er dachte Frömmigkeit als Gefühl der ‹schlechthinnigen Abhängigkeit›. Worauf Hegel knurrend erwiderte, so etwas habe auch ein Hund.

Manche behaupteten, es gebe ein spezifisch religiöses Gefühl, ein Erschauern vor dem Numinosen, eine überwältigende Erregung. Das klang anti-intellektuell und lebensnah; es berief sich – übrigens historisch zu Unrecht – auf Pascals *cœur*.

Auch die älteren *praeambula*-Theologen und die deistischen Freidenker kannten die Gefühle; sie meinten nur, diese *folgten* der ersten Zustimmung zur Glaubwürdigkeit der Offenbarung. Zuerst komme die grundlegende Prüfung, ob der Intellekt zustimmen könne und gar dazu verpflichtet sei.

Gegen die Religionsbegründung aus dem Gefühl läßt sich einwenden, es sei zu unbestimmt. Sagt dem Gefühlvollen das Gefühl, ob

4. Neue Glaubensbegründungen 69

er sein Gefühl Jesus oder Sokrates oder Buddha oder allen zugleich zuwenden soll? Er braucht Inhalte, nicht bloßes Ergriffensein. Außerdem verleugne die Gefühlsbegründung die heutige Situation des Weltanschauungspluralismus. Vielleicht funktionierte sie in geschlossenen Glaubensgemeinschaften oder in esoterischen Gruppen. Heute laufe sie darauf hinaus, es gebe keine Gründe mehr für den Glauben.

Christen der Gegenwart argumentieren daher auch: Ich glaube fest an Gott und seine Offenbarung; das Hin und Her eurer Argumente geht mich nichts an. Ich gehorche Gottes Anruf; ich mache meinen Glaubensgehorsam und meine Sicherheit nicht von wechselnden philosophischen Moden oder unsicheren historischen Beweisen abhängig. Ich will glauben, und ich glaube, daß ich glaube. Mein Glaube gehört einer anderen Ordnung an als die übrigen Überzeugungen. Ich glaube unbedingt; das heißt: ich mache meine Zustimmung von nichts abhängig. Philosophen und Gelehrte sagen alle 30 Jahre etwas anderes, aber unser Glaube steht unwandelbar fest. Die Kirche lebt in größeren Zeitdimensionen als eine Privatperson.

Wer diese Diskussionsverweigerung einfach lebt, ohne sie als Begründung vorzutragen, bleibt unangreifbar. Ihn kann man nur stehenlassen und weitergehen. *Begründet* er aber damit seine Diskussionsunlust, dann begeht er einen dreifachen Fehler:

Erstens: Ihm kann nicht entgangen sein, daß andere Menschen seine Glaubensfestigkeit nicht teilen. Macht er sich über diese Mitmenschen keine Gedanken? Glaubt er, er könne mit ihnen nicht über seinen Glauben sprechen, weil sie in der Hand Satans sind, von ihm verblendet und gegen die Wahrheit verstockt? Dann bräche er jeden Dialog ab. Er zöge sich aus der Argumentationsgemeinschaft zurück. Sein Glaubensstandpunkt wäre autistisch, er ergäbe Christentum ohne Nächstenliebe. Mindestens an seinem Anfang wollten die Apostel andere Menschen mit Gründen überzeugen, sonst wäre niemand Christ geworden.

Wer Christ wurde, mußte seine Gründe haben. Er mußte sie beurteilen. Ich unterstelle ihm keine philosophischen oder historischen Untersuchungen, aber doch eine minimale rationale Rechtfertigung, warum er ihn übernehmen sollte. Mußte er dafür nicht Gründe suchen, die den Glauben nicht schon voraussetzten?

Zweitens frage ich den, der sich weigert, seinen Glauben zu begründen: Soll dein Beschluß zu glauben ‹vernünftig› sein, oder nicht? Kannst du aus dem Gewebe deiner Gedanken isolierte Stücke abschotten gegen Anfragen von außen und Zweifel im eigenen Innern? Wer sich die Frage verbietet, ob er seine Überzeugungen rechtfertigen kann, übt Zwang gegen sich selbst aus. Mag bei Geschmacksfragen jeder sagen, was ihm gefällt, das Bewußtsein von der Realität Gottes ist von ganz anderer Art; es ist seinem Sinn nach nicht auf Einzelne beschränkt. Ob ein guter und allmächtiger Gott die Geschichte regiert, ist eine so nahegehende und zugleich universale Frage, daß, wie Kant einmal schreibt, ihr gegenüber Gleichgültigkeit nur geheuchelt sein kann. Ich folge Kant nicht bei seinem Verdacht auf Heuchelei, denn es gibt zu viele Motive, gleichgültig bleiben zu wollen oder zu müssen. Aber richtig ist sein Gedanke von der Zuständigkeit aller: Alle erfahren Geschichte; jeder kann darüber mitreden, ob sie ihm wie das Werk eines guten und weisen Herrn vorkommt. Von einem Urteil darüber läßt sich nicht einmal denken, es sei nur einer Einzelperson oder einer Gruppe Auserwählter erlaubt.

Drittens: Wer jede Begründung seines Glauben verweigert, den wird man doch wohl fragen dürfen, *was* er denn mit solcher absoluten Festigkeit glaubt. Er möge uns die *Inhalte* seines Glaubens mitteilen. Sagt er uns darüber auch nur zwei Sätze, kann man ihm zeigen, daß andere Christen andere Inhalte nannten und daß es Christen gab, die gerade seine Sätze bestritten. Ist ihm das gleichgültig, oder gibt er zu, daß auch *er* eine Auswahl unter möglichen Glaubenssätzen getroffen hat? Läßt er sich mit anderen Christen in eine Unterhaltung darüber ein, welche der gewählten Sätze warum wahr, andere aber falsch oder unsicher sind, dann tritt er in die Diskussion ein, um die es hier geht und die er anfangs verweigert hat. Zum Sichersten, was wir vom Christentum wissen, gehört, daß es in Hunderte von Konfessionen und Grüppchen zerfällt. Solange die Christen dem Befehl Christi, sie sollten *eins sein*, nicht gehorcht haben, muß der Glaubenswillige darüber nachdenken, welcher dieser Gruppen er seine Zustimmung gibt. Beruft er sich in dem Sinn auf sein Gefühl, daß er sich bei schwäbischen Pietisten wohler fühle als bei neapolitanischen Katholiken, wird ihm das niemand verargen. Darin ist er frei, aber wenn er so sein

4. Neue Glaubensbegründungen 71

Christentum begründen will, kann man ihm sagen, daß das keine Begründung ist und daß er sich als intellektueller Zeitgenosse den Fragen entziehe, die sich seit etwa 1700 objektiv stellen und die ihrer Natur nach eine *universalisierbare* Antwort fordern, warum er Christ ist.

Schließlich: Wer über seinen festen Glaubensstandpunkt keine Unterhaltung und gemeinsame Prüfung zuläßt, erwartet bei keiner anderen Christengruppe und bei keiner anderen Religion Wahrheit. Er identifiziert Wahrheit mit seinem Gruppenzugehörigkeitsgefühl; er wird in der Tendenz, wenn auch nicht seiner Absicht nach, intolerant. Er stellt sich die Bekehrung zu seiner eigenen Religion wie die Massentaufe einer germanischen Gefolgschaft vor. Wenn die Individuen nicht urteilen können oder dürfen, entscheidet eine äußere Autorität, eine militärische oder politische, welche Wahrheit auf welchem Territorium gilt.

Dafür haben wir in Deutschland reichlich Beweise. Bis heute folgt die Religionsmehrheit den Landesgrenzen von Fürsten, die vor Jahrhunderten bestimmten, was man zu glauben hatte. Und daß es in Ostdeutschland weniger Christen gibt als im Westen, erklärt sich aus dem Erfolg der Roten Armee.

Zweitens: Erlebnis

Der Zugang zum Glauben bestehe, sagen andere, nicht in der kühlen Bewertung seiner Glaubwürdigkeit, sondern sei, wie sie sagen, Sache des ‹ganzen Menschen›. Seit Beginn des 20. Jahrhunderts protestieren Europäer gegen moderne Rationalisierung und Mechanisierung; seitdem setzen Theologen zur Glaubensbegründung gern auf das ‹Erlebnis›. Kurz vor dem Ersten Weltkrieg wurden ‹Erlebnis›, ‹Echtheit› und ‹Authentizität› zu Modebegriffen. Wilhelm Dilthey brachte Erlebnis und Dichtung in enge Verbindung; sein Konzept des Lebens und ‹Er-lebens› sollte ‹verstehende Geisteswissenschaft› objektiv begründen.

Religiöse Erfahrungen, als ‹Erlebnis› interpretiert, verlieren ihre inhaltliche Bestimmtheit. Die ältere germanistische Eckhartforschung erging sich im ‹mystischen Erlebnis›. Lutherforscher ergründeten sein ‹Turmerlebnis›. Kollektivistische, besonders völkische Bewegungen stilisierten Leben als *Erleben* und suchten Gemeinschaftserlebnis. Der Erlebnisbegriff wurde für rationale Diskussionen zunehmend unbrauchbar. Noch in seiner edelsten Verwendung litt er unter den theoretischen Schwächen der Lebensphilosophie. Selbst wer dem ‹Erlebnis› kognitive Möglichkeiten zugesteht, argumentiert damit nicht inhaltlich für eine bestimmte Einsicht oder Entscheidung. Die Fronleichnamsprozession in München und Hitlers Parteitage in Nürnberg produzierten gleichermaßen ‹Erlebnisse›. Es gibt Spezialisten, die wissen, wie man sie herstellt. Wer sich auf den Erlebnischarakter beruft, verläßt den Boden allgemeiner Vernunft. Und damit meine ich nicht das, worin die Mehrheit übereinstimmt. Unter ‹allgemeiner Vernunft› verstehe ich auch nicht die anerkannte, die derzeit ‹herrschende› Forschung. Ich meine die Bereitschaft und die Fähigkeit zu sagen, was einer erlebt und warum er es schätzt oder ablehnt. Jede Richtung produziert ‹Erlebnisse›. Es ist zum Leben auch nötig, von bestimmten Erlebnissen zu sagen, warum man sie gar nicht haben will.

Christliche Wortführer von heute präsentieren ihr Christentum gern als den Erlebnisinhalt: Religion der Liebe. Dann sagen sie, das einzig Wesentliche sei die Liebe zu Gott und dem Nächsten. Mancher Christ fügt hinzu, sie könnten die Kirchen nur ertragen, weil sie diese Botschaft gegenwärtig halten und die Menschen hindern, in Egoismus, Fachsimpelei und Geldverdienen aufzugehen. Sie mißachteten kirchliche Machtansprüche und theologische Streitigkeiten, aber die Menschheit brauche den Kern ihrer Ethik. Und der allein zähle.

Das sind höchst diskutable theoretische Annahmen. Er setzt voraus, daß sein Gott existiert. Nehmen wir an, es gäbe keinen Gott, dann wäre die Forderung der Gottesliebe wenig sinnvoll. Oder nehmen wir an, es sei die Nächstenliebe allein gemeint. Dann stimmen nicht alle Menschen ergriffen zu, daß sie ihren Nächsten lieben sollen. Sie wollen wissen, warum sie tun sollen, was so wenige tun. Dann beginnt die Diskussion von neuem.

Die Christenheit von heute überschwemmt sich mit Rhetorik der Liebe. Gottes Liebe wird in Zusammenhänge gestellt, in die sie argumentativ nicht gehört, z. B. bei der Frage nach den Gründen der Glaub-

4. Neue Glaubensbegründungen 73

würdigkeit der Bibel. Die Liebesredner unterlassen die einfachsten Fragen, zum Beispiel: Warum hat Jesus nie gesagt, Gott sei die Liebe? Kommt Gottes Liebe allen Menschen zugute oder nur den Gläubigen? Läßt Gottes Liebe es zu, daß viele Menschen ewig in der Hölle leiden? War auch der Gott der Hebräischen Bibel die Liebe selbst? Hat er inzwischen dazugelernt und ist gütiger geworden?

Vor allem: Wenn wir über das Christentum reden, müssen wir die Christen selber fragen, was das Wesentliche ihres Glaubens ist. Sie haben jahrhundertelang darum gerungen, ihren Glauben klar darzustellen. Das Ergebnis waren ihre Glaubensbekenntnisse. Sie haben davon mehrere, und sie legen sich auf diese auch heute noch feierlich fest. Sie singen sie laut in ihren Gottesdiensten. Ihr *Credo* behauptet eine ganze Menge: Jesus sei von einer Jungfrau geboren worden. In der Gottheit lebten drei Personen, und die zweite von ihnen sei Mensch geworden, um uns zu erlösen. Jesus sei hingerichtet worden, aber wieder lebend aus dem Grab herausgekommen. Und er werde für alle sichtbar auf den Wolken des Himmels wiederkommen, zu richten die Lebendigen und die Toten. Und nach dem Tod erwarte uns Menschen das ewige Leben.

Dies sind hochamtliche Formeln, nicht einzelne Aussprüche privater Theologen. Die christlichen Kirchen haben diese Bekenntnisse als ihre verbindliche Wahrheit formuliert. Sie haben jeden verdammt, nach Möglichkeit auch verbrannt, der sie bestritt. Und diese festgeprägten Glaubenssätze enthalten nichts über Liebe. Sie sagen übrigens auch nichts über Gnade und Rechtfertigung, nichts über Taufe und Papst.

Ob das Christentum die Religion der Liebe heißen kann, diskutiere ich später in den Kapiteln über den Gott der Väter, über Erlösung und über Ethik. Wer die Liebe lobt, kann sich auf einige Sätze im *Neuen Testament* berufen. Immerhin sagte Jesus, daß nicht gerettet werde, wer ‹Herr, Herr› ruft, sondern wer den Willen des Vaters tue. Aber die Christen lehrten seit dem 2. und 3. Jahrhundert viel mehr. Sie gaben ihrem Glauben nach enttäuschter Naherwartung eine theoretisch anspruchsvolle Form. Und mit ihr muß sich auseinandersetzen, wer das Christentum bejaht oder verneint. Prediger tragen die Theorie vom Christentum als Liebe vor, um Gläubige zur Nächstenliebe zu bewegen. Das schadet nichts. Aber wenn jemand fragt, warum er Christ sein kann, reicht es nicht aus.

Drittens: Gestalt

Wenn Christen sich auf eine ‹Gestalt› berufen, die zum Glauben bewegt, dann meinen sie Jesus, seltener einen Heiligen oder eine Symbolfigur wie Mutter Teresa. Diese Position hat gegenüber den Portalen ‹Gefühl› oder ‹Erlebnis› den Vorzug inhaltlicher Bestimmtheit. Solche Ideal-Personen lassen sich sinnlich-direkt, ästhetisch und literarisch präsentieren; sie sind realisierte Programme von großer Geschlossenheit. Wer die Geschichte ihrer Leiden erzählt, erzeugt Identifikation; sie haben etwas Suggestives. Ich fürchte, sie sollen einem auch keine Wahl lassen. Und sie haben für meinen Fragepunkt – welche Gründe könnten zum Glauben bewegen? – zwei Nachteile:

Erstens kann die Bindung an sie erst entstehen, wenn ich mich für den Glauben an sie oder ihre Botschaft entschieden habe. Aber mir geht es hier um die Phase der rationalen Klärung der Argumente für das Christentum. In diesem Stadium bedeutet die Suggestivität einer religiösen Gestalt noch nichts, und sei sie Franz von Assisi. Ich kann einen solchen Helden sympathisch finden und seine geschichtliche Rolle anerkennen, aber seiner ‹Botschaft› widersprechen.

Zweitens war die Berufung auf ‹Gestalt› eine Modeerscheinung der zwanziger und dreißiger Jahre des 20. Jahrhunderts und ist regelmäßig mit historischer Ungewißheit belastet. Solche ‹Gestalten› sind der Stoff, aus dem Legenden sind. Soweit die historisch-kritische Untersuchung sie erreicht, verlieren sie ihre religiöse Verbindlichkeit oder sie verfallen der Ästhetisierung. Sie werden zum literarischen oder künstlerischen Motiv neben vielen anderen.

Viertens: Entscheidung. Entweder – Oder

Der Wiener Kardinal Schönborn schrieb neulich, wir lebten in der Übergangszeit zwischen Autoritäts- und Entscheidungschristentum. Zu einer Entscheidung gehört, daß man ja oder nein sagen und auch sich der Stimme enthalten kann. Und wenn es eine vernünftige Ent-

4. Neue Glaubensbegründungen 75

scheidung sein soll, braucht es Kriterien dafür, was zu bejahen oder zu verneinen ist. Dem tritt heute fordernd das Konzept der ‹Entscheidung› entgegen, der ich die Entscheidung entgegenstelle, nicht leichtfertig zu glauben. Der Zweifelnde kann verlangen, daß niemand ihn drängt, während er die Kriterien diskutiert. ‹Entscheidung› ist kein vernünftiges Kriterium für Entscheidungen; zuvor will ich wissen, warum ich mich wofür entscheiden soll. Glaubensverkünder drängen auf Entscheidung: Wer nicht für sie ist, sagen sie, sei gegen sie. Sie gestatten nicht den unorganisierten prüfenden Zuschauer. Philosophen des 20. Jahrhunderts haben Kierkegaards Analysen aufgegriffen und werteten Indifferenz als uneigentliches Leben. Aber manchmal ist Indifferenz empfehlenswerter als Engagement. Wer ‹Entscheidung› fordert, verpönt das Spielerische des bloßen Dahinlebens; er rät zu Ernst und Eigentlichkeit. Er kann vorbringen, unsere Lebenszeit sei knapp. Niemand wisse, wieviel Spiel- und Reflexionszeit ihm noch bleibt. Aber wer sich entscheiden will zwischen Glauben oder Unglauben, darf fragen, welchen Glauben und warum gerade diesen; er tut gut daran, sich für eine Zeitspanne der Unentschiedenheit zu entscheiden. Er kann auch entscheiden, er suspendiere sein Urteil über Glauben und Unglauben. Das entdramatisiert. Er verwirft das Lob kriterienloser Entschiedenheit. Den Akzent auf Entscheidung zu setzen, das entsprang der voluntaristischen Lebensauffassung einiger Post-Idealisten des 20. Jahrhunderts. Sie unterscheidet nicht zwischen vernünftiger und unvernünftiger Entscheidung, oder sie versichert uns, Lebensentscheidungen erfolgten ohnehin grundlos, kriterienfrei.

Dem Pathos der Entscheidung und der Entschiedenheit haftet etwas Irrationales an. Der sprachliche, soziale und geschichtliche Kontext, in dem Entscheidungen entstehen und fallen, gerät aus dem Blick. Außerdem klingt es, als sei der Mensch fraglos der Herr seines Geschicks. Als hinge alles nur von ihm ab. Das paßt nicht recht zum demütig-frommen ‹Entscheidungschristentum›.

Fünftens: Sinn des Lebens

Wer fragt, ob er glauben soll oder nicht, erhält oft die Antwort, er solle an Gott glauben, denn nur so bekomme sein Leben einen Sinn. Ich gestehe, daß ich diese Begründung nicht verstehe. Der Gläubige, der so redet, denkt doch wohl, das Leben, auch mein Leben, habe einen Sinn, gleichgültig, wie ich mich entscheide. Nimmt er nicht an, mein Leben habe schon vorher gottgegebenen Sinn und es liege nicht in meiner Macht, den Sinn des Lebens zu zerstören? Es ist lebensfeindlich, jedes Leben für sinnlos zu erklären, das nicht den einzig ‹richtigen› Ausweg aus der theologischen Entweder-Oder-Zwangslage wählt. Um eine solche Situation zu verstehen, muß der Einzelne schon Sinnerfahrungen gemacht haben. Als Mitglied seiner Sprachgemeinschaft macht er sie ständig. Es ist anmaßend, alles nicht-christliche Leben als sinnlos darzustellen. Ein Christ kann doch kaum behaupten, Gott habe eine sinnlose Welt erschaffen, die allein durch subjektive Glaubensbeschlüsse Wert bekomme.

Was heißt überhaupt ‹Sinn›? Der ‹Sinn› des Pferdes ist, daß es laufen kann und ein Pferde-Leben führt. Noch diese Formulierung enthält etwas Künstliches und Gezwungenes. Wenn der Christ sagt, sein Leben habe Sinn, dann macht er diese Aussage mit jeder beliebigen Tatsachenfeststellung über sein Leben kompatibel. Wenn ihn ein Auto überfährt oder wenn er Lungenkrebs bekommt, sagt er auch, sein Leben sei sinnvoll. Oder ist sein Leben nur sinnvoll, weil ihn sein Glaube für das jenseitige Leben disponiert? Dann wäre das irdische Leben in sich sinnlos, eine Attrappe als Rampe fürs Jenseits. Die Formel ‹Sinn des Lebens› verleugnet schwerlich ihre nihilistische Herkunft. Sie kommt vor dem Jahr 1880 auch kaum oder gar nicht vor. Wenn heute ein Prediger ausruft, Christus sei der Sinn des Lebens, so könnte er es vielleicht rechtfertigen aus der antiken Logosspekulation; ein Motiv, die christliche Botschaft anzunehmen, ist es nicht. Es ist ein Fall abstoßender Großmäuligkeit. Er spricht die Sprache der Werbung, nicht der besonnenen Prüfung.[8]

Sechstens: Mut zum Sprung

Hier ist die Rede von Gründen, die heute dazu bewegen könnten, den christlichen Glauben anzunehmen. Und da empfehlen Kirchenführer, die sich in der politischen Welt ein Maximum an finanzieller und juristischer Absicherung zu verschaffen pflegen und dafür selbst mit

4. Neue Glaubensbegründungen 77

dem Satan ein Konkordat schließen, der Zweifelnde müsse den *Mut zum Sprung* haben. Sie gestehen damit ein, daß sie mit Argumenten am Ende sind. Sie reden vom Halbdunkel des Glaubens, wenn es erst um den Weg dorthin geht.

Gute Argumente bilden eine Kette. Wer den ‹Sprung› anrät, empfiehlt – argumentativ gesehen – das Zerreißen von Gedankenketten. Joseph Ratzinger, der die Vernünftigkeit des Glaubens predigt, überrascht, indem er den Glauben als ‹Sprung› erklärt und die Glaubensentscheidung zum ‹Abenteuer› macht. Ein Abenteuer ist ein Unternehmen mit hohem Einsatz und ungewissem Ausgang. Erst im 20. Jahrhundert entdeckten Kirchenleute die Glaubensentscheidung als Ungewißheit und Wagnis. Im *Neuen Testament* rief Jesus den Jüngern noch zu: ‹Selig, die sehen, was ihr seht!›, *Matth*. 13,16. Die allgemeine Verdüsterung des Horizonts, der Abbau des Vernunftvertrauens hat die Theologie erreicht. Thomas von Aquino dachte noch, Gottes Vorsehung habe alle Sorgfalt darauf verwandt, daß die Glaubenszeugnisse zweifelsfrei in der sinnlichen Welt als glaubwürdig erkennbar sind. Sein Gott mochte überbegreiflich sein, wollte aber nicht mit dem Nichts verwechselt werden. Er war kein dunkles Loch. Er war eindeutig erkennbar, mochte er sich auch am Ende als übervernünftig erweisen. Das war zwar gewagte Spekulation. Aber ihr zufolge konnte Thomas die Entscheidung für den Glauben als logische Folge empfehlen. Sie war ihm kein Abenteuer. Wer springt, möchte doch wissen, wohin er springt und warum er das tun soll. Ein Sprungtuch, sagt die Feuerwehr, darf nur bei einem Sprung aus einer Höhe bis zu 8 Metern benutzt werden. So präzis reden die Spezialisten für Sprünge. Sie grenzen den Sprung rational ein. Die apologetische Verwendung löst die Metapher von jedem Kontext und schafft damit Mißtrauen. Es geht um Wahrheit. Wahrscheinlich hätte niemand den Mut, zum ‹Sprung› aufzufordern, hätte es nicht seit etwa 1850 Tradition; die Bibel tut das ja nicht. Es handelt sich um den Einfall philosophischer Schriftsteller: Friedrich Heinrich Jacobi und Søren Kierkegaard haben diese Redeweise eingeführt. Sie gehört zu Kierkegaards Kampf mit der dänischen Staatskirche und ihrer intellektuellen Abfederung durch die Philosophie Hegels. Abgelöst von dieser Situation ist es unsinnig, zum Sprung zu raten, wenn es um Argumente geht. ‹Springen› ist eine heroisch klingende Phrase. Was Mut verlangt, kann auch schiefgehen. Welches Risiko besteht beim Mut zum ‹Abenteuer› des Glaubens? Könnte der Sprung auch ins Leere gehen?

Siebtens: Gnade

Die *praeambula*-Denker versprachen zweifelsfreie Gewißheit. Sie priesen Gott, der in seiner Weisheit ihren Erkenntnisweg vorsorglich abgesichert habe. Ihre rationalen Argumente für die Glaubwürdigkeit der Evangelien und der Kirche seien ‹evident›, behauptete das Erste Vatikanische Konzil. Allerdings würden sie erst lebenswirksam durch die Gnade. Nur wen Gott zieht, sagte man, kommt zu Christus. Das war nicht leicht zu verstehen, denn dann war es mit der Evidenz nicht weit her. Daß sie aber vorgesehen war, rettete wenigstens verbal die Selbstbeteiligung des erkennenden Subjekts. Es sollte entscheiden dürfen, auch wenn die proklamierte Gewißheit der prokirchlichen Argumente ‹evident›, also unzweifelhaft sein sollte, was dem vernünftigen Entscheiden keine Wahl ließ.

Heute leben Christen und Ungläubige in der Zeit der vergessenen oder zurückgedrängten oder bestrittenen *praeambula fidei*. Sie erkennen kaum, daß diese Situation historisch entstanden ist; sie halten sie für die ewige Natur des Glaubens. Auch die ‹natürliche Religion›, die in Frankreich, England und Deutschland des 17. und 18. Jahrhunderts die Vernünftigkeit des Christentums nachweisen und zur Not auch durch Interpretation herstellen wollte, ist verschwunden. Da führen einige die Gnade als Beweggrund der Zustimmung an; sie setzen an die Stelle freier Prüfung und überlegter Zustimmung die direkte Einwirkung Gottes. Niemand wird es einem Prediger verargen, wenn er die Gnade lobt. Aber diese Gnade, als Glaubensmotiv eingeführt, soll die vernünftige Besinnung ersetzen. Sie fördert nicht die menschliche Vernunft; sie überwältigt sie. Die Berufung auf sie erfolgt an der falschen Stelle. Zu ihr kann man weiter nichts sagen. Sie wirkt, wann sie will. Aber muß man sie nicht auch wollen, damit sie wirkt? Warum soll ich sie wollen? Kann ich etwas glauben, nur weil ich es glauben will? Woher weiß ich, bevor ich glaube, daß es Gott ist, der in ihr wirkt? Wer sich auf sie beruft im Zusammenhang der Glaubens-

4. Neue Glaubensbegründungen 79

begründung, schließt sich aus der Diskussion der Kriterien der Entscheidung aus. Er begrüßt jubelnd das Überwältigtwerden. Ich werde ungern überwältigt. Außerdem möchte ich wissen, woran ich erkenne, daß es die Gnade ist, die mich einem bestimmten Glaubensbekenntnis zustimmen macht. Vielleicht ist es nur die Ermattung. Ein Moment von Wahrheit liegt in der Berufung auf die Gnade: Sie dämpft die Hypertrophie des Entscheidungspathos. Sie widerspricht der Großsprecherei des Leistungsdenkens. Denn so hoch wie Entscheidungstheologen die menschliche Kompetenz einschätzen, ist sie vermutlich nicht.

Achtens: Argumentationsverweigerung

Vielleicht ist für das gegenwärtige Christentum in Westeuropa nichts charakteristischer als die oft nur stillschweigende Weigerung, Gründe für den Glauben vorzubringen. Von der Vergangenheit her geurteilt, zeigt das eine ungeheure Ermattung, die nur wahrnimmt, wer die christliche Denkgeschichte aus den Quellen studiert und sie nicht als Fortschrittslinie konstruiert, die auf die Gegenwart zuläuft. Die Abscheu vor Glaubensbegründungen kennt verschiedene Formen und verbirgt sich unter verbalen Nebeln. Oft hat sie nur den Charakter einer Atmosphäre, sei es der Feierlichkeit, sei es der Traditionspflege, sei es der inszenierten Ästhetisierung. Diese ist eine elegante Art, sich der Rechenschaft über seinen Glauben zu entziehen, zu der die frühe Christenheit sich verpflichtet sah. Die christliche Religion, sagt man in unbestimmten Wendungen, sei eine Form hohen Stils in einer Zeit der Formlosigkeit; sie biete gestaltete Kontinuität in sich überstürzenden Prozessen und trage so ihre Rechtfertigung in sich. Sie sei schön, und was schön sei, bedürfe keiner begrifflichen oder historischen Rechtfertigung; man muß es nur sehen und erleben.

Damit negieren Ästheten den Anspruch der Glaubenszeugen auf Wahrheit. Wäre Ergriffenheit bei einer Weihnachtsmette oder einem Papstbegräbnis eine hinreichende Motivation, dann würde für die Mehrheit der Menschen die Religion auf Fernsehevents gegründet. So etwas denken die Verächter der Religion unter ihren Verteidigern. Sie setzen Feierlichkeit an die Stelle von Wahrheit. Sie verteidigen die lateinische Liturgie der römischen Kirche, weil deren machtvolle Prosa so schön kontrastiert zum Geplapper der Talkshows und der Predigten. Aber bloß mit der Rückkehr zu alten Formeln und Feierlichkeiten ist dem Christentum nicht zu helfen. Man muß sich die Frage stellen, ob es wahr ist oder nicht.

Neuntens: Rückblick

Hier möchte ich kurz zurückblicken. Ich habe das Konzept von Philosophie skizziert, das dabei mitspielt. Das Philosophieren über das Christentum besteht nicht darin, eine möglichst umfassende und korrekte Definition von Religion auszutüfteln, sondern die Religion zu untersuchen, die – in einigen Varianten – mein Bewußtsein bestimmt hat. Ich erforsche mich selbst. Das bringt der Titel von Lord Russell gut zum Ausdruck. Aber vielleicht provoziert er die Vorstellung, das Philosophische daran sei, daß eine These aufgestellt und dann verteidigt werde. Das ist aber nicht der Fall, ich beweise keine These, sondern leite an zu einer kohärenten geschichtlichen Analyse. Das Philosophische kommt nicht in immer abstrakteren Begriffsbestimmungen zum Ausdruck, sondern in *der Kohärenz* der geschichtlichen Analyse. Ich betrachte das Christentum als geschichtlichen Gegenstand. Damit leugne ich nicht seine Gegenwart, sondern betrachte seine Gegenwart in seiner Genese. Das Ziel einer solchen Arbeit ist nicht das einfache Ja oder Nein, nicht eine simple These oder Antithese, sondern das geduldige Dabeibleiben bei der historischen Arbeit und ihrer denkenden Durchdringung. Ich lade ein zur Arbeit, nicht zum Lernen eines Resultats.

Das begann mit den Varianten des Christseins und mit der Frage, in welchem Sinn von ‹Christ› ich keiner mehr bin. Da tat sich eine breite Skala auf, selbst wenn man die vielen kleinen, freien Gruppen wegläßt: Für viele ist Christsein optimistische Weltauffassung für die eigene Person oder für alle oder doch viele Menschen. Spielt die Jenseits-Diesseits-Differenz eine entscheidende Rolle? Tritt das Motiv der jenseitigen Gerechtigkeit hinzu? Ist das Christentum eine Erlösungsreligion, und wovon behauptet es, daß wir erlöst sind? Gehört die Erbsündentheorie wesentlich dazu oder ließe sie sich abtrennen? Und worin genau besteht die Erbsünde? Wie wird sie interpretiert?

4. Neue Glaubensbegründungen 81

Ist der Begriff der Seele unentbehrlich, und was heißt ‹Seele›? Gibt es nur noch den Himmel oder auch die Hölle und den Satan? Diese Differenzen hat das Christentum früh ausgebildet. Auf seinem Weg zur Staatsreligion schuf es feste Regeln, es zu definieren. Das wurden die Glaubensbekenntnisse von Nicea und Chalcedon. Sie geben bis heute der Ostkirche wie den großen Westkirchen das Richtmaß der Orthodoxie. Sie bieten die amtlichen und relativ vollständigen Kriterien dafür, wer Christ ist. Predigerhafte Anpreisungen des Christentums führen oft in die Irre.

Meine Arbeit besteht darin, seine verschiedenen Ausprägungen historisch genau aufzufassen, sie begrifflich präzis zu unterscheiden und das Ganze abzutrennen von bloßen Wunschvorstellungen über das Christentum. Nur dann kann ich sagen, daß ich nach keiner dieser Denominationen ein Christ sein kann. Meine wenigen autobiographischen Hinweise machen plausibel: Meine Kritik betrifft die christlichen Lehren, nicht die kirchlichen Zustände; und ich spreche nicht aus dem Ressentiment des Kirchengeschädigten.

Ich beschreibe reale und intellektuelle Bedingungen der beiden großen christlichen Konfessionen Europas seit dem 18. Jahrhundert, über die Christen sich mit Nichtchristen leicht verständigen könnten: Reale Veränderungen haben auch das Leben der Konfessionen verändert – ich erinnere an Dampfmaschine und Blitzableiter, an Landflucht und Abnahme der Kindersterblichkeit, an Industrialisierung, Globalisierung und Individualisierung. Ebenso einschneidend waren die intellektuellen Entwicklungen: Zwei Bewegungen veränderten Selbstverständnis und Wertewelt der Christen. Erstens: Die Metaphysik Gottes und der Seele hörten auf, allgemeiner Wissensbesitz zu sein. Sie fielen der empiristischen bzw. kantianischen Kritik zum Opfer. Man konnte noch an sie glauben, aber sie nicht mehr wissen. Damit verloren die Christen die argumentative Abstützung durch die philosophischen Vorbauten des Glaubens, die Gottes- und Unsterblichkeitsbeweise, die Katholiken und Protestanten grosso modo bis etwa 1800 relativ ähnlich, nämlich zuerst aristotelisch, dann cartesianisch gefärbt, vortrugen. Zweitens veränderte die historisch-kritische Methode das Bild ihrer geschichtlichen Grundlagen. Die Bibel und die Kirchengeschichte verloren ihre Legenden. Sie wurden untersucht wie andere Geschichtserzählungen auch. Wunder und Weissagungen bewiesen nicht mehr die Wahrheit des Christentums.

In dieser neuen Obdachlosigkeit entwickelten Christen neue intellektuelle Strategien der Glaubensbegründung wie: Gefühl, Erlebnis, Gestaltwahrnehmung, Entscheidung, Sprung, Abenteuer und Gnade. Alle außer der Gnadentheorie sind Nebenprodukte der nachkantischen Philosophie. Sie klangen fromm und bibelnah, aber sie stammten von Jacobi und Schleiermacher, Kierkegaard, Dilthey, Max Scheler, Heidegger, Wittgenstein, und manchmal auch von Ernst Bloch oder der Gestaltpsychologie. Keine von ihnen steht in der Bibel; alle sind sie abstrakte, moderne Reaktionen auf den Wegbruch der metaphysischen und der legendär-historischen Abstützungen. Sie sind nicht alte Glaubensinhalte, sondern Theologenhypothesen jüngeren Datums. Alle bezogen sich auf faktische und intellektuelle Bedingungen seit dem 18. Jahrhundert. Protestanten setzten sich diesen Krisen zuerst aus – nach Kant schon, verstärkt nach 1918 – und entwickelten die Meinungsführerschaft bei der Neukonzeption der Glaubensbegründung. Sie nahmen dem ‹Glauben› die intellektuellen Vorbedingungen und Konnotationen; sie deuteten ihn als ‹Vertrauen›, ohne dem Gläubigen Gewißheit bieten zu können, daß Gott nicht wieder einmal im Zorn die Mehrheit der Menschen für die Hölle bestimmt. Wer diesen geschichtlichen Zusammenhang sieht und die argumentative Qualität der neuen Ersatzangebote prüft, kommt, meine ich, zu dem Ergebnis: Soweit sie nicht offen irrationalistisch und fideistisch werden, schieben sie dem Einzelnen die Entscheidungslast zu, die sich aus einer geschichtlichen Entwicklung ergibt, die kein Einzelner auffangen kann. Sie setzen als rationale Untersuchung an und brechen sie ab. Sie täuschen darüber hinweg, daß sie Zechpreller der Philosophie sind. Sie verdanken sich einer doppelten Negativentwicklung, erwähnen sie aber kaum oder verzerren sie erbaulich. Ich bin kein Christ mehr, denn ich kann nicht zur alten, lange gemeinchristlichen Metaphysik oder zur ‹natürlichen Theologie› zurückkehren. Noch weniger leuchten mir die neuen Ersatzreden ein, die den real- und denkgeschichtlichen Zusammenhang abblenden. Ich wehre mich außerdem gegen die Depotenzierung oder die Schein-Anerkennung des historisch–kritischen Vorgehens. Erst recht gegen dessen Verwechslung mit historistischer Weltanschauung.

Kapitel II
Der wahre Glaube

> Was wir eigentlich wissen wollen, ist,
> ob die evangelische Geschichte im Ganzen und
> Einzelnen wahr ist oder nicht.
> DAVID FRIEDRICH STRAUSS,
> DAS LEBEN JESU, 1864, S. XV

1. Etwas über ‹Wahrheit›

Wer den christlichen Glauben verkündet und dessen Annahme fordert, trägt ihn vielleicht zunächst als schöne und tiefsinnige Geschichte vor, als trostreich und ethisch gehaltvoll, beharrt aber dann darauf, er sei *wahr*. Fragt man ihn, was er darunter verstehe, wird er vermutlich antworten, die Ereignisse, die er erzähle, hätten *wirklich stattgefunden*. Gott habe *wirklich* die Welt erschaffen. Glaubende ordnen ihre Erzählungen der *Wirklichkeit* zu und treffen damit eine weittragende Entscheidung. Denn manche christlichen Erzählungen enthalten offenbar märchenhafte Züge; nehmen wir die Geschichte vom Sündenfall: Da geht Gott beim Abendwind in seinem Garten spazieren; er näht Kleider für seine Vertriebenen. Bis etwa 1550 galt das irdische Paradies als eine noch existierende geographische Zone weit «im Osten», doch im Zeitalter der Entdeckungen fand man es nicht. Das war ein schwerer Schlag für die realistischen Prämissen der Theologen. Mehrheitlich, nicht ausnahmslos, reagierten sie darauf, indem sie kluge, komplizierte Zusatzhypothesen ersannen, um den Tatsachengehalt der Paradieserzählung für einige Zeit zu retten. Sie sagten zum Beispiel, die Sintflut habe den Gottesgarten weggeschwemmt. Kardinal Robert Bellarmin hat auf dem Gebiet solcher Aushilfstheorien Bewunderungswürdiges geleistet.

Solche Rückzüge liegen heute seit Jahrhunderten hinter uns. Christen sahen sich durch Zweifel am tatsächlichen Charakter ihrer Berichte bedrängt; ihre Verteidiger haben den Glauben systematisch gegen Erfahrungsargumente immunisiert; dazu haben sie ihn verdünnt und spiritualisiert. Jetzt auf einmal hatte Gott die Welt doch nicht in sechs Tagen erschaffen; nach langen Kämpfen drehte sich die Sonne nicht mehr um die Erde, obwohl die von Gottes Geist geschriebene Bibel das sagte. Ihr Anspruch, Tatsachen mitzuteilen, wurde zunehmend entkernt. Aber kann ein Christ zugeben, die Welterschaffung habe nicht ‹tatsächlich› stattgefunden? Ein Theologe, der öffentlich erklärt, die Leiche Jesu sei im Grab geblieben, verliert sein Lehramt auch in der evangelischen Kirche, die sich ihrer Verdienste um die Geistesfreiheit zu rühmen pflegt. Sie gestattet, den faktischen Charakter der biblischen Berichte *verschieden* zu *interpretieren,* aber wer ihn *bestreitet,* verliert das Lehramt. Die Kunst mancher Theologen besteht darin, Formulierungen zu erfinden, denen man nicht leicht anmerkt, daß Eva *nicht* aus der Rippe gebildet und daß das Grab nicht leer war. Es genügt, daß der Gottesgelehrte in irgendeiner unbestimmten Form an der Erbsündenlehre festhält, denn ohne sie funktioniert weder die lutherische noch die römische Erlösungstheorie.

Jesus, sagen sie, sei irgendwie ‹erweckt› worden. Solche Abschwächungen haben den christlichen Glauben, der es verschmäht, blinder Köhlerglaube zu sein, in Westeuropa einer jahrhundertelangen Plünderung ausgesetzt. Auf diese Weise verschwanden so poetische Stücke der christlichen Glaubenslehre wie Teufel und Hölle in der Reservatenkammer. Die *einen* legten den Gauben so lange aus, bis etwas vernünftig Akzeptables herauskam. *Andere* nahmen das zum Anlaß, seine Unverdaulichkeit zu rühmen. Sie genossen die Demütigung der Vernunft. Den Streit darüber, diese harte Arbeit, nennt man ‹Theologie›. Daher muß mit Absicht und Methode *historisch* forschen, wer den christlichen Glauben im ungerupften Zustand kennenlernen will. Das ältere Christentum, keineswegs nur das vorreformatorische, war bunt, lebensvoll und voller phantastischer Dreistigkeiten. Es lehrte, die Sternenschalen drehten sich allein um der wenigen Auserwählten

1. Etwas über ‹Wahrheit› 85

willen, die natürlich getauft sein müßten. Es entnahm Gottes Wort, daß es Hexen gebe und daß oberhalb des sichtbaren Himmels Wassermassen lagern. Es kannte die neun Chöre der Engel; es wußte deren kosmische Funktion und rief sie beim Namen; es lehrte als göttliches Gebot, Frauen, die Hosen tragen, Homosexuelle und Glaubensleugner dem weltlichen Arm zur Vernichtung zu übergeben; es wußte, was der hingerichtete Jesus bei seinem Abstieg in die Hölle alles geleistet hatte. Heute versichert mancher Apologet, diese oder jene Lehre werde nicht mehr gelehrt. Bischöfe erklären zu später Stunde im Fernsehen, von der Lehre über die Hölle machten sie keinen Gebrauch mehr. Reformwillige streichen den Sexismus der Erbsündenlehre; manche erdreisten sich zu behaupten, er sei nie gelehrt worden. Glauben sie denn noch, Jesus habe durch seinen Tod die Welt erlöst? Da freut es den Ungläubigen, gelegentlich bekenntnisstarke Christen zu treffen, die glauben, Jesus habe Petrus als seinen Stellvertreter eingesetzt, habe ihm die Schlüssel des Himmelreichs in die Hand gedrückt und ihn nach Rom geschickt. Dabei tritt der absurde Effekt ein: Je mehr Unwahrscheinliches der Glaubensbote als faktisch geschehen behauptet, je mehr ‹Geheimnisse› er predigt, um so göttlicher, abenteuerlicher, integraler und ehrwürdiger klingt die Glaubensbotschaft. Um so verdienstlicher erscheint es, seinen Verstand in die Gefangenschaft des Glaubens zu geben. Ich als Zweifelnder lasse fromme Erzählungen als Fabel gern gelten und sage mit Goethe:

So was freut mich alten Fabler:
Je wunderlicher, um so respektabler.

Kann der Gläubige so reden? Er hält seinen Glauben für wahr und meint damit wohl, was da berichtet wird, sei *wirklich* geschehen. Doch als historisch-faktisches Ereignis kommt es in der Fachdisziplin ‹Geschichtswissenschaft› seit dem 18. Jahrhundert nicht mehr vor. Aber verlangt nicht die Logik seines Glaubens einen noch so fernen, noch so dunklen, noch so dünnen Kern der Faktizität? Moderne Protestanten rühmen zuweilen den um jeden ‹Realismus› reduzierten Christenglauben als dessen edlere, geistigere und tiefere Variante. Sie sind schon zufrieden, wenn ein Frommer bekennt, er *glaube, um zu glauben*. Das geschichtlich-real existierende Christentum dachte über tausend

Jahre hin anders. Seine Gottergebenheit entsprach mehr der sizilianischen Verehrung der heiligen Lucia: Wenn schon Religion, dann prall und sozial, als Volksfest mit Wundern, Weihrauch und Trompeten, mit Wein und Porchetta. An einem bestimmten Punkt hören auch nordisch-sublimierte Protestanten mit ihrer Scheu vor Tatsachen, gar sinnlichen, auf. Fragt man sie, ob Gott existiert, werden auch sie buchstäblich. Oder sie verlassen die Glaubensgemeinde, offen oder heimlich. Manche Kirchenmitglieder gestehen, von den Dogmen glaubten sie nichts oder fast nichts mehr. Sie fühlten sich aber nicht vor die Wahl gestellt. Sie ließen es in der Schwebe, ob Erbsünde und Jungfrauengeburt, Trinität oder Auferstehung tiefsinnige Bilder, also ‹Mythen› sind oder ‹Tatsachen›. Vielleicht seien das alles auch Mißverständnisse.

Der ‹Realismus› im Wahrheitskonzept religiöser Reden erzeugt folgenden Zwiespalt: Unwahrscheinlich oft haben Glaubensverkünder zuerst den *Tatsachencharakter* ihrer Geschichten behauptet und breiteten dann, von Argumenten gegen das Unwahrscheinliche bedrängt, den Schleier der Bildhaftigkeit über das früher als faktisch Behauptete. Was sie zunächst als ‹real passiert› gepredigt hatten, reduzierten sie zuletzt auf ein ‹Zeichen›. Sie machten ganze Katechismen kompatibel mit dem gesunden Menschenverstand, der weiß und auch in der Antike schon wußte, daß Schlangen nicht sprechen und Tote nicht zurückkommen. Oder sie erklärten umgekehrt, das sei der Triumph des Glaubens, daß die Vernunft an ihm scheitere.

Auslegungskünste dieser Art haben seit etwa 1700 das Christentum verändert. Jedenfalls in Westeuropa redet es heute anders und deckt anderes mit Schweigen zu als vor 400 Jahren. Formeln und Immobilienbesitz bleiben. Die Geschichte des Christentums der Neuzeit ist eine Geschichte erzwungener Rückzüge aus dem Feld der Realien; gleichzeitig erscholl der trotzige Gegenruf, es sei eine ‹Religion der Tatsachen›: Die Erwartung des nahen Weltendes und der Wiederkunft Jesu auf den Wolken des Himmels nahm im 2. Jahrhundert ab; der spektakuläre Naturvorgang der herabstürzenden Sterne fand nicht statt; der Schwerpunkt verlagerte sich von Gottes mächtiger Umgestaltung der Welt auf die Unsterblichkeit der Seele, auf Lohn und Strafe im Jenseits. Das war ein erster Gesamtumbau des christlichen Selbstverständnisses. Dann erschütterte Augustin die Überzeugung, alle Getauften würden errettet. Jetzt endeten nicht mehr nur alle Ungetauften im ewigen Höllenfeuer, sondern auch die Mehrheit der Christen. Das Koordinatensystem verschob sich erneut durch die Rezeption der griechischen und arabischen Wissenschaften im 13. Jahrhundert. Im 15. Jahrhundert entstand die humanistische Philologie. Ein anderer Neubeginn fand im 16. und dann wieder im Lauf des 18. Jahrhunderts statt. Die Perennität ist Schein. Sie wird aber in Anspruch genommen. Konservative Mahner raten, Vertrauen schaffe bessere Erkenntnismöglichkeiten als Mißtrauen, aber was sich seit Abaelard, Lorenzo Valla, Erasmus, Richard Simon und Pierre Bayle bewährt hat, war die vom Mißtrauen genährte Philologie, nicht der Legendenglaube. Die zunächst Vertrauensvollen wurden durch Erfahrung gewitzt und entdeckten die Tricks der Autoritäten, ihre Kunst der Umdeutungsrückzüge und des absichtsvollen Verschweigens.

Bei diesen Umbrüchen arbeitete die Voraussetzung, das Christentum sei die *wahre* Religion, wie die Unruhe in einer Uhr. Normalerweise setzen Deuter die Konzepte von Wahrheit voraus, die sie erlernt haben. Einige Genies wie Anselm und Leibniz entwickelten einen eigenen Begriff von Wahrheit und deuteten mit dessen Hilfe die Tradition, die unter anderen Prämissen zustande gekommen war. Dies muntere Quidproquo steigerte das Mißtrauen. Dagegen half die Zusatzannahme, der Heilige Geist bewahre die Kirche in wahren Deutungen. Philosophen hofften, der Weltgeist schaffe kontinuierlich den Fortschritt der Denkgeschichte.

In Europa entwickelten Wahrheitskonzepte sich nach Regionen, Schulen und individuellen Talenten lokal differenziert und konzeptionell kompliziert. Aber vereinfacht ausgedrückt herrschten zwei Typen des Wahrheitsbegriffs: Einerseits galt als wahr, was mit der idealen Welt korrespondierte, sie abbildete und zu ihr hinführte. Dies war der neuplatonisch-augustinische Typus. Der zweite Typus sah als ‹wahr› an, was sich in der Außenwelt bestätigte. Dann war ‹wahr›, was empirisch vorgefunden oder aus Empirie korrekt gefolgert bzw. verläßlich überliefert wurde. Vor 1700 galten nicht nur in der Religion, sondern auch in Historien von Dynastien und Städten Erzählungen, Wunderberichte und urtümlich klingende Sagen durchweg als bezeugte Fakten.

Meine Zweiteilung von Typen des Wahrheitskonzepts ist weder vollständig noch unterstellt sie, diese Typen kämen in der europäischen Ideengeschichte als reine Formen vor. Mischformen gab es immer. Insbesondere stärkte der biblische Begriff des Bezeugens und des Zeugnisses die Tendenz zum Objektivismus im Konzept der Wahrheit der Religion. Schon im *Neuen Testament* stellen die Schriftsteller, die Jesus nie gesehen haben, sich als Augen- und Ohrenzeugen vor. Sie sagen, sie redeten nur von dem, was sie *gehört, mit eigenen Augen gesehen und mit Händen betastet* haben (*1. Johannesbrief* 1,1–3). So mag denn meine Unterscheidung als Sprachregelung vorläufig durchgehen; sie stellt den ersten Typus, den platonisch-augustinistisch-idealistischen, neben den zweiten, den aristotelisch-objektivistischen, auch wenn den Büchern des Aristoteles ganz andere Sichten abzugewinnen waren. Bibeltexte und kirchliche Glaubensentscheidungen entschieden nicht ausdrücklich über das Wahrheitskonzept. Doch hielt der Herrschaftssinn der Glaubensverwalter aller christlichen Konfessionen sich an den ‹gesunden Menschenverstand› und ans biblische Konzept des Bezeugtseins: das Wahrsein der Botschaft zeigte sich demnach in der faktengenauen, fast gerichtsverwertbaren Bestätigung dessen, was Augenzeugen gesehen haben wollten. Das stärkte den Autoritarismus. Ergab das nicht schon das Konzept des Fundamentalismus? Jedenfalls gestatteten die Kirchen vom späten Augustin an, also für Thomas von Aquino wie für Luther, die allegorische Deutung nur als Ergänzung der historisch-faktischen Auslegung und sekundäre Anwendung. Prediger und Erbauungsschriftsteller machten von ihr in dieser *sekundären* Form reichlichen Gebrauch.

Was als ‹wahr› galt, sollte als Tatsache bezeugt und zugleich immer und für alle wahr sein; dahin drängten: die Logik der Kirchenorganisation, der Platonismus im Wahrheitsbegriff und der Universalismus des antik-philosophischen Vernunftkonzepts. Daher verstanden die Kirchen, nicht nur die römische, sich mit Nachdruck als ‹Lehramt› und definierten ihren Lehrinhalt als unabänderlich. Geschichte sollte ihn nur in der minimalen Form betreffen, daß er allmählich entfaltet habe, was immer schon in ihm lag. Seit dem 18. Jahrhundert zerstörten Forscher, Philosophen und Geschichtsdenker dieses Geschichtsmodell; dadurch gerieten die Kirchen mit ihrer Annahme ihres überzeitlichen Wahrheitsschatzes ins intellektuelle und kulturelle Abseits, auch wenn sie politisch und ökonomisch mächtig blieben.

2. Muß Religion wahr sein?

Im heutigen Europa wird kaum jemand eine Religion bejahen, die er nicht für die *wahre* Religion hält. Dies klingt selbstverständlich, ist es aber nicht. Antike Stadtreligionen verstanden sich als Kultgemeinschaft. Sie fragten nicht nach dem persönlichen ‹Glauben› der Teilnehmer ihrer Veranstaltungen. ‹Fromm› war, wer den Festkalender einhielt. Religion war die Lebensform einer Stadt; da brauchte es keine Wahrheitsdebatte. ‹Wahr› mußte eine Religion erst sein, als sie in Konkurrenz zu anderen trat. Das galt vor allem dort, wo die vorherrschende Religion andere Religionen oder andere Deutungen ihrer Botschaft nicht osmotisch aufsaugte, wie es die Religion des Alten Rom meist tat, sondern als ‹unwahr› zurückwies. Neu auftretende Gruppen verstanden sich, sofern sie überhaupt das Stadium einer Selbstdefinition erreichten, als Wahrheitsverein – als hätten ihre Mitglieder eingangs die Wahrheitsprüfung als Bedingung der Bekehrung vorgenommen. Das war mit der Kindertaufe unvereinbar. Immerhin lag darin das Eingeständnis, daß die ‹Wahrheit› der eigenen Gruppe sich nicht von selbst verstand. Sie galt als Gnadengeschenk und stand doch zunächst als Kandidat unter vielen. Ihr Privileg, *einzig wahr* zu sein, sollte erst ermittelt, beurteilt und bejaht werden. Dies verschaffte dem Bewerter der Religion vorerst eine gewisse Souveränität. Er stand bei der Vorbereitung des Glaubens *über* dem, dem er sich doch unterwerfen sollte. Religiöse Gruppen, die sich über die Wahrheit ihrer Glaubensinhalte und nicht mehr durch regionale, kommunale oder imperiale Kulte definierten, schufen sich Beurteiler, die ihr gefährlich werden konnten, wenn sie einzelne Inhalte auswählten und nicht mehr das Ganze plausibel und annehmbar fanden. Sie nahmen sich in diesem Fall heraus, was ihnen wahr erschien. So entstand der Häretiker, der ‹Auswähler›. Daher ertönt schon in den neutestamentlichen Quellen die Klage, es gebe so viele Häresien.

Ergriff der Neubekehrte aber mit voller Überzeugung die ganze Botschaft seiner Gruppe, dann dachte er, sie allein sei im Besitz der göttlichen Wahrheit; dann hielt er seine vorherigen Kultgenossen entweder für Irrgläubige, für götzendienerische Heiden oder verblendete Juden. Bekam er die militärisch-polizeiliche Macht in die Hand, konnte er kaum noch einsehen, wieso Nicht-Gläubige ein Recht auf eigene Versammlungsräume und Bücher, auf Grundbesitz, Schulen und Staatsämter haben könnten. Er wußte nicht mehr, wieso er tolerant sein sollte, da doch die ‹Wahrheit› auf seiner Seite stand. Indem er ‹Religion› als Wahrheit definierte, bestritt er anderen religiösen Gruppen, überhaupt ‹Religion› zu sein; er sah sie feindselig an und nannte sie nicht-existenzwürdigen Satansdienst. Fremde Kulte waren ihm nicht Produkte der Volkspoesie, sondern Einrichtungen der Teufelsherrschaft über die feindselige Welt. Je absoluter er ‹Wahrheit› verstand, um so bedingungsloser war sie durchzusetzen.

Dies kennzeichnet die religionspolitische Entwicklung des endenden 4. Jahrhunderts; Augustin leistete ihre Zusammenfassung und Rechtfertigung. Von da an war es in Europa fast unmöglich, über eine Religion zu sprechen, ohne sie als die *wahre* anzuerkennen oder sie als *unwahr* zu kritisieren. Beide Gruppen, anerkennende und ablehnende, agierten unter der Voraussetzung desselben Konzepts von Wahrheit. Über dieses stritten sie nicht.

Welthistorisch gesehen, war diese Allianz von Religion und ‹Wahrheit› entbehrlich. Wenn nur *eine* Religion wahr sein konnte, waren alle anderen falsch, dachte man, aber auch die falschen funktionierten. Sie bestätigten das Gemeinschaftsgefühl; sie boten Sinnvorgabe, Jubelstimmung, Trauerrituale und Trost. Sie ermöglichten ‹Kontingenzbewältigung›, wie die Soziologen sagen. Sie konsolidierten bedrohte Zivilisationen; sie brauchten weder Theologie noch Glaubensbekenntnisse; sie ersparten sich die Wahrheitsbehörde, heiße sie ‹Lehramt› oder ‹Inquisition›. Sie hatten keine Ketzer. In den Gruppen, die ‹Wahrheit› beanspruchten, bekam das *Ritual* neue Bedeutung; die Beteiligung an ihm war nun ein ‹Bekenntnis›; es war sichtbar, kontrollierbar und schloß Personen zusammen im ‹wahren› Glauben.

3. Woran erkennt man die wahre Religion?

Im Jahr 390 schrieb Augustin für seinen Förderer, den Großgrundbesitzer Romanianus, ein kleines Buch über die wahre Religion. Er wollte seinem Freund mit strengen Argumenten beweisen, daß allein die christliche Kirche Anrecht auf diesen Titel habe; er wollte Romanianus von der Unwahrheit des christlichen Manichäismus überzeugen, dessen Glauben Augustin neun Jahre lang geteilt hatte.

Er brachte eine Reihe von Argumenten vor. Sein Hauptgrund war, allein die katholische Kirche lehre für alle Menschen den hohen Begriff von Gott, den Platon erkannt habe: Der Begriff des einen und höchsten Gottes, dessen Wahrheit nur Geistseelen erkennen, sofern sie sich nicht von Leidenschaften und Sinneseindrücken betören lassen, sei der einzige Weg zu Wahrheit und Glückseligkeit. Die Seele müsse gesunden, sich von der Herrschaft sinnlicher Dinge und Gewohnheiten befreien, dann *sehe* sie das reine Licht göttlicher Wahrheit, die alle Weltbereiche, das Sichtbare wie das Unsichtbare, umfasse. Die Argumentation beruhte vorwiegend auf dem Kontrast von irdischer und ewiger Welt, also auf einer vereinfachten Fassung des Platonismus. Zwischen Diesseits und Jenseits betonte Augustin die Differenz; er wollte sie aber nicht mehr wie im Jahrzehnt zuvor zum Gegensatz steigern; jetzt bewies er die Einheit des Universums und die Einzigkeit des Erschaffers.

Doch *beginne* der christliche Erkenntnisweg, schrieb Augustin 390, nicht mit dieser Quintessenz des Platonismus; er *führe* zu dessen Wahrheit hin. Denn am Anfang stehe der Glaube an die Geschichte (*historia*) und an die zeitliche Durchführung des geweissagten Vorsehungsplans, mit dem Gott das Menschengeschlecht für das geistige ewige Leben vorbereite.[9] Der Glaube an die tatsächliche geschichtliche Erlösung müsse vorausgehen. Augustin dachte ihn nicht allein als Kenntnisnahme von Fakten, sondern als Reinigung der Seele, damit sie – gegen die Manichäer – die Wirklichkeit des *einen* Gottes intellektuell erfasse, der ausnahmslos alles erschaffen habe. In ihm, dem unwandelbaren Sein, finde die gereinigte Seele ihr Glück. Der Glaube an die zeitliche Offenbarung ermögliche die rein geistige Einsicht. Diese bestehe in der platonisierenden Erkenntnis Gottes als dem einzig beständigen Glück der Seele.

Die Wahrheit der Religion bemaß Augustin nach dem, was er für das Wesentliche der Philosophie Platons hielt, aber er verlangte als Vorbedingung die Umkehr der Seele durch Annahme des autoritativ verbürgten Glaubens. Hätte es in der Spätantike nicht die einflußreiche platonisierende Schule gegeben, hätte Augustin nicht die christliche Religion als die einzig wahre darstellen können. Seine philosophisch hochangesetzte Argumentation beruhte insofern *auch* auf einer Reihe von bloßen Fakten: Es gab eine wohlorganisierte Kirche mit definierten Eintrittsbedingungen. Die Kindertaufe hatte sich noch nicht durchgesetzt; es gab noch heidnische Kulte; gnostische Christengruppen warben noch um Anhänger. Sokrates und Platon waren bekannte Namen; sie hatten in Augustins geistiger Entwicklung eine entscheidende Rolle gespielt, ohne daß er zwischen Platon und den Neuplatonikern unterschieden hätte. Vom neuplatonischen Denken schuf er sich einen theologisch verkürzten Aufriß. Er kritisierte Sokrates und Platon: Aus Furcht hätten sie sich nicht gegen den Aberglauben der polytheistischen Kulte gewandt, den sie doch als Irrtum durchschaut hätten; sie hätten sogar daran teilgenommen, obwohl das ihrer philosophischen Theologie widersprach. Sie hätten sich gegen ihre philosophische Einsicht dem Stadtkult unterworfen. Erst die christliche Kirche habe diesen Zwiespalt zwischen Philosophie und Volkserziehung beseitigt; sie allein verkünde den Volksmassen die reine Lehre vom jenseitigen Gott. Im Verzicht der Mönche auf die Ehe sah Augustin die Verwirklichung der platonischen Ethik. Die bekehrten Massen führte er als Argument an. Die spirituelle Wahrheit des Platonismus stehe jetzt allen Menschen offen. Augustin sah die gewalttätige Religionspolitik der römischen Kaiser des 4. Jahrhunderts als Durchsetzung der einzigen Wahrheit und Abschaffung des Aberglaubens. Er triumphierte: Wir leben jetzt in christlichen Zeiten (3, 3, 8: *christianis temporibus*). Was Platon und Sokrates in ängstlichen Vermutungen gelehrt hätten, werde jetzt bis an die Grenze der Erde allen als feste Wahrheit gelehrt. Der Erfolg der christlichen Mission war sein De-facto-Argument für die Wahrheit des Glaubens. Vorher gab es den allgemeinen Kult, zu dem jeder, der kam, zugelassen wurde, unabhängig von seinen Überzeugungen. Die christliche Glaubensgemeinde lasse dagegen nur Gleichgläubige zu. Die christlichen Gemeinden kontrollieren die Gesinnungen. Jetzt gebe es ‹unzählige Häresien›; das Wahrheitsbewußtsein der christlichen Gemeinde verweigere den Häretikern den Zugang zu ihren Versammlungen (5, 8, 26). Dies folgte für Augustin aus dem Wahrheitscharakter der christlichen Religion. Der bisherige Polytheismus war ein Irrtum (*error*); der Kult war abergläubig. Die Juden seien zwar Monotheisten, kennten aber nicht die jenseitige Welt. Nur die einzig wahre Religion öffne den Zugang zum guten und glückseligen Leben. Wenn die großen griechischen Philosophen noch lebten, würden sie Christen. Sie brauchten an ihren Lehren nur wenige Worte zu ändern: *paucis mutatis verbis atque sententiis Christiani fierent*, 4. 7, 23.

Augustins Schrift *De vera religione* ist das klassische Dokument der Entwicklung einer Religion, die sich unter die Regeln einer *wahren* Religion bringt. Diesen Prozeß hatte nicht erst Augustin eröffnet; er ergab sich aus der Konkurrenz der Philosophien und Religionsparteien der hellenistischen Zeit. Aber Augustin sprach aus, welche Konsequenzen das hatte: Diese Wahrheits-Religion trieb Mission und schloß Fremddenkende aus. Beides ergab sich nicht allein aus dem Neuplatonismus, der allerdings von der Einzigkeit der substantiellen Wahrheit für alle Menschen überzeugt war. Mit Augustin eignete sich die römisch-rigid organisierte Christengruppe, die sich auf wohlverbürgte Tatsachenüberlieferung berief, den platonisch-universalen Theismus an. Sie verstand sich als die Verbrüderung der Erlösten, die jetzt durch Gottes Fügung gesellschaftliche Anerkennung und physische Macht bekommen habe. Sie zog Konsequenzen nicht direkt aus dem platonisierenden Wahrheitskonzept, sondern aus den Erfolgen der repressiven kaiserlichen Religionspolitik, die sie mit Philosophie unterlegte.

Das Christentum hatte gesiegt; es wurde über die damals bekannte Erde hin auch einfachsten Menschen verkündet; in der Kirche dominierte die mönchisch-asketische Richtung; die christliche Wahrheit war in eindeutigen Regeln, den Bekenntnisformeln, gefaßt: die mächtige, reichgewordene Kirche war hierarchisch organisiert; sie forderte und bekam Militär- und Polizeischutz; sie hatte den Reichtum phantasievoller altkirchlicher Texte zum Kanon gebändigt – das waren die Tatsachen, die neben der Hintergrundsberufung auf Platons Konzept von ‹Wahrheit› alles bestimmten. Zunehmend identifizierte die Kirche sich als das neue Israel. Sie übertrug das exklusive Gottesverhältnis des späten Israel auf sich selbst und auf die Gegenwart der ewigen Wahrheit in ihr; sie übernahm mit Überzeugung das Gebot Jahwehs, fremde Kultstätten zu zerstören.

Der Restplatonismus in Augustins Konzeption der wahren Religion hatte zur Folge, daß er nur *die* Religion als die wahre anerkennen konnte, die den platonisch-reinen Begriff Gottes als des höchsten Gutes lehrte und das Verlangen jeder Menschenseele nach bleibendem, also jenseitigem Glück befriedigte; sie mußte eine Ethik verkünden, die sinnliches Vergnügen der Jenseitsbestimmung der Seele unterordnete und daher die Ehe widerriet. Sie arbeitete, militärisch unterstützt, daran, daß diese Einsichten nicht auf esoterische Philosophengruppen beschränkt blieben, sondern allen Menschen in der ganzen bekannten Welt autoritativ vorgelegt und von den meisten geglaubt wurden.

Unter den realen geschichtlichen Bedingungen des 4. Jahrhunderts und bei den theoretischen Voraussetzungen Augustins führte die Konzeption der einzig wahren Religion zu Ausschließlichkeit, Überzeugungskontrolle und Intoleranz. Sein Gott, schrieb Augustin in *De consensu evangelistarum*, werde überhaupt nicht verehrt, wenn er nicht als der Einzige verehrt werde: *Nisi solus colatur, iste non colitur*. Das ist eine Formel für Fundamentalismus.

Dafür ist nicht Platon verantwortlich, auch nicht Plotin. Augustin brachte heterogene Faktoren zusammen: Sein Neu-Platonismus konzentrierte sich darauf, die Seele durch asketisches Leben zum jenseitigen Dauerglück beim rein geistigen Gott zu führen; die teilweise gewaltsame Christianisierung der Welt durch die letzten römischen Kaiser galt ihm als Beweis der Wahrheit des Christentums.

4. Religiöse Wahrheit heute

Mir geht es hier nicht primär um Augustin und das 4. Jahrhundert, sondern um folgende gegenwärtige Frage:
Wie könnte *heute* ein Christ diese augustinische Kombination von volkserzieherischem Spiritualismus und rücksichtsloser, weil der ‹Wahrheit› verpflichteter Machtpolitik vermeiden? Gelänge ihm dies *aus Gründen*, also nicht nur aus Gutmütigkeit oder vorübergehender polizeilicher Ohnmacht, hätte dies für ihn konzeptionelle Vorteile: Er geriete nicht in Konflikt mit Prämissen der demokratisch-pluralistischen Gesellschaft; er könnte wie noch der Augustin des Jahres 390 kirchliche Gewaltpolitik als un-jesuanisch ablehnen. Denn gerade in den Jahren, in denen Augustin den Platonikern am nächsten stand, forderte er die *sanfte* Verbreitung seiner wahren Religion. Freilich besteht ein Zusammenhang zwischen Konzeption der Wahrheit und Tendenz zur Intoleranz, sollte doch allein die Kirche sozial und faktisch die universale Vernunftwahrheit Platons verwirklichen. Gegen bewiesenen Vernunftinhalt hat keine Person ein Einspruchsrecht.

Das stellt heute den Christen vor folgende Alternative: Entweder er gibt den absoluten Wahrheitsbegriff in der Anwendung auf seine Religion auf oder er sucht eine neue, mildere Konzeption von ‹Wahrheit›. Schwerlich wird er darauf verzichten, seine Religion als die einzig ‹wahre› zu bezeichnen. Er kennt, wenn er nicht Ethnologe oder Historiker ist, keine alt-verwurzelte Kultreligion mehr, die Augustin gerade dafür tadelte, daß sie *keine* Glaubensregeln aufstellte, keine Überzeugungen kontrollierte und den Zugang zu ihren Kulten nicht ideologisch beschränkte. Vielleicht antwortet der christliche Zeitgenosse, er sei seines Glaubens gewiß, gewisser als des ohnehin ständig sich verändernden Wissens, und er würde seine Glaubensgewißheit verleugnen, sähe er seine Religion nicht als die ‹wahre›. Wenn ‹Wahrheit› dieselbe sei für *alle*, dann müsse man auch versuchen, sie allen zu verkünden und sie umzusetzen zu Lebensverhältnissen, Volksgewohnheiten, Gesetzen und Erziehungsregeln; der Islam des 21. Jahrhunderts beweise das mit bewunderungswürdiger Konsequenz. Toleranz und Schonung der Irrenden sei ein Zeichen schwindenden

Glaubens. Bis fast in die Gegenwart hinein haben die christlichen Kirchen den Expansionismus gefordert. Sie haben missioniert und überall, wo sie die Macht hatten, repressive Ausschließlichkeit praktiziert. Wer diese Linie verlassen will, muß auf das Konzept der «wahren Religion» verzichten oder den Begriff von Wahrheit umbauen.

Ein neues Wahrheitskonzept zu fassen, das ist leichter gesagt als getan. Ich skizziere knapp in wenigen Paragraphen die Richtung, in der ich es suche:

§ 1 Ich beginne die Überlegung mit der alten Bestimmung von Wahrheit als dem Zusammenstimmen von Sache und Intellekt.[10]

Wer sie primär bezöge auf das Verhältnis der geschaffenen ‹Sache› zum Intellekt des Schöpfers, wähnt sich schon im Besitz einer wahren philosophischen Theologie; er hat für sich das Wahrheitsproblem schon gelöst; so kann die *philosophische* Arbeit nicht beginnen. Eher setzt sie ein mit der sinnlichen Erfahrung. Diese ist eine Art von Wahr-nehmen, kommt aber in der klassischen Wahrheitsdefinition nicht vor; die zitierte Wahrheitsformel beschränkt – platonistisch – ‹Wahrheit› auf ein Verhältnis des Intellekts. Und keinesfalls stehen die ‹Sachen› in der Außenwelt einfach da – als brauchten wir nur hinzusehen, um mit ihnen in Übereinstimmung zu kommen. Für die geistige Erkenntnis haben auch Aristoteles und seine mittelalterlichen Kommentatoren eigene intellektuelle Operationen des menschlichen Geistes verlangt, die allein den allgemeinen Charakter der ‹Sache› herausarbeiten könnten. Für sie war ‹Sache› nicht identisch mit ‹sinnlichem Ding›. Um schlichtes Abbilden der Realität konnte es sich schon damals nicht handeln. Sie verstanden die Wahrheitsformel nicht im Sinn des naiven ‹Realismus›. Es ist der Intellekt, der die Erkenntnis ‹macht›, und den Intellekt werden wir uns weder als einen gefallenen Engel vorstellen noch als ein sichtbares Lebewesen. Er ist individuell, aber kein empirisches Individuum wie ein Ding der Außenwelt. Als ein Wesen, das spricht, ist er, wenn er *hier* ist, immer auch schon bei ‹Sachen› und bei anderen Wesen, von denen er seine Sprache gelernt hat und zu denen er über die Welt spricht. Verallgemeinernd organisiert er spontan seine Erkenntnisse. Er konstruiert sie, verhält sich nie nur rezeptiv. Aber in der realen Welt kommt er

4. Religiöse Wahrheit heute

nur vor, sofern er sich mit anderen über die ‹Sachen› verständigt. Seine Annäherung an die Sache ist sowohl persönliche wie gesellschaftliche Arbeit unter kontingenten Bedingungen. Sie ist geschichtlich. Oberhalb oder außerhalb der Geschichte haben Menschen keine ‹Sachen›.

Erörterungen über ‹die Wahrheit› sollten daher nicht zu hoch einsetzen, etwa beim Intellekt Gottes oder bei der ‹Wahrheit des Seins›. Ich möchte sie nicht zu niedrig beginnen, also nicht so tun, als ob wir gar nichts wissen könnten.

Es gibt vielfache Möglichkeiten der Täuschung, und ein älterer Privatphilosoph faßte, auf sein Leben zurückblickend, seine Erfahrung dahin zusammen:

> *Denn daß niemand den andern versteht, daß keiner bei denselben Worten dasselbe, was der andere, denkt, daß ein Gespräch, eine Lektüre bei verschiedenen Personen verschiedene Gedankenfolgen aufregt, hatte ich schon allzu deutlich eingesehen ...*

Dieser Autor spricht fast im Plauderton eine individuelle Erfahrung aus; er vermeidet verbalen Radikalismus, läßt uns aber kaum Wahrheitschancen. Doch steht die Hoffnung, etwas Wahres zu finden, nicht ganz auf verlorenem Posten, wenn wir auf die alte Anmaßung des Verstandenhabens verzichten und ‹Wahrheit› nicht zu jenseitig fassen. Wir sind im praktischen Alltag zuweilen gut, wenn auch nicht fehlerlos orientiert. Vieles an fremdem Seelenleben und geschichtlichen Ereignissen bleibt uns verschlossen, aber wenn ich eine Straße überquere, weiß ich in der Regel, ob ich starken Verkehr fürchten muß oder sorglos schlendern kann. Ich weiß, welche Strafe den trifft, der sich darum nicht vorher kümmert. In solche alltäglich-praktischen Erfahrungen sind theoretische Momente eingelagert. Es gibt keinen Grund, Reden über die christliche Religion mit konventionellem Jammern über die Grenzen des menschlichen Denkens zu beginnen.

Skepsis bleibt angebracht. Vor allem wenn die Wahrheitsformel zu metaphysisch genommen wird. Wer die Erkennbarkeit der Welt damit begründet, daß die Geschöpfe zwischen zwei Intellekten aufgestellt seien, dem Denken des Schöpfers und dem Denken des Menschen,[11] fängt zu hoch an. Seine Überlegung setzt voraus, das Dasein Gottes sei bereits wahrheitsentsprechend erkannt. Er hat keine *Frage* nach der Wahrheit. Er glaubt zu wissen, Gott sei die Wahrheit.

§ 2 Die Suche nach der Wahrheit kommt nicht aus ohne das ‹Ich›. Manchmal drückt ‹Ich› rücksichtslosen Selbstbehauptungswillen aus. Doch jeder Europäer, der einen Satz wahr oder falsch nennt, braucht das Wort ‹ich› oder eine auf die erste Person Singular abgewandelte Verbform. Sagt jemand: ‹Ich denke, daß…›, dann bezeichnet dieses Ich, das alle seine Sätze begleiten kann, ein unschuldiges, ein unvermeidliches Ich. Dieses Ich sagt etwas, und sagt etwas zu einem Anderen, und es weiß, daß die andere Person auch ein Ich ist. Wenn sie etwas sagt, was wahr oder falsch sein soll, betritt sie ein Spielfeld, in dem sprachliche und gedankliche Regeln gelten, an denen historische Apriori mitarbeiten. Und das Ich weiß vorher, daß es verliert, wenn es sich nicht darum kümmert, nach welchen Regeln die andere Person Sätze bejaht oder verneint. Es weiß auch, daß es darüber nur Vermutungen erreicht. Einen allzu hohen Grad der Selbstbezogenheit kann dieses Ich sich nicht erlauben, weder vor sich selbst, wenn die Seele sich mit sich selbst unterhält, noch vor anderen. Es weiß: Es ist ein Ich unter anderen; es kann und will (in der Regel) keinen Satz an den Zustimmungsbedingungen der Anderen vorbei ins Innere der Gesprächspartner einschmuggeln. Solche Manipulationen kommen vor, sind aber im Prinzip als solche durchschaubar.

§ 3 Das erkennenwollende Ich ist auf Wechselseitigkeit angelegt. Es selbst legt es darauf an. Es weiß, daß andere erkennende und handelnde Ichs unter geschichtlichen Bedingungen reflektieren und agieren; es kann diese Erkenntnis auf sich zurückbeziehen. Es erfaßt menschliches Denken und Handeln, fremdes und eigenes, als *geschichtlich vorgeprägt*. Das wahrheitsbedürftige, auf Wechselseitigkeit hinlebende Ich kann diese Vorprägungen bei sich und anderen erforschen und damit seine Kriterien für ‹wahr› und ‹falsch› vermutend verbessern. Es kann sie nicht als endgültig etablieren, denn sie sind geschichtlich variabel. Deswegen sind sie nicht unerforschlich. Historische Forschung, Lebenserfahrung und konkrete Umsicht vermindern die Irrtumsmöglichkeiten, die es nicht ablegen, aber eindämmen kann. Das Ich weiß sich als den Ort von Erkenntnis, von Wahrheit und Irrtum, aber es installiert damit nicht Willkür. Denn so weit es ihm nötig ist, beachtet es *seine* Kriterien *und* die Maßstäbe der anderen Ichs, denen es seine Vorstellungen plausibel machen will. Das verhindert den vielfach verschrieenen Relativismus.

§ 4 Nicht nur im Hinblick auf Religion ist es nötig und möglich, über ‹Wahrheit› neu nachzudenken. Die zuvor genannten Konzepte von ‹Wahrheit› – erstens als Korrespondenz zu Ideen oder zweitens als Bestätigtsein durch empirische Daten – sind auch außerhalb der Religionsphilosophie zu kritisieren. Gegen die Ideenlehre (im konventionellen Verständnis) kann man einwenden, für reine Ideen reiche unser Intellekt nicht aus, solche Ideen seien an Mathematik und Ethik orientierte Konstruktionen. Auf Christentum oder Islam angewendet, suggeriert diese Wahrheitskonzeption, die Religion müsse unveränderlich sein, weil sie wahr ist. Diese Prämisse zu streichen, macht den Umgang mit religiösen Wahrheiten flexibler.

Zur zweiten Gruppe von Wahrheitskandidaten, zur Berufung auf empirische Daten: Wir erreichen die ‹Tatsachen› nicht, um unsere Wahrheit über sie zu kontrollieren, außerhalb unseres Denkens. Der ‹extramentale› Maßstab der Annäherung an die Sache kommt nur in unserem Denken vor. Wir haben also Anlaß, an den beiden einflußreichsten Wahrheitskonzepten zu zweifeln.

Aufzugeben ist die naiv-realistische Vorstellung, das menschliche Erkennen übertrage den erkannten Gegenstand durch ein Erkenntnisbild in die Seele des Erkennenden und die Wahrheit wäre für Menschen die Angleichung des Erkennenden an das Erkannte durch Einwirkung des Gegenstands, auch wenn Urteilen eine eigene Tätigkeit sei.[12] Dieses Modell der Erkenntnis schließt Sprache und geschichtliche Welt, Individualität und Sozialität aus und heißt daher mit Recht ‹naiv›. Es gibt dem isoliert vorgestellten Gegenstand eine kausale Erheblichkeit, die ihm nicht einmal bei der sinnlichen Wahrnehmung zukommt. Denn diese muß man sich verschaffen; man muß sie wollen im Vollzug eines Lebensinteresses, und sei es das der Ablenkung und Erholung.

§ 5 Die ältere Philosophie hat die Eigenart menschlicher Erkenntnis noch aus einem anderen Grund verfehlt und auf dem Weg über ihr Wahrheitskonzept das Nachdenken über die christliche Religion einseitig gemacht. Sie hat nämlich von der menschlichen Vernunft behauptet, sie sei nur dann Vernunft, wenn sie Wahres erkenne. Ein Intellekt, der Falsches wisse, wisse gar nichts; er sei kein Intellekt. Dieses Denkmodell kannte die menschliche Vernunft als Erkenntnis des Wahren. Dafür konnten mittelalterliche Philosophen sich auf Aristoteles und Augustin stützen. Sie definierten Intellekt als das, was das Wesen der Dinge erfaßt, und folgerten, ein Intellekt, der irrt, sei kein Intellekt. Die menschliche Erkenntnis als Konstruktion, als Versuch und Irrtum, als gemeinsamer, variabler und zeitgebundener Entwurf, kam in dieser Erkenntnislehre nicht vor. Zwar setzte sie voraus, daß Wahrheit im menschlichen Denken spontane Operationen verlange, aber wenn sie sich bei der wissenschaftlichen Erörterung christlicher Wahrheiten an die Definition des Intellekts hielten, der immer nur Wahres erkenne, dachten sie die Wahrheit als ein für allemal gegeben, als unveränderlich und sicher. Entwicklung konnte sie nur in einem der Dogmatik untergeordneten Sinn haben. Ihr Christentum hatte keine Geschichte, höchstens als Geschichte seiner gesellschaftlichen Durchsetzung, als kontingenten Zusatz zum bleibend Wahren.

§ 6 Nehmen wir an, das Ich A will dem Ich B eine Reihe von Sätzen mitteilen, von deren empirischer Richtigkeit und Überprüfbarkeit es überzeugt ist. Es macht sich aber klar, daß es die empirischen Gegenstände nicht in ihrem Ansich, außerhalb seiner Vorstellungen von ihnen, vorzeigen kann. Es kann nicht den ‹Gegenstand›, ‹wie er an sich ist›, abbilden und seine Vorstellung mit der ‹Sache selbst› vergleichen, denn auch von dieser Sache weiß es nur, sofern sie in seiner Vorstellung vorkommt. Im ‹Gespräch mit sich selbst› ist es in derselben Lage: Es kann seine Vorstellungen nicht mit der ‹Tatsache› selbst vergleichen, sondern immer nur seine erste Vorstellung von der Sache mit der zweiten oder dritten. Daraus folgt nicht der radikale Skeptizismus. Denn das Ich A weiß vom Ich B, daß es wie es selbst Maßstäbe der Plausibilität ins Spiel bringt, aufgrund deren es Vorstellungen von der

4. Religiöse Wahrheit heute

‹Tatsache› entwickelt und bewertet. Nach diesen Kriterien kann das Ich A fragen und sie mit B diskutieren. Es braucht sie nicht bis zu einer letzten Wahrheitsquelle zurückzuverfolgen. Es genügt, wenn es ad hoc eine Verständigung erreicht oder als unerreichbar erkennt. Wer es nötig findet, kann den Gründen der Verschiedenheit zwischen den Wirklichkeitskriterien von A und B und C weiter nachforschen, bis er dafür plausible Gründe findet, mit denen er sich zufrieden gibt.

§ 7 Gespräche über die Wahrheit der Religion stünden unter neuen Bedingungen, verzichteten die Teilnehmer im angedeuteten Sinn auf absolute Wahrheit, ohne darüber fideistische Skeptiker zu werden. Die Skepsis bleibt bezüglich der Vorstellungen von Ich A und Ich B. *Niemand versteht den andern.*

Es stellt sich die Frage nach der Besonderheit religiöser Sätze. Ich bin versucht, ihre ‹Wahrheit› neu zu definieren, indem ich sage, eine religiöse Aussagenreihe soll dann als ‹wahr› gelten, wenn sie *jemandem etwas sagt.* Dann bezöge ich ihre Wahrheit auf den Einzelnen, von dem ich weiß, daß ihm eine religiöse Rede vielleicht vor einem Jahr nichts gesagt hat, während sie ihm heute etwas sagt, vielleicht morgen wieder nicht. Dieses Wahrheitskonzept religiöser Sätze würde verlangen, daß das Ich sie auf sich bezieht, und zwar auf seine ganze Person, nicht nebensächlich. Es wäre nach Sachgebieten zu beschränken; es gälte nicht für Mathematik und Naturwissenschaften, auch nicht für Einzelfragen der historisch-kritischen Forschung. Es läßt den einzelnen Betrachter entscheiden, gestattet ihm damit aber keine Willkür. Denn das Ich, das für sich und andere plausibel bleiben will, bereitet Wahrheits- und Falschheitsbehauptungen im Blick auf die Wahrheitskriterien anderer vor, auch wenn es für Plausibilität keine absoluten Maßstäbe hat, sondern nur diejenigen, die ihm jetzt und hier für sich und andere hinreichend scheinen. Damit ist Pluralität anerkannt. Wir leben auch als Erkennende in der Zeit. Der Satz vom Widerspruch, in Mathematik und Fachgesprächen unentbehrlich, schlösse nicht aus, daß etwas, das mir heute etwas sagt, in einem Jahr bedeutungslos wird, und daß etwas, das *mir* etwas sagt, manchem anderen nichts sagt. Und wenn es ihm etwas sagt, sagt es ihm nicht dasselbe. Weil *keiner bei denselben Worten dasselbe, was der andere, denkt.* Meine Sätze – mit Ausnahme der in alltags-praktischer Hinsicht oder fachwissenschaftlich abgerichteten – behaupten nicht, die einzige, überzeitliche und örtlich unbegrenzte große Wahrheit zu erreichen. Es sind Variationen der Wahrheit, die nebeneinander bestehen können, auch wenn sie sich nach Alltagsansicht und fachlicher Logik widersprechen. Es genügt, wenn sie der Verständigung dienen, auch wenn sie bei einem anderen Ich Widerspruch auslösen.

Die Eigenart poetischer und religiöser Sätze ist nicht hinreichend beschrieben mit dem Satz, daß sie mir etwas sagen. Denn auch wenn mir das Finanzamt einen Steuerbescheid zuschickt, *sagt es mir etwas.* Auch poetische und religiöse Sätze können am Zuhörer ‹vorbeirauschen›. Als ‹wahr› nimmt sie nur die Person, die sie sich aneignet und auf sich anwendet. Wenn sie ihnen Einfluß gestattet auf ihr Leben. Wenn sie ihre Praxis mitbestimmen. Ihre Wahrheit beweisen ihre ‹Früchte›.

§ 8 Das läuft nicht auf die Unterscheidung zwischen theoretischer und ethisch-praktischer Wahrheit hinaus. Angesichts von Religionskriegen liegt der Vorschlag nahe, die Religionen sollten auf das Konzept *theoretischer* Wahrheit verzichten und die Wahrheit ihrer Sätze nur als ethisch-praktische verstehen. Dann wäre der Religionsfriede gesichert; wir fänden die Wahrheit der Religion, indem wir sie so lange auslegen, bis etwas Moralisches herauskommt. Für einen solchen Umbau wäre die *deutsche* christliche Seele wohl am ehesten disponiert, denn sie liebt das Moralisieren, wenn sie sich nicht gerade mal wieder einen Orgasmus des lyrischen Tragizismus verschafft. Die Reduktion der Religion auf die Anerkennung unserer sittlichen Pflichten als göttliche Gebote würde Konflikte und Diskussionen ersparen. Sie würde Dogmatismus und Fundamentalismus ausschließen. Die Welt wäre friedlicher, wenn jeder, der für den Islam oder das Christentum kämpft – sei's mit Worten, sei's mit Waffen –, die Ehre seines Gottes nur durch Nächstenliebe sichern wollte.

Die Reduktion der Wahrheit religiöser Sätze auf ethisches Verhalten entspricht einem prophetischen und christlichen Impuls. Sie ist entstanden als christliche Reaktion auf die de facto herrschende Verwandlung der Religion in Ritendienst und Pfaffentum. Sie erlegt dem christlichen Bewußtsein auf, liturgischen – gerade auch eucharistischen – Sentimentalisierungen zu entsagen. Vollends ausschließen würde sie es, daß irgendein Christ sich zum Gebet niederkniet, solange Fernsehkameras laufen. Religionen haben eine Tendenz, im Ritualismus zu erstarren und das auch noch öffentlich zu zelebrieren. Sie ersetzen Regungen des Herzens und des Willens durch Bewegungen der Füße. In den Debatten über die Beschneidung im Herbst 2012 überraschte ein hoher Repräsentant des Judentums mit dem Satz, die Beschneidung mache den Juden. Gegenüber dieser irreligiösen Reduktion einer ehrwürdigen Religion auf kurzen Messerschnitt lobe ich mir deren Reduktion auf Gehorsam und Nächstenliebe bei Spinoza. Und doch sind Religion, Ethik und Kunst nicht dasselbe. Religion ist vielgestaltiger, bunter, uriger. Sie erzeugt poetische Vielfalt und Geschichtsbezug. Bestünde sie nur darin, unseren ethischen Pflichten als Gottes Geboten zu gehorchen, dann zögen zwar viele Wolken salbadernder Rhetorik ab, aber es bliebe auch ein ausgetrocknetes Gelände zurück: Es verschwänden Legenden und Gebräuche. Religion erstarrt, wenn sie prinzipiell ritualistisch oder wenn sie moralistisch verstanden wird. Ihre Geschichten sind vielgestaltig und inhaltsreich. Mögen sie fiktiv sein – sie halten Personen und Situationen, auch Landschaften in Erinnerung, situations- und personen-, oft auch regionalgebunden; ihre Wahrheit geht schwerlich in ethischen Anweisungen auf. Religiöse Erzählungen zeigen eine andere Weltansicht. Fromme Sätze sagen, was Gott getan hat, nicht so sehr, was wir tun oder gar, was wir erst noch tun *sollen* und dann meist noch nicht einmal tun. Der ethische Appell stellt den Einzelnen, sein Gewissen und sein Sollen in den Mittelpunkt; religiöse Erzählungen handeln von umfassenderen Dingen, z. B. vom Auszug eines Volkes aus Ägypten, die aber de facto gar nicht stattgefunden haben müssen und der in diesem Fall wohl auch nie stattgefunden hat. Adäquater wäre das quasi-poetische Wahrheitskonzept, das uns beim Lesen von Dichtung, auch beim Sehen von Dramen oder Filmen leitet und daran hindert, den Urheber der Fiktion der Lüge zu bezichtigen. Es schlösse praktische Folgen ein; es machte das Wahrheitsbewußtsein einzelner Gruppen kompatibel mit friedlichem Zusammenleben.

§ 9 Einen kritischen Blick verdient der Sprachgebrauch: Das Wort ‹Wahrheitsanspruch› hat sich eingeschlichen und wird gebraucht, als bedürfe nicht *jeder* Anspruch einer Rechtfertigung. Nicht alle Ansprüche sind begründet, nicht alle begründeten werden erfüllt. Das feierliche Wort bekräftigt den Anspruch auf die Wahrheit eigener Behauptungen und verdeckt, *wer* und mit welcher Legitimation den Anspruch erhebt – als sei es die Wahrheit selbst, die ihn stellt.

Ich komme zum Resultat: Ein relativierter Wahrheitsbegriff wäre keine bloße Verlegenheitslösung, keine hastige Neuerfindung. Er kommt im täglichen Leben vor – beim Anhören von Berichten, biographischen Erzählungen und beim Lesen von Romanen. Wenn Homer vorgelesen wird, fragt zunächst niemand, wo Troja ‹wirklich› gelegen habe. Das wirklichste Troja kommt in der *Ilias* vor, das genügt. Nur Fachgelehrte stellen die historisch-geographische Frage. Das mag für Spezialisten eine nützliche Tätigkeit sein; ihnen sagt es offenbar etwas, wenn Raoul Schrott eine neue und vermutlich falsche Hypothese über das historische Troja propagiert. Den Leser der Dichtung geht das nichts an. Ihm sagt die *Ilias* etwas, wo immer die Stadt gelegen haben mag.

Den besten Beweis für die Unabhängigkeit der Wahrheit der Dichtung erbringen Märchen und Fabeln. Kein Zuhörer will sie ‹realistisch› überprüfen, obwohl es in der zoologischen Realität auch Füchse und Bären gibt. Aber von ihnen genügt es, das zu wissen, was das Märchen über sie sagt. Man kann Märchen umformen, erweitern und verkürzen, widerlegen kann man sie nicht. Das Schlimmste, was mit ihnen passieren kann, ist, daß sie mir oder gar einer ganzen Generation nichts mehr sagen. Märchen sind zu klug, von sich zu behaupten, sie seien nicht erfunden. Sie stellen sich außerhalb der Alternative von ‹realistisch gegeben› und beliebiger Erfindung. Wer sie hört oder liest, tritt ein in ihre Welt und macht die Probe, ob sie ihm etwas sagen. Diese mag negativ oder unentschieden ausfallen, das macht dem Märchen nichts. Wer sie erzählt, ist deswegen weder unernst noch unehrlich.

Könnten religiös ernsthafte Menschen eine solche abgespeckte Theorie der Wahrheit ihrer Religion akzeptieren? Empört sie nicht schon mein Vergleich mit Märchen und Gedichten?

4. Religiöse Wahrheit heute 105

Das müßte nicht sein. Der reduzierte Wahrheitsbegriff sagt nicht, alle Texte seien Märchen. Ein Gerichtsbeschluß, eine mathematische Abhandlung und eine Gottesoffenbarung sind alle im gleichen Maße ‹Texte›, aber sie haben verschiedenen Inhalt, und auf diese Verschiedenheit kommt es an. Wenn ich sie als Texte nehme, die mir etwas sagen, identifiziere ich nicht ihren Inhalt. Das Märchen von Rotkäppchen ist mir nicht gleichbedeutend mit Büchners *Woyzeck*. Ich verlange von mir die größte Aufmerksamkeit auf ihren Inhalt, aber ich suche sie nicht nach einem objektiv vorgegebenen quasi-historisch-faktischen Realitätskern ab. Ich suche keinen Menschen, der sie ‹bezeugt›. Unter dieser Voraussetzung nehme ich ein Märchen, den *Woyzeck*, aber auch ein Gemälde oder eine Liebeserklärung wahr. Bei ihnen allen gibt es nichts zu kontrollieren. Wem das Rotkäppchen nichts mehr sagt, ist nicht damit geholfen, daß in einem Buch mit dem Titel *Und das Märchen hat doch recht* der Nachweis steht, daß es früher in deutschen Wäldern Wölfe gab.

Nimmt nicht jeder Muslim und jeder Christ die Berichte der Gottesoffenbarung so oder ähnlich auf? Er denkt zunächst nicht, er solle sie überprüfen. Oft wird es ihm verboten. Konservative Religionsdenker tadeln seine Neigung zur ‹Hermeneutik des Verdachts›. Der Gläubige ahnt auch, daß er das in der Regel nicht kann. Der Wunsch nach Überprüfung riecht ihm nach Mißtrauen gegen die Wahrhaftigkeit des offenbarenden Gottes. Kontrolle braucht ihn nicht zu kümmern: Er ist konzentriert auf den *Inhalt* des Korans oder der Bibel und hört in ihnen die Stimme Gottes; er macht seine Zustimmung nicht davon abhängig, daß die Erzählung sich objektiv-historisch bestätigt. Sein Mißtrauen, wenn er es denn hat, richtet sich nicht gegen Gott, sondern gegen eine Textüberlieferung. In der Regel weiß er gar nicht, wie ihre erfolgreiche Bestätigung oder Bestreitung aussehen könnte. Augustin verlangte von ihm, daß er zunächst einmal ohne Wenn und Aber das Erzählte glaube, *danach* werde er mit Platon die wesentlichen Inhalte einsehen. Die nachfolgende Vernunftarbeit bestand in platonisierender Spekulation, nicht in historisch-gelehrter Absicherung der Faktenbasis, wie man heute sagen würde. Äußert der einfache Gläubige Zweifel, ob ‹wirklich› geschehen sei, woran er glaubt oder glauben soll, dann eilen Theologen herbei, die ihm seine Zweifel zu beseitigen versprechen. Sie verstehen sich als Wissenschaftler, nicht als einfache Gläubige, obwohl sie oft ‹der Glaube› sagen, wo sie ihre ‹Theologie› meinen. Aber wenn sie ihre Konzeption von Wahrheit nicht ändern, können sie ihr Versprechen nicht halten.

Wenn jedem freisteht, *seine* Wahrheit in den Dokumenten der Offenbarungsreligionen auszusuchen, dann gerät kein Gläubiger in Konflikt mit der Wissenschaft. Er behauptet ja nicht, er habe, was er glaubt, kritisch überprüft. Nur wenn er beansprucht, die Sache kritisch überprüft zu haben, gerät er in Widersprüche; er widerspricht anderen Interpretationen. Er widerspricht vielleicht auch den offiziellen Interpretationen seiner Kirche. Wenn er keinen Überprüfungsanspruch erhebt, gerät er nicht in Konflikt. Er brauchte nie ein Buch zu schreiben, warum er kein Christ ist. Er könnte auswählen oder auch auf Auswahl verzichten. So machen es die Betrachter von Gemälden. Manchmal geraten sie zwar in Streit mit Verehrern anderer Künstler. Aber das ist, wenn sie nicht streitsüchtige Kunsthistoriker sein wollen, für sie ein Nebenthema. Ihre Befriedigung finden sie beim Betrachten von Bildern und beim Nachdenken darüber, nicht beim Herunterreden konkurrierender Künstler.

Könnte man den Offenbarungsreligiösen diese ‹kleine› Änderung ihres Wahrheitskonzepts empfehlen? Sie würden Religionskriege vermeiden; sanftfromme Glaubenslämmer würden neben Religionslöwen lagern. Aber es läßt sich voraussagen, daß es dazu nicht kommen wird. Die monotheistischen Religionen brauchen das zugleich universalistische und faktisch-objektivistische Wahrheitskonzept: Da ihr Gott der einzige Gott sein soll, muß er es für alle sein. Und was sie als sein Wort verkünden, soll für alle gelten. Weil wahr ist, was sie sagen, soll, muß es für alle wahr sein. Sie haben ein objektivistisches, ein realistisches Schema vor Augen: Sie haben, sagen sie auf Nachfrage, ihre Meldungen überprüft. Sie behaupten, sie verfügten über eine lückenlose Liste von Zeugen. Sie beanspruchen die Autorität, ihre Meldungen als wahr zu bestätigen oder zu bestimmen, sie seien prinzipiell nicht überprüfbar und dienten der Erprobung des Glaubensgehorsams. Beides ist, zumindest in einigen Fällen, nachweisbar falsch: Die Sonne dreht sich nicht um die Erde. Und wann in Palästina eine römische Volkszählung stattfand, das ist historisch überprüfbar. Aber die Offenbarungsreligionen sagen, ihre Meldungen seien keine bloß menschlichen Erzählungen, sondern Gottes wahres Wort. Könnte es nicht doch sein, daß die Juden nie in großer Anzahl im babylonischen Exil waren? Vielleicht waren es nur zehn Prozent von ihnen? Vielleicht zogen sie, als sie in Kanaan eindrangen, nicht aus Ägypten aus, sondern betraten nur eine andere ägyptische Provinz? Gläubige bereiten sich Niederlagen, wenn sie behaupten, sie hätten das alles überprüft. Und sie stehen hilflos da, wenn sie zugeben, das alles sei nicht überprüfbar.

Kaum etwas ist weniger überprüfbar als die Behauptung, eine Jungfrau habe ein Kind geboren. Als Joseph Ratzinger in seiner *Einführung in das Christentum* (ich zitiere die Erstausgabe von 1968) darüber sprach, gestand er zunächst einmal zu, diese Idee sei von heidnischen Vorstellungen «wohl nicht völlig unberührt geblieben» (S. 227), aber nach diesem halbherzigen Zugeständnis an die Religionsgeschichte erklärte er sie dann doch aus seiner Theologie des alttestamentlichen Gottes: Die Jungfrauengeburt bedeute, daß der Mensch Jesus sich nicht der Menschheit verdanke, sondern ganz, auch dem Leib nach, das Werk Gottes sei (228). Ratzinger schließt seine Erklärung der Jungfrauengeburt, indem er darauf besteht, sie sei ein tatsächliches Ereignis gewesen. Achten wir auf jedes seiner Worte, wie er das sagt. Er schreibt:

«Es sollte eigentlich keiner eigenen Erwähnung bedürfen, daß all diese Aussagen (über den Sinn der Jungfrauengeburt, Zusatz von K. F.) Bedeutung nur haben unter der Voraussetzung, daß das Geschehnis sich wirklich zugetragen hat, dessen Sinn ans Licht zu heben sie sich mühen. Sie sind Deutung eines Ereignisses; nimmt man dies weg, so werden sie zu leerem Gerede, das man dann nicht nur als unernst, sondern auch als unehrlich bezeichnen müßte» (S. 228).

Dies steht am Ende des Abschnitts über die Jungfrauengeburt. Der Autor besteht abschließend darauf, sie sei ein wirkliches ‹Geschehnis›. Wer dies offenlasse, rede unernst und gar unehrlich. Aber wenn dies so ist, wäre doch vor der Erörterung über den *Sinn* des Vorgangs sein *faktischer* Charakter zu sichern gewesen. Wie er dies hätte bewerkstelligen sollen, kann ich dem Autor auch nicht sagen; vielleicht hätte er sich darauf beschränken können, daß die Jungfrauengeburt vor dem Jahr 100 *tatsächlich geglaubt* worden ist. Dann wüßten wir wenigstens, daß der Glaube an sie ein wirkliches ‹Geschehnis› war. Aber Ratzinger bemüht sich nicht um irgendeinen Nachweis. Er möchte sogar «eigentlich» über die Tatsächlichkeit nicht sprechen; er nimmt sie als selbstverständlich in Anspruch. Aber wieso sollte sie «eigentlich keiner eigenen Erwähnung bedürfen», wenn ohne Faktizität alle Aussagen über sie keine Bedeutung haben und die Tatsächlichkeit erst das Reden über sie ernsthaft und ehrlich macht? Unser Autor gibt sich für den Nachweis der ‹Wirklichkeit› des Geschehens nicht die geringste Mühe; er verlangt nur, daß sein Faktencharakter behauptet wird. Unwillig weist er Einwände ab; es sollte sie «eigentlich» gar nicht geben.

Ratzingers feine Sprache bringt es an den Tag: Vertreter der Offenbarungsreligionen wollen ihr universalistisches, realistisches und objektivistisches Wahrheitsdenken nicht korrigieren. Sie brauchen eben dieses. Selbst wenn sie es nur als leeren Anspruch vor sich hertragen. Daran hängt ihre Autorität. Augustin sagte einmal, er würde selbst dem Evangelium nicht glauben, wenn es ihm die christliche Kirche nicht bestätigte. Kirchen wollen, daß *sie* die *eine* göttliche Wahrheit für alle vermitteln. Dazu brauchen sie Tatsächlichkeit des Erzählten, denn so bleiben sie unentbehrlich für die Bestätigung eines ansonsten unkontrollierbaren Berichts. So kommt es, daß ab und zu einer schreiben muß, warum er kein Christ ist.

Kapitel III
Weissagungen und Wunder

1. Weissagungen

Ein heutiger Leser hört ungewohnte Töne, wenn in Debatten über die Wahrheit des Christentums die Wortverbindung ‹Prophezeiungen und Wunder› wiederkehrt. Aber diese beiden Begriffe waren bei evangelischen Christen bis etwa 1800, bei Katholiken bis etwa 1960 die intellektuellen Schlachtrösser, die sie für sich in den Kampf der Meinungen schickten. Und zwar in dieser Reihenfolge: zuerst Prophezeiungen, dann Wunder.

Dies erklärt sich aus der Geschichte: Die ersten Christen waren wie Jesus und die Apostel Juden. Als sich Christengruppen von der Synagoge trennten, konnten fromme Juden diesen Übertritt nur mitmachen, wenn er ihnen gut begründet wurde. Und begründet wurde er damit, daß Jesus die Voraussagen über den Messias erfülle, die sie in der Hebräischen Bibel lasen. Was Christen über Jesus berichteten, dem fügten sie daher gern hinzu, es sei *secundum scripturas*, gemäß der Schrift geschehen. Ein ‹Prophet› hatte es in ihren Augen nicht nur mit der Zukunft zu tun, aber um den Glauben an Jesus als Messias zu begründen, brauchten sie die Zukunftsvoraussagen, die sie in der Hebräischen Bibel fanden. Beweise aus den Prophezeiungen hatten den Vorteil: Sie waren durch Arbeit an Büchern zu gewinnen. Wahrnehmungen in der Natur waren leichter zu bestreiten. Wunderberichte ließen sich eher anzweifeln. Dennoch blieben auch Beweise aus Wundern ein wesentliches Bestandstück der christlichen Mission. Vor allem spektakuläre Fälle wie Totenerweckungen waren argumentativ ergiebig. Nur wimmelte es in der antiken Welt an Wundertätern, Magiern und Zauberern. Histörchen über Wunder waren beliebter

Unterhaltungsstoff. Zwar hatten stoische Philosophen schon den Begriff des Naturgesetzes entwickelt, aber er enthielt nicht die strikte Ausnahmslosigkeit neuzeitlicher Konzepte: Ein Wunder war alles, was in der alltäglichen Naturerfahrung nicht vorkam. Einige Philosophen schrieben sogar Götterbildern Wunderwirkungen zu. Pythagoras und Empedokles galten selbst als Wundertäter; berühmt war dafür Apollonios von Tyana. Frühe christliche Schriftsteller übertrugen die Züge des hellenistischen Wundertäters auf Jesus und die Apostel. Lukian verspottete den Wunderglauben; er war in der antiken Welt, die so nüchtern und rational nicht war, weit verbreitet. Priester an den Kultstätten sammelten Berichte über wunderbare Heilungen. Viel mehr war zur Theorie des Wunders in der alten Welt nicht zu sagen. Die spätere Unterscheidung von ‹natürlichen› und ‹übernatürlichen› Vorgängen gab es in der Antike nicht. Orakel und Träume öffneten die Welt zur Zukunft. Traum und Traumdeutung waren in der Antike kulturell und politisch von größter Bedeutung; auch der Gott der Bibel sandte seine Botschaften häufig im Traum.

Von Weissagungen und Wundern war bisher schon zweimal die Rede, zuerst vom Verhalten der historisch-kritischen Forschung zu ihnen. Sodann von der apologetischen Behauptung, Gott habe sie eingesetzt, um Nichtchristen zweifelsfrei von der Glaubwürdigkeit des Christentums zu überzeugen. Ich komme hier auf sie zurück, um die merkwürdige Beweisart aus Weissagungen und Wundern an ihren zwei wichtigsten Beispielen etwas näher zu besehen, an der Weissagung der Jungfrauengeburt bei *Jesaia*, sodann am Wunder aller Wunder, an der Auferstehung Jesu.

Das Weissagen oder Prophezeien war in der Antike ein allgemeines Phänomen, keineswegs auf Israel beschränkt. Unser Wort ‹Prophet› kommt aus dem Griechischen; ein ‹Prophet›, *pro-phêtês*, von *pro-phanai*, vorher-sagen, hieß in Delphi der Mann, der die oft zweideutigen Aussagen des Orakels übersetzte und deutete. Dann war es generell der Seher, der den Willen der Götter verkündet und Kommendes voraussagt. Aber ich rede hier nicht von Prophetie im allgemeinen, sondern von der apologetischen Behauptung, im Leben Jesu seien alttestamentliche Voraussagen eingetroffen, und dieses Eintreffen des Vorausgesagten beweise die Wahrheit des christlichen Glaubens, die

1. Weissagungen

Erfüllungen bestätigten die Wahrheit der Bibel. Das *Neue Testament* selbst trägt diese Beweisart vor; sie ist keine späte Kreation von Theologen; Paulus übt sie aus, besonders in *1 Korinther* 15,3. Die Evangelisten, besonders Matthäus, gebrauchen sie oft. Daher konnten Christen die Beweiskraft von Erfüllungen kaum bestreiten. Wer sie angriff, bezichtigte Apostel und Evangelisten der falschen Auslegung der Hebräischen Bibel. Der Theologe, der den Irrtum der Erfüllungsbehauptung nachwies, riskierte Zensur und Bestrafung.

Die wichtigste Weissagung steht in der Weihnachtsgeschichte: Im ersten Kapitel des *Evangeliums nach Matthäus* tritt der Engel des Herrn auf und erklärt Joseph, wieso seine Maria ein Kind erwartet, das nicht von ihm ist:

> *Sie wird einen Sohn gebären; ihm sollst du den Namen Jesus geben; denn er wird sein Volk von seinen Sünden erlösen.*
> *Dies alles ist geschehen, damit sich erfüllte, was der Herr durch den Propheten gesagt hat:*
> *‹Seht, die Jungfrau wird ein Kind empfangen, einen Sohn wird sie gebären, man wird ihm den Namen Immanuel geben, das heißt übersetzt: Gott ist mit uns.›*
> *Als Joseph erwachte, tat er, was der Engel des Herrn ihm befohlen hatte.*
> Matth. 1,21–24.

Also nicht nur der Verfasser des Evangeliums, sondern der Engel des Herrn selbst sah die Jungfrauengeburt als vom Propheten *Jesaia* 7,14 vorausgesagt. Der Evangelist fand sich dabei in sicherer Gesellschaft; Jesus selbst hatte gesagt, die Propheten hätten von ihm gesprochen, *Matthäus* 11,4–6. Im Weihnachtsevangelium dient das Argument aus der Erfüllung der Vorhersage als Bestätigung der Worte des Engels; seine Botschaft ist von Gott selbst besiegelt; er kann Joseph beruhigen.

Die Bibelstelle, die der Engel des Herrn zitiert, steht im 7. Kapitel des Propheten *Jesaia*. Dort wird in den Versen 1–9 berichtet: Gott schickt den Propheten Jesaia zum König Ahas (auch Achaz). Dieser ist erschrocken, weil er gehört hat, zwei feindliche Könige hätten sich gegen ihn verbündet und seien im Anmarsch. Der Prophet trifft den König bei Arbeiten, die der Wassersicherung im Fall der Belagerung dienen. Der Prophet beruhigt den König: Gott wird den Sieg der beiden Könige verhindern.

Die Verse 10 bis 17 desselben Kapitels erzählen weiter, Gott habe dem König Ahas ein Zeichen angeboten, damit der König dem beruhigenden Prophetenwort glauben kann. Ahas lehnt es ab, um ein Zeichen zu bitten. Er wolle Gott nicht ‹in Versuchung führen›. Darauf bietet Gott ihm von sich aus ein Zeichen an. Er verspricht ihm – ab Vers 14, jetzt in der Übersetzung der bischöflichen Einheitsübersetzung:

> *Seht, die Jungfrau wird ein Kind empfangen, sie wird einen Sohn gebären, und sie wird ihm den Namen Immanuel geben.*
> *Bevor das Kind Gut und Böse unterscheiden kann, wird das Land verödet sein, vor dessen Königen dir jetzt graut.*

In Vers 14 gibt es ein Problem der Übersetzung: Wo von der zukünftigen Mutter die Rede ist, steht ‹alma› was nicht ‹Jungfrau› bedeutet, sondern: die unverheiratete Tochter, das Mädchen, aber auch: die junge verheiratete Frau.[13] Joseph Ratzinger fand sich zu dem Zugeständnis bereit, aus dem Wortlaut gehe «nicht ohne weiteres hervor», daß «dabei an eine Jungfrau im strengen Sinne gedacht sei» (*Einführung in das Christentum*, S. 224). Mit vielem «Weiteren» machten Theologen aus der nicht-strengen Jungfrau dann doch eine «Jungfrau im strengen Sinne». Die alte griechische Übersetzung, die *Septuaginta*, war dazu behilflich, denn sie schrieb für das hebräische Wort *parthenos*, ‹Jungfrau›. Die lateinische Übersetzung, die *Vulgata*, lieferte: *Ecce virgo concipiet*, und die westlichen christlichen Ausleger folgten ihr: So kam die Weissagung der Jungfrauengeburt zustande. Aber nur, wenn man diesen Satz aus dem Zusammenhang riß. Dieser war: Ahas sollte Hoffnung schöpfen, weil er erfährt, die Koalition der Feinde werde zerbrechen, ehe das Kind groß ist, das die junge Frau jetzt erwartet. Gott spendet Trost in drohender Kriegsgefahr. Da hätte es keinen Sinn, daß der Prophet ein Hoffnungszeichen verspräche, das in vielen hundert Jahren als wunderbare Jungfrauengeburt eintreten wird. Der Prophet will den König *jetzt* beruhigen; die Geburt Jesu wird er nicht erleben. Ein Ausblick auf Christi Geburt nutzt ihm nichts in seiner Situation des drohenden Kriegsausbruchs mit zwei übermächtigen Gegnern.

1. Weissagungen

Der Übersetzungsfehler mit der ‹Jungfrau› und die Interpretationsrohheit, den Zusammenhang auf sich beruhen zu lassen, sind seit dem 18. Jahrhundert aufgedeckt. Die historisch-kritische Analyse stieß auf erheblichen Widerstand. Dabei bestand sie nur darin, den Übersetzungsweg zu kontrollieren und den Zusammenhang von *Jesaia* 7,10–17 zu beachten. Nicht als verdanke das Motiv der Jungfrauengeburt sich allein einem Übersetzungsfehler. Diese mythische Vorstellung war in Ägypten und Griechenland verbreitet. Es gab psychologische Hemmungen, sich Maria beim Geschlechtsverkehr vorzustellen; die entgegengesetzte Legende wurde gern geglaubt, zumal in Mönchskreisen mit dem Ideal lebenslanger Jungfräulichkeit.

Schon im 2. Jahrhundert kämpften Christen gegen den Einwand, sie hätten die Idee der Jungfrauengeburt aus der paganen Dichtung übernommen. Zeus hatte mehrere Söhne aus einer Jungfrau erzeugt. Juden kritisierten die Christen, sie sollten sich schämen, solchen heidnischen Klatsch von Gott zu behaupten. Justin der Märtyrer überliefert solche Einwände in seinem *Dialog mit dem Juden Tryphon* (67, 2). Justin antwortete ihnen nicht so schlicht wie heute der Glaubenshüter Erzbischof Müller, der einfach dekretiert, das umgedeutete Jesaiazitat habe keine Bedeutung für die christliche Überzeugung von der Jungfrauengeburt gehabt. Justin sagte auch nicht, der Unterschied zwischen der christlichen Idee und den heidnischen Erzählungen sei dafür zu groß. Antike Christen wußten noch, daß Einzelheiten hier nicht zählten, denn Zeus kam einmal als Schwan zu Leda, ein andermal regnete er als goldener Regen auf die in einem unterirdischen Gewölbe eingesperrte Jungfrau Danae herab. Justin erwiderte daher eingehender und weniger schnippisch auf den jüdischen Einwand: Der Teufel kannte die Vorhersage der Jungfrauengeburt Christi bei *Jesaia* und wollte sie unglaubhaft machen; daher habe er tückisch-vorausdenkend heidnische Erzählungen von der Erzeugung von Gottessöhnen aus einer Jungfrau in die Welt gesetzt. Justin hielt lieber die antike Literatur und Kunst für ein Satansprodukt als am Zeugnis von *Jesaia* 7,14 für die Jungfrauengeburt Jesu zu zweifeln. Das schlichte Faktum – die Gemeinsamkeit mit heidnischen Sagen von der Jungfrauengeburt von Gottessöhnen – ließ er durchaus stehen; seine ingeniöse Erklärung aus der Teufelsregie überhöhte es heilsgeschichtlich. Dem Jesaiatext 7,14 verschaffte er die besondere Ehre, daß der Teufel selbst ihn gelesen und mit einer raffinierten Antiwerbekampagne beantwortet habe.

Nach soviel Teufelstheologie empfiehlt sich ein Blick auf den heutigen Stand der Forschung, die erklärt:

«Man kann also an unserer Stelle (*Matth.* 1,22–23) nicht mehr von einer Erfüllung alttestamentlicher Weissagungen durch Gott sprechen, sondern nur noch vom urchristlichen Glauben an diese Erfüllung.»[14]

2. Wundergeschichten

Die Christenheit ist fast 1300 Jahre lang ohne die Unterscheidung von ‹natürlich› und ‹übernatürlich› ausgekommen. Die antike Welt kannte sie nicht. Solange das Universum als eine geordnete Vielheit von ‹Zeichen› galt, bedurfte das Wunder keiner weiteren Theorie. Erst mit der aristotelischen Naturphilosophie und der arabischen Naturforschung konnte Thomas von Aquino den Begriff des Übernatürlichen kreieren und damit den ‹übernatürlichen› Ursprung als das Charakteristische des Wunders bezeichnen. Er definierte das Wunder als das, was gänzlich über die Möglichkeiten der Natur hinausgeht.[15] Aber wer kennt schon alle Möglichkeiten der Natur? Thomas identifizierte einen Vorgang ausschließlich im Blick auf den damaligen Wissensstand als Wunder. Vielleicht kann er morgen natürlich erklärt werden. Sollen aber Wunder die Wahrheit des Christentums bestätigen, also der Apologetik dienen, bleiben skeptische Einwände.

Ich treibe sie nicht zu weit: Man muß kein Naturwissenschaftler sein, um nicht zu erwarten, daß Wasser zu Wein wird oder daß jemand auflebt, der schon in Verwesung übergegangen ist. So etwas liegt offenbar über der Möglichkeit des gewohnten Naturlaufs und wird deswegen im höchsten Grad unwahrscheinlich. Einige Kirchenschriftsteller, darunter Eusebius von Caesarea und der frühe Augustin, wollten Wunder nur in der christlichen Frühzeit anerkennen; sie seien geschehen, um die Ausbreitung des Glaubens zu unterstützen;

2. Wundergeschichten

jetzt seien sie nicht mehr nötig. Kant machte die Bemerkung, selbst fromme Leute, die Gottes Wundermacht theoretisch behaupten, gingen im Alltag davon aus, daß solche Wunder nicht geschehen. In der Theorie wollen sie auf den Wunderglauben nicht verzichten, aber praktisch lassen sie ihn nicht aufkommen: «Sie glauben zwar, was die Theorie betrifft, daß es dergleichen gebe, in Geschäften aber statuieren sie keine.»[16]

Schleiermacher umging das Problem, indem er es nivellierte; er erklärte: «Für mich ist alles Wunder». Der schottische Katholik Bruce Marshall vermutete, wenn im Schlafzimmer eines Bischofs ein Wunder geschähe, würde der Prälat alles tun, um es zu vertuschen.

Ich lese Berichte über wunderhafte Großtaten Gottes als Erzählungen, die keine Prüfung erfordern. Auch Judentum und Islam behaupten von sich, Wunder hätten sie bestätigt, auch die römische Vergottung des Kaisers wurde so gerechtfertigt.

Zweifel an Wundergeschichten sind so alt wie diese selbst. Seit dem 13. Jahrhundert warfen Wunder *philosophische* Probleme auf, wie die Thesen 100 und 147 der Verurteilung von 1277 beweisen.[17] Der neuzeitliche Naturbegriff mit seiner mechanischen Ausnahmslosigkeit schuf dann schier unüberwindliche Einwände. Mancher Theologe begegnete ihnen mit der Ansicht, Gott habe von allem Anfang an Wunder in den ersten Weltentwurf eingebaut, er habe also die Naturgesetze nicht durchbrochen. Reformatoren waren geneigt, Wunder ins Innere zu verlegen. Dabei war ihre alte Bestimmung, gerade in der *sichtbaren Außenwelt* Gottes Wahrheit zu bezeugen: Der Glaube, sagte man jetzt, den heiligen Bernhard zitierend, sei das größte Wunder. Die Berufung auf sichtbare Wunder hatte etwas Unvorhersehbares und Unordentliches an sich; Glaubenswächter sahen Gefahr für die Kirchenordnung.

Dante spottete über das phantastische Ausmalen von Wundergeschichten durch Prediger; Boccaccio entlarvte solche Wortkünstler als geile und habgierige Egoisten. Vom Wunder blieb die Wundererzählung übrig, und sie fiel der historisch-kritischen Betrachtung anheim.

Die Neuzeit problematisierte die Wunder also sowohl philosophisch wie theologisch. David Hume formulierte die philosophischen Bedenken klassisch im 10. Kapitel seines *Essay concerning Human*

Understanding. Wunder, sagte er, seien etwas Unwahrscheinliches, um so sorgfältiger sei ihre Glaubwürdigkeit zu prüfen. In der Neuzeit verschwand das Wunder zunehmend, aber nicht lückenlos, nicht in allen geographischen Regionen. Pascal verehrte die Wunder des Heiligen Dorns. Die Kurie verlangt seit Benedikt XIV. (1740–1758) vor jeder Heiligsprechung Wunder; sie geschehen denn auch. Aber bis zur frühen Neuzeit brauchten Wunder weder in Jerusalem noch in Athen oder Rom eine besondere theoretische Rechtfertigung. Die Welt war voll von ihnen. Überall waren Götter anwesend, oder Jahweh hielt die sichtbare Welt fest in seiner allmächtigen Hand und bewies mit Großtaten ab und zu seine Allmacht, belohnend oder strafend.

Das heißt aber nicht, die Menschen dieser Kulturen hätten, weil sie nicht das moderne ‹Weltbild› oder den strengen Begriff Newtons vom Naturgesetz besaßen, zwischen Wundern und gewöhnlichem Ablauf der Dinge nicht zu unterscheiden gewußt. Wenn die Sonne während der Schlacht stillstand, weil Josua es ihr befohlen hatte, oder wenn die Israeliten zwischen zwei Wasserwänden das Rote Meer durchschritten, fiel das auch ihnen auf. Sie wunderten sich und sahen die Hand Gottes auf ihrer Seite wirken. Eine Totenerweckung war auch für sie die Ausnahme; oft bestätigte das Wunder kraft göttlicher Allmacht die Rede dessen, der es als Gottes Werkzeug bewirkte. Zuweilen auch klagte ein verfolgter Gerechter, Gott wirke keine Wunder mehr und überlasse seine Getreuen dem Martyrium.

Allerdings wirkten auch der Teufel, seine Dämonen und die Priester anderer Religionen Wunder. Der Pharao hatte Magier, die genau wie Moses und Aaron ihren Holzstab in Schlangen verwandeln konnten, nur waren die israelitischen Schlangen größer und fraßen die Schlangen der Ägypter auf (*Exodus* 7,8–13).

Um Wunder richtig zu deuten, bedurfte es besonderer Kräfte. Es kam auf ihren Zusammenhang an. Daher gab es keine rigorose Definition des Wortes ‹Wunder›. Unsere Einheitsübersetzung mit dem Wort ‹Wunder›, die das bezeichnet, was nach dem Naturgesetz nicht möglich scheint, steht für viele verschiedene Ereignisse und Vokabeln der alten Zeit wie ‹Zeichen›, ‹Machttat› oder ‹Zeichen und Wunder›. Es gab göttliche und satanische Wunder; daneben war die Magie als konkurrierende Kunst anerkannt, im eingeschränkten Sinn auch bei

2. Wundergeschichten

Thomas von Aquino, der dahin tendierte, ‹wahre Wunder› seien stets das Werk Gottes und seiner Beauftragten. Es gab magische Krankenheilungen und wirksame, tödliche Verfluchungen; Wunder legitimierten Propheten oder motivierten einen Bären, Kinder zu zerreißen, weil sie einen Propheten wegen seiner Kahlheit verspottet hatten. ‹Wunder› war das, was verwundert, weil es in der alltäglichen Erfahrung nicht oder selten vorkam. Wunder waren Massenspeisungen mit wenigen Broten oder Mannaregen in der Wüste, die Schwangerschaft alter Damen, die Befehlsgewalt über den Sturm oder das Gehen über tiefem Wasser. Durch ein Wunder stürzten beim Klang der israelitischen Trompeten die Mauern von Jericho ein, die es nach Auskunft der Archäologen gar nie gab; auf Befehl Josuas blieb die Sonne stehen, bis die Israeliten die Schlacht gewonnen hatten. Alle Wunder spielten in der sichtbaren Welt.

Wundergeschichten hörten viele Leute gern, einfache Menschen und Gebildete; sie reizten dazu, sie zu vermehren, das Wunderbare der Erzählung zu steigern und neue Wundergeschichten zu erfinden. Augustin gab eine anspruchslose Umschreibung dessen, was er unter ‹Wunder› verstehe: «Wunder nenne ich das, was als etwas Schwieriges und Ungewohntes über das hinausgeht, was jemand, der sich darüber wundert, erhofft oder selbst bewirken kann» (*De utilitate credendi* 16, 34). Das war theoretisch gesehen sehr schlicht, und spätere Theologen bastelten technisch vollkommenere Definitionen. Aber was Augustin nur so hinwarf, genügte in einer Welt, die auch einen militärischen Sieg der eigenen Partei oder eine besonders gute Ernte als ‹Großtat› Gottes feierte. Manchmal ergab ein Außenereignis eine Geschichte; manchmal produzierte die Erzählung ein Ereignis.

Auf Griechisch heißt jede Erzählung ‹Mythos›, und der von mir empfohlene poetische Wahrheitsbegriff rät an, den Begriff ‹Mythos› ohne den urigen Tiefsinn und die Schwerfälligkeit zu benutzen, die ihm Philosophen des Mythos seit der Romantik angehängt haben. Jede Wundererzählung ist ein ‹Mythos›. Das heißt nicht, sie sei im Sinn einer objektivistischen Wahrheitsdefinition falsch. Sie ist eine Erzählung über eine erstaunliche Begebenheit, bei der sich die faktische Kontrolle als unmöglich erweist, da wir die Einwirkung Gottes nicht als solche identifizieren können.

Das ist nicht alles, was zum Thema ‹Mythos› zu sagen wäre. Nur ist die romantische Hochstilisierung zu redimensionieren, wie sie Joseph Görres 1807 betrieb, als enthalte der alte Mythos die ganze Geschichte eines Volkes in nuce. Ein unerschöpfliches Thema der Historiker sind die alten Mythen gewiß; Philosophen sahen in Mythen die ‹Hauptmächte der Welt, die Totalität der Natur und des Geistes› (Hegel), aber das ist hier mein Thema nicht. Ich erkläre nur meinen Sprachgebrauch: Ich benutze das Wort ‹Mythen›, wenn es um Erzählungen geht, meist Göttergeschichten, bei denen die ‹realistische› Rückfrage nach ‹Tatsachen› nicht angebracht ist.

Weder Jahweh noch Jesus kamen ohne Wunder aus. Jesus beschränkte sich nicht darauf, die Liebe zu Gott und dem Nächsten zu predigen. Er zählte die ‹Zeichen› auf, die er wirke und die beweisen, daß das Gottesreich kommt: Blinde sehen, Lahme gehen, Tote stehen auf, Arme erhalten Grundbesitz, Dämonen werden ausgetrieben. Das *Neue Testament* berichtet, Jesus habe drei Tote erweckt, acht Besessene befreit und fünfzehn Kranke geheilt. Aber Jesus zeigt auch Distanz zum Wunderwirken: Er vollbringt nicht immer ein Wunder, wo man es erwartet oder erbittet. In der Wüste fordert der Teufel ihn auf, Wunder zu tun; er verweigert sich. Er schützt sich nicht durch Wunderkünste vor Gefangenschaft und Kreuzigung.

Noch ein Wort zum Verhältnis von Wundern und Rationalität: Es gibt Zufälliges und Unerklärliches beim augenblicklichen, wohl aber bei jedem Stand des Wissens. Ich kenne keinen ‹Rationalisten›, der die völlige Durchsichtigkeit der Welt behauptet hätte. Zudem haben Menschen zwischen Kinderkreuzzug und Erstem Weltkrieg im Übermaß Unbegreifliches den Rätseln der Natur hinzugefügt. Daher rücken wellenweise Unerklärtes und Monströses in Kunst und Dichtung in den Vordergrund: Magisches und Verrücktes. Der Film schuf neue Möglichkeiten, Irrationales, Phantastisches und Wunderbares darzustellen. Religionen hatten durch Ordensregeln und Gewissenskultur den Alltag diszipliniert. Max Weber trieb die Entzauberung so weit, daß er glauben konnte, die protestantische Ethik habe die kapitalistische Wirtschaftsgesinnung erzeugt. Andererseits traten, ebenfalls in historischen Wellen, Religionsgründer und Reformer mit Wundern, mit Engelheeren, Satansmonstern und Hexen auf. In angebbaren Zeitabschnitten überwogen Wundersucht und Aberglaube, Geheimniskrämerei und arkane Kulte, Esoterik und ‹Mystik› die ethische Gesinnung. Dies rief den Protest gerade religiöser Menschen hervor; das 15. Jahrhundert nördlich der Alpen scheint eine solche Zeit gewesen zu sein. Jedenfalls hat der Kardinal Nikolaus von Kues das so gesehen und hat Ernüchterung gefordert. Aber die christliche Religion ohne Wunder gibt es nicht. Sie hat ihre Rationalität als Konvolut locker koordinierter Erzählungen. Sie werden nicht plausibler, wenn man sie abplattet. Sie sollen sein, wie sie sind, oder sie sollen überhaupt nicht sein. Sie brachen mit Alltagsgewißheiten, sie haben gelegentlich auch zu Wachsamkeit und neuem Forschen angeleitet. Sie schufen Distanz zur Prosa des Alltags. Dieses Andersartige der Wunderwelt brachte Augustinus fast zum Verschwinden, als er schrieb, wenn Gott in der Natur ein Wunder wirke, geschehe das nicht gegen die Natur, *De civitate Dei* 21, 8, 2. Dabei setzte Augustin die Allmacht des Erschaffers voraus, der jedem Ding die Natur zuteilen kann, die er für es will. Was Gott bewirkt, ist allemal die Natur des Dings. Er braucht nicht die einmal von ihm gesetzten Naturen zu respektieren. Er bestimmt souverän, was ihre Natur sein soll. Thomas von Aquino, dem man ein strengeres Naturkonzept nachrühmt, dachte in dieser Frage nicht anders als Augustin, den er zitierte und ausdrücklich bestätigte: Gott ist der Herr der Natur; sie ist sein Instrument, und was er für sie festsetzt, auch über den normalen Naturprozeß hinaus, das ist ihre wahre Natur.[18]

Das Imaginäre der Wundererzählungen will kein Freund der Poesie missen; aber es gab auch irdisch-reale Interessen derer, die sie erzählten. In der Zeit der Apostel warben sie für den christlichen Glauben; sie grenzten ihn gegen den heidnischen Polytheismus und gegen Häresien ab. Solange das Christentum in Konkurrenz zu antiken Kulten stand, brauchte es Wundererzählungen, um neue Anhänger zu gewinnen. Heidnische Orakelstätten warben mit ihnen für sich. Im Mittelalter sanierte manches Kloster mit Wundererzählungen seine Wirtschaft, es löste mit ihrer Hilfe Wallfahrten aus und erwirkte Latifundien als Geschenke. Sie bestätigten Glaubensrichtungen und Besitzansprüche, frühere Erzählungen und Schenkungen (Bestätigungswunder); sie begründeten Machtpositionen und Privilegien. In

Antike und Mittelalter gehörte das verschmitzte Mißtrauen gegen fromme Flunkerei zur Wundergeschichte. Man hörte viel Wunderliches; man hörte eher halbgläubig zu. Es gab auch damals Leute, die fragten, zu welchem Zweck Legenden erzählt wurden. Diese gehörten nie nur in die Welt der Phantasie, der Novellen und der Romane.

Historiker lesen Wundergeschichten stillschweigend unter den Bedingungen des poetischen Wahrheitskonzepts. Auf Streitigkeiten über ihren ‹historischen Kern› lassen sie sich nicht ein. Sie verzichten auf philosophische oder theologische Überhöhungen – von der Art, in der heute ein Theologe dazu rät, Wunder im Bezugsrahmen eines ‹mystischen Kosmos› und die Auferstehung als ‹eschatologisches Ereignis› zu sehen. Über Wundern schießen leicht Redensarten ins Kraut. So behauptet etwa ein Prediger, Wundererzählungen der Bibel würden nur verständlich als Fußnoten zur Geschichte von der Auferstehung Jesu. Als erkläre sich die Verwandlung von Wasser in Wein durch die Erweckung eines Toten.

3. Die Auferstehung

Die Auferstehung Jesu nach seinem Kreuzestod, sagt man mir, sei das zentrale Ereignis des christlichen Glaubens. Den Christen beweise sie die Gottheit Christi. Und wenn Christus nicht auferstanden ist, schreibt Paulus, dann ist unser Glaube leer. Dann werden auch die Christen nicht auferstehen, *1 Korinther* 15,14. Damit hat er zweifellos recht. So betrifft das Nachdenken über Jesu Auferstehung Vergangenheit und mögliche Zukunft; es ist die zentrale Frage an jemanden, der von sich sagt, er sei kein Christ mehr. Hier entscheidet sich, was dieser Satz bedeutet. Daher gehe ich darauf näher ein.

Die Christenheit hat viele Jahrhunderte lang die Auferstehung realistisch aufgefaßt, als Vorgang in der äußeren Natur. Ihr kam es darauf an, daß sie ein physisches Ereignis war. Die theologische Pointe bestand darin, daß sie als Wunder in der sinnlichen Welt die göttliche Natur Jesu und seine Sendung bestätige. Sie bewies, daß das irdische Scheitern der Mission Jesu nicht deren Ende war.

3. Die Auferstehung

Aber nehmen wir einmal im Sinn der realistischen Interpretation an, der Vorgang am Stadtrand von Jerusalem wäre photographiert worden. Wüßten wir dann, was geschehen ist? Wir sähen vielleicht, daß der riesige Stein bewegt wurde, aber bei Donner und Erdbeben. Jesus könnte scheintot gewesen sein oder der tote Jesus lag in einem anderen Grab.

Also so kommen wir nicht weiter. Wir haben nicht das Ereignis; wir haben nur Erzählungen. Dogmatiker mögen, wenn sie darüber reden, mit dem anfangen, was ihnen gerade Tiefsinniges oder Publikumswirksames dazu einfällt, so redete Joseph Ratzinger in seiner *Einführung ins Christentum* anläßlich der Auferstehung seitenweise über Liebe und Tod. Zuletzt beanspruchte er Faktizität, ohne diese zu prüfen. Die Analyse muß beginnen mit der Frage nach der Bezeugung. Es gibt Zeugnisse von zwei verschiedenen Arten:

Die Angaben im *1. Korintherbrief* 15,1–10 von Paulus sind (vermutlich[19]) die älteste Quelle; für seine Art, von der Auferstehung zu schreiben, vgl. auch *An die Philipper* 3,8–11.

Die ausführlichen Berichte in den Evangelien: Nach *Markus* 16, 1–8; *Matthäus* 27,57–28, 20; *Lukas* 23,50–24,53 und *Johannes* 19, 38–21,14.

Diese Texte erlauben einige Beobachtungen:

1) Die ältesten Berichte sagen, Gott habe Jesus aus dem Tod ‹erweckt›. Nicht, er sei aus eigener Kraft *auferstanden*, sondern Gott habe ihn aus dem Todesschlaf gerufen. Christus geht nicht als Gott in eigener Vollmacht aus dem Grab hervor. Paulus hat ihn niemals ‹Gott› genannt.

2) Die Berichte der Evangelien über die *Erscheinungen* des Auferstandenen machen widersprüchliche *Ortsangaben*: *Markus* 16,7 verlegt die Erscheinungen nach Galiläa. Nach *Matthäus* 28,7 fordert der Engel die Frauen auf, den Jüngern zu sagen, sie sollten nach Galiläa nachkommen; *Lukas* 24 weiß nichts davon, daß die Jünger nach der Kreuzigung nach Galiläa geflohen seien; er läßt sie in Jerusalem bleiben.

3) Die Quellen enthalten dezidierte Angaben über die Reihenfolge der Grabbesuche und die Art der Erscheinungen des Auferstandenen:

Markus spricht von *drei* Frauen, die ans leere Grab gingen und so verwirrt oder eingeschüchtert waren, daß sie *niemandem etwas sagten*. Matthäus korrigiert Markus; er redet von *zwei* Frauen und läßt sie mit großer Freude zurückkommen und *den Jüngern berichten*. Vielleicht nahm er an, männliche Zeugen böten höhere Gewißheit.

Lukas (24,10) ist ungenau in der Zahlangabe. Er nennt drei Frauen mit Namen und eine unbestimmte Anzahl weiterer Personen. Er macht aus dem *einen* Engel deren *zwei*. Johannes läßt es nur *eine* Frau sein; sie läuft rasch zurück zu Petrus und zu dem Jünger, ‹den Jesus liebte›, womit Johannes selbst einer der beiden Ersten ist. Wenn Petrus und Johannes sich vom leeren Grab überzeugt haben, hängt die wichtige Osterbotschaft nicht an ‹Weibern›, die als weniger verläßlich galten. Hier kommt der fast juristische Begriff des ‹Zeugen› und des ‹Bezeugens› ins Spiel (*1 Kor* 15,15).

4) Keiner der Evangelienberichte über die *Erscheinungen* des Auferstandenen stimmt mit der wohl ältesten Erzählung überein, mit Paulus' *1 Korinther* 15,3–11, der genau sein will und sagt:

Christus ist erweckt worden am dritten Tag gemäß der Schrift (waren es wirklich drei Tage: Vom Freitagnachmittag bis zum frühen Sonntagmorgen oder wird eine Weissagung bestätigt?). Paulus zufolge erschien der Auferstandene zuerst dem Petrus,

dann den Zwölfen, (wieso zwölf? Judas war tot),

dann über fünfhundert Menschen auf einmal,

dann dem Jakobus,

dann allen Aposteln, zuletzt Paulus.

Paulus schreibt nichts von den Frauen, die zum Grab gingen und Jesus dort sahen; er sagt nichts vom leeren Grab. Der genaue Ausdruck, den Paulus gebraucht, um die Jesuserscheinung zu beschreiben, lautet: er gab sich zu sehen, er ließ sich sehen, er zeigte sich, er wurde gesehen, *ôphtê*, *1 Korinther* 15,5. Paulus sagt kein Wort vom Körper des Auferstandenen. Sein Leib, sollen wir annehmen, sei ein Leib der Herrlichkeit, wie ihn später die Auferstandenen haben werden. Es ist ein ‹geistlicher Leib›, was immer das sein soll. Christus, wie er ‹dem Fleische nach› war, interessiert Paulus nicht, 2 *Korinther* 5,16. Paulus sagt nie, er habe den Leib Jesu gesehen, wie er vor der Auferstehung war. Er legt nahe, Jesuserscheinungen, die vor ihm stattgefunden haben, seien ähnlich immateriell gewesen wie die seine. Es waren – muß man annehmen – Visionen, Lichterscheinungen.

5) Genau diesen Eindruck bestreiten die späteren Berichte bei Matthäus, Lukas und Johannes. Als reichten Visionen für ein Bestätigungswunder nicht aus. Die Vorstellung körperlicher Wiederkehr Verstorbener war in der jüdischen Welt verbreitet. Das berichten auch die Evangelien: Die Jünger erzählten Jesus, wofür die Leute ihn halten: Sie sagen, er sei wohl der zurückgekehrte Täufer Johannes, vielleicht auch Elias oder sonst ein Prophet. Gemeint war körperliche Wiederherstellung, mit der längst Verstorbene wieder eine Weile auf der Erde leben konnten. Gegen die nur visionäre Vorstellung von Jesu Rückkehr richtet sich, daß der Petrus der *Apostelgeschichte* (10,41) erzählt: Wir haben nach seiner Auferstehung mit ihm gegessen und getrunken.

6) Im *Johannesevangelium* tritt der Auferstandene durch verschlossene Türen wie ein Geist, läßt sich aber betasten, damit Thomas seinen Zweifel loswird. Die Jünger, mit dem Gedanken vertraut, daß Verstorbene zurückkehren können, hatten auch Zweifel. Sie waren nicht Sklaven ihres antiken ‹Weltbilds›, sondern sie wollten es genau wissen und möglichst ihre Hand in seine Seitenwunde legen. Diesem Bedürfnis entsprechen die Erzählungen zunehmend.

Das *Johannesevangelium* wirft noch mehr Fragen auf. Es macht keine Unterscheidung zwischen Auferstehung, Himmelfahrt und Geistsendung. Es hinterläßt den Eindruck, Ostern, Himmelfahrt und Pfingsten fielen zusammen. Es weiß nichts von einem vierzigtägigen erneuten Erdenaufenthalt im wiederhergestellten Leib. Es endet mit Jesu Zuruf, selig seien die, die keine Wunder sehen und doch glauben (20,29). Hier beginnt die christliche Relativierung des Wunders. Der Lieblingsjünger glaubt, auch ohne den Auferstandenen gesehen zu haben. Der Apostel Thomas sinkt ins Knie und ruft: «Mein Herr und mein Gott!»

7) Nach dem alten, authentischen *Markus*schluß 16,8 sagen die erschreckten Frauen, wie erwähnt, nichts vom leeren Grab. Sie erfüllen den Auftrag des Engels *nicht*. *Matthäus* 28,8 und *Lukas* 24,10 behaupten das Gegenteil. Wenn die Frauen schwiegen, mißachteten sie den Ausrichteauftrag des Engels. Das Motiv ihres Schweigens sei die Furcht gewesen. Mit ihrer freudigen Nachricht brauchten sie die Jünger nicht zu fürchten. Vielleicht waren sie vor Schreck perplex, also schlechte Zeugen. Der Notiz in *Markus* 16,8 läßt sich wohl entnehmen, daß in den ersten Jahren nach der Auferstehung in Jerusalem niemand außer den genannten Frauen, auch Jesu Jünger nicht, etwas vom leeren Grab wußte. Auch Paulus redet nicht davon. Dabei waren die Hinrichtung eines Aufrührers und das leere Grab am Paschafest ein spektakuläres Ereignis. Sind die Grabeserzählungen erst später aufgekommen? Vielleicht nicht schon unter Judenchristen, die an Rückkehrvorstellungen und Auferstehungen gewohnt waren, sondern um kritisch fragende Griechen mit massiven Augenzeugenberichten zu überzeugen? Dann hätten wir zwei Entwicklungsstadien des Auferstehungsglaubens: Zuerst die Visionen des verklärten Jesus mit einem ‹geistlichen Leib›; später folgten die ‹realistischen› Erzählungen vom leeren Grab bis zu Berichten von einem wiederbelebten Leib, der ißt und trinkt. Also in der Kirchensprache: Eine *leibliche* Auferstehung.

Die Berichte der Evangelien behalten etwas vom visionären Bild: Jesus läßt sich nicht berühren, tritt durch verschlossene Türen, ist schon der Erhöhte. Aber sie gehen zunehmend zum Handfesten über; als wollten sie den Einwand widerlegen, die Jünger hätten nur einen ‹Geist› gesehen.

‹Auferstehung› war demnach erstens das Erscheinen, das Sich-Zeigen eines vergeistigten Leibes, der zu Gott hinübergegangen ist und den gewöhnliche Augen nicht sehen, aber zweitens die Rückkehr eines wiederhergestellten Leibes ins irdische Leben. In diesem Fall war zu erklären, wieso Jesus nicht geblieben ist. Dazu erzählt die späte *Apostelgeschichte* ein weiteres Wunder in der sichtbaren Welt. Sie fügt im ersten Kapitel die Himmelfahrt nach symbolischen 40 Tagen hinzu. Jesu Leib kehrt auf Wolken zum himmlischen Vater zurück und verspricht die Sendung des Geistes.

3. Die Auferstehung 125

8) Nach *Lukas* 23,43 sagt Jesus zum Schächer: «Heute noch wirst du bei mir im Paradies sein». Wußte Jesus in diesem Moment noch nichts von seinem längeren Erdenaufenthalt bis zur Himmelfahrt? Der Satz setzt die Einheit von Auferstehung und Himmelfahrt voraus.

9) Nach *Markus* 16,1 gehen die drei Frauen zum Grab, um den bereits Bestatteten und Umwickelten zu salben. Wollen sie ihn noch einmal salben? Vielleicht sind sie am Begräbnistag nicht mehr dazugekommen. Sie gehen, obwohl sie wissen, daß sie den schweren Stein nicht wegwälzen könnten.

10.) Nach *Matthäus* 28,2 *sehen* die zwei (bei *Markus*: drei, bei *Lukas* drei plus Begleitern, bei *Johannes* nur Maria Magdalena) Frauen, wie der Engel unter mächtigem Donner den Stein wegwälzt. Oder kommen sie erst danach und der Engel sitzt schon auf dem Stein? Die Einzelheiten nehmen mit der Zeit zu, aber manche Einzelheit wird auch getilgt; so läßt Matthäus weg, daß die Frauen den bereits Bestatteten salben wollen. Vielleicht hielt er den Gang der Frauen zum Grab für sinnlos, wenn der Stein versiegelt war und eine Wache davorstand, *Matthäus* 27,66. Dann hätte er den Widerspruch bemerkt. Dafür erzählt er über Markus hinaus, daß die Frauen beim Weggang vom Grab Jesus sehen und seine Füße umfassen. Das wehrt Jesus nach *Johannes* 20,17 der Maria Magdalena ab, die ihn am Grab sieht; dem zweifelnden Thomas gestattet er es.

Noch ein Wort zum Anwachsen des Erzählstoffs bei Matthäus: Nach 28,25 war unter den ‹Juden› die Ansicht verbreitet, die Jünger hätten den Leichnam gestohlen. Darauf antwortet die Erzählung, der Hohe Rat habe das Grab versiegelt und eine Wache angeordnet. Damit war Diebstahl ausgeschlossen. Aber das war zur Absicherung noch nicht genug: Es wird weiter erzählt, *Matthäus* 28,11–15, die Wachsoldaten seien bestochen worden, von der wunderbaren Wegwälzung des Steins nichts zu erzählen, um so die falsche Meldung vom Diebstahl der Leiche zu ermöglichen. *Johannes* 20,6–10 schließt Diebstahl noch sichtbarer aus: Das Schweißtuch Jesu, das über seinem Kopf lag, liegt ordentlich zusammengefaltet für sich an einem eigenen Platz, nicht bei den anderen Leichenbinden. Es ging nicht tumultuarisch zu wie bei einem Leichendiebstahl.

Das nächste Stadium der Ausweitung der Erzählungen bietet das apokryphe *Petrusevangelium:* Jetzt kommandiert Pilatus sogar einen Hauptmann zur Bewachung ab. Jetzt weiß der Erzähler sogar dessen Namen: Petronius. Die jüdische Obrigkeit wälzt zusammen mit dem Hauptmann und seinen Soldaten den großen Stein vor die Grabestür. Sie versiegeln das Grab, und um es gründlich zu machen, gleich mit sieben Siegeln. Sie schlagen ein Zelt auf, um zur Bewachung zurückzubleiben. Am Sabbatmorgen kamen viele Bewohner von Jerusalem und sahen, wie gut das Grab versiegelt war. Alle sahen, daß das Grab sicher verschlossen war.[20] Um so gewisser das Wunder.

11.) Nach *Matthäus* 28,16–20 trifft Jesus die elf Jünger in Galiläa: Er gibt ihnen den Befehl, in alle Welt, also zu den Heiden zu gehen und sie zu taufen «im Namen des Vaters und des Sohnes und des Heiligen Geistes.»

Das ist die einzige Stelle im Neuen Testament, die von der Trinität redet. Auch der Taufbefehl kommt nur hier vor. Der antike Kirchenhistoriker Eusebius zitiert die Stelle ohne den Taufbefehl und ohne Trinität. Sie fehlte wohl in einigen alten Handschriften.

So viel wir von der Urgemeinde wissen, kannte sie diesen Befehl nicht. Ihre überwiegende Ansicht war, für die kurze Zeit bis zum Weltende solle die Mission nur Israel gelten. So ausdrücklich nach *Matthäus* 10,5. Paulus setzte mit Mühe die Idee der Heidenmission durch.

Ich blicke noch einmal zurück auf die Zeugnisse der Auferstehung. Die Arbeit an ihnen verdeutlicht, was historisch-kritische Methode ist. Und sie erzwingen sozusagen das Bekenntnis, ob man sie und in welchem Sinne man sie ‹glaubt›.

Um mit dem Einfachen zu beginnen: Wäre ich der zuständige Polizeikommissar gewesen mit dem Auftrag, das Verschwinden der Leiche eines prominenten Mannes aufzuklären, wäre ich zu dem Ergebnis gekommen, das sei bei diesen Zeugenaussagen unmöglich.

Uneinheitlich sind sie allemal: Paulus sagt nichts vom Gang der

3. Die Auferstehung

Frauen zum Grab; weder bei Markus noch bei Matthäus erscheint Jesus (wie bei Paulus) zuerst dem Petrus; nur bei Markus bekommen die Frauen vom Engel den Auftrag, besonders Petrus zu informieren. Johannes erzählt zwar, Petrus habe sich vom leeren Grab überzeugt, aber er sagt nichts davon, daß Jesus ihm als erstem erschienen wäre. Die späteren Berichte, also die Evangelien, wissen weder etwas von der Erscheinung vor Jakobus noch von der vor den Fünfhundert.

Aber abgesehen von vielen schwankenden Details über Zahl, Reihenfolge und Ort der Erscheinungen: Die Zeugen sind nicht einig darüber, *was* sie gesehen haben: Die einen hatten – in der Paulus-linie – eine Vision; sie schauten großen Lichtglanz, nichts Körperliches; sie interessierten sich nicht fürs physische Aussehen; die anderen sahen – in der Traditionslinie jüdischer Vorstellungen von Zurückgekehrten – einen wiederhergestellten Körper, der zwar nach Geisterart durch verschlossene Türen eintrat, aber aß und trank. Die zweite Deutungsart nahm von Markus zu Lukas deutlich zu; das Johannesevangelium korrigierte das Verlangen nach Wundergeschichten zugunsten des Glaubens.

Wichtig ist, was allen Zeugen gemeinsam ist: Nach der Katastrophe der Hinrichtung begann die Jesusbewegung neu. Die Erscheinungen bildeten für die Beteiligten den Wendepunkt zu neuem Leben. Sie gaben Mut und neue Einsicht in die Hebräische Bibel. Jetzt stand für sie fest: Jesus ist der Messias; er wird bald wiederkommen. Er lebt, wenn auch in neuer, wenig bekannter Weise. Jetzt ist ihm «alle Gewalt gegeben im Himmel und auf Erden». Die Wunderkette von Auferstehung und Erscheinungen veränderte alles. Diese Erfahrungen schnitten tief ein, sagen die Zeugen; sie brachten ihr Leben in eine neue Bahn: Woher dann die Abweichungen und die Widersprüche in den Berichten? Denn um Widersprüche handelt es sich; das läßt sich nicht leugnen. Ob die Jünger nach Galiläa flohen oder in Jerusalem blieben, das sind *widersprechende* Meldungen.

Sie machen klar: Wir haben nicht die Ereignisse vor uns, sondern Texte, die auf Erzählungen zurückgehen. Der älteste von ihnen dürfte 20 Jahre nach der Kreuzigung entstanden sein; der jüngste vielleicht 70 Jahre später. Auch wenn es nur 30 oder 50 Jahre wären, die nahöstliche Erzählkunst bleibt nicht stehen. Sie erfindet immer neue

Details; so kam zum Beispiel der Grabeigentümer Joseph von Arimathea hinzu; dann die Wache am Grab, schließlich der Aussendungsbefehl und zuletzt die Empfehlung wunderlosen Glaubens. Daß Erzählungen mit der Zeit anwachsen, das ist auch heute noch die Regel. Erzähler fügen zunehmend hinzu, was nach ihrer Ansicht gesagt werden muß, um die Botschaft gegen neue Zweifel zu sichern. Sie erzählen, wie die Botschaft nach ihrer Ansicht *richtig* lauten muß. Die historisch-kritische Exegese hat die Zunahme von Wunderdetails erstmals belegt, und zwar, wie Lessing gesagt habe würde, ‹unwidersprechlich›. Erstaunlich ist sie nicht. So wuchsen Erzählungen im orientalischen Alltag, und so wachsen sie bei uns heute noch. Nur haben Kriminologen und Historiker einen härteren Begriff von Genauigkeit und Wahrheit entwickelt. Wenn Zeugen sich widersprechen, beweist das Historikern nicht, daß nichts passiert ist. Widersprüche der genannten Art sind allerdings schwer vereinbar mit der Annahme, der Heilige Geist selbst habe alle Sätze der Bibel wörtlich diktiert. Nur deshalb habe ich sie aufgelistet. Vielleicht ist Jesus wirklich auferstanden, nur wissen wir es nicht bei dieser Quellenlage. Es war ein Mißgriff, die Zeugen der Auferstehung der *Lüge* zu zeihen, aber genauso unsinnig war die Gegenbehauptung, die Berichte müßten wahr sein, denn die hohe Moral der Apostel schließe Lügen aus. Es gibt mehr Textarten zwischen Lüge und Protokoll als ein moralisierender Apologet ersinnen kann. Das meiste, was volkstümlich erzählt wird, liegt zwischen diesen Extremen. Das Anwachsen des Traditionsstoffs nehme ich ohne Entrüstung zur Kenntnis, ohne den Vorwurf der Lüge und ohne Beschönigung.

Warum wurden die Unebenheiten der Ostererzählungen so spät bemerkt? Die Bibel ist doch viele Jahrhunderte hindurch eifrig und genau gelesen worden. Diese Frage führt zur Eigenheit der historisch-kritischen Methode: Denn solange der Bibelleser die Erzählungen als das Wort des ewigen Gottes las, das direkt aus der zeitlos vorgestellten Wahrheit kam, waren zeitliche Differenzen unbedeutend; man konnte sie überlesen. Die historisch-kritische Betrachtung behauptet zwar nicht, *alles* habe sich entwickeln *müssen*, aber sie *erwartet* bei geschichtlichen Gegenständen Entwicklungen. Sie unterstellt sie nicht, aber sie schaut nach, ob sie sich positiv beweisen lassen. Daran hat sie ein Interesse, und damit hatte sie unbestreitbare Erfolge. Sie verkennt nicht, daß man auch heute noch geschichtliche Vorgänge wie das Abrollen eines ewigen Drehbuchs präparieren kann, nur erweist sich solcher Äternismus als weniger fruchtbar. Er erschließt zu wenig. Er hat verhindert, daß die Eigenart der Sprache der Konstantinischen Schenkung genau beschrieben und die Abhängigkeit des angeblichen Paulusschülers Dionysius vom Neuplatoniker Proklos entdeckt wurde, obwohl Dionysius sorgfältig kommentiert worden ist. Der Verdacht, nicht alle Texte seien das, als was sie zuerst scheinen, liegt der historischen Kritik zugrunde. Sie kennt überall interessierte Fälschungen. Sie ist mißtrauisch, und es ist leicht auszumalen, welchen Widerstand sie auslöste, als sie nicht nur kaiserliche Privilegien, sondern auch Gottes Wort und die als überzeitlich verehrte Wahrheit der Kirchenlehren ihrer Sonde unterwarf. Dafür gibt es eine Reihe von Dokumenten. Im Gegensatz zu den bürokratisch-kaltschnäuzigen Bescheiden der späten päpstlichen Bibelkommission bebt die Gegenschrift des Bischofs Bossuet gegen Richard Simon noch vor Empörung: Diese kritische Betrachtung der Bibel zerstöre den christlichen Glauben.[21]

Um es noch einmal zu sagen: Sie *unterstellt* nicht, alles sei Fälschung. Sie behauptet nicht, *alle* respektablen Mächte kämen aus bescheidenen, vielleicht dunklen, archaischen Anfängen. Aber sie untersucht die Bedingungen des Entstehens und Fortgangs mit dem Nebenton der Unehrerbietigkeit, der sie Machthabern verdächtig gemacht hat. Deswegen ist sie dem philosophischen Blick auf die Geschichte unentbehrlich. Äternistischen Theologien ist sie gefährlich.

Daß ein Toter zurückkommt, erleben wir heute so selten, so daß wir – wie David Hume empfahl – uns die Zeugen und die Überlieferung ihrer Aussagen genau anschauen. Im Fall der Auferstehung Jesu hat keiner von ihnen etwas kriminalistisch Verwertbares gesagt. Sie spinnen den Erzählkern – Jesus lebt – weiter aus. An verschiedenen Orten in verschiedener Weise für verschiedene Erwartungen. Kein Heiliges Offizium griff ein und verlangte Gleichklang. Wir können nicht zurückgreifen hinter die Verschiedenheit der Erzählungen. Was in der faktischen, objektiven Realität passiert ist, weiß niemand. Die Zeugen widersprechen sich; das ist bei Kriminalfällen üblich. Die

Erzählungen, die vorliegen, halten sich nicht an den Maßstab gerichtsverwendbarer Protokolle. Es sind ‹Mythen›, wenn wir diesem Begriff die pejorativen Nebentöne nehmen, den wir auch beim Drama von Wilhelm Tell vermeiden. Törichte Apologeten verschwenden bei solchen Gelegenheiten ihre und unsere Zeit, indem sie den Vorwurf zurückweisen, die heiligen Schriftsteller hätten gelogen und betrogen. Das behauptet kein besonnener Mensch. Sie haben nur erzählt.

Bevor ich dieses Kapitel schließe, ist von einem auffälligen ‹Fortschritt› der theologischen Wissenschaft zu berichten: Im *Lexikon für Theologie und Kirche* Band 1, Freiburg ³1993, Spalte 1185 steht das Eingeständnis: «Die Auferstehung ist keine beweisbare Tatsache.» Nicht die Auferstehung, nur die Auferstehungserzählungen seien Gegenstand historischen Wissens. Wenn die Auferstehung das größte aller Wunder ist, wie Theologen sagen, dann bestätigt dieses Wunder anno 1993 nicht mehr auf evidente und für alle erkennbare Weise die göttliche Sendung Jesu. Die Legenden wuchern. Sie sind unbekümmert um Details. Sie nehmen Einzelheiten weg und fügen andere hinzu. Die Erkenntnis des Lexikons in der 3. Auflage bricht mit dem Ersten Vaticanum und der neuscholastischen Apologetik, auch mit dem Protestantismus älterer Gangart. Dann hätte die Christenheit 1900 Jahre lang ihre Hauptbotschaft mißverstanden.

Das gilt fast bis 1960. Michael Buchberger († 1961) war seit 1927 Bischof von Regensburg und galt als Leuchte der Orthodoxie. Seit 1930 gab er die erste Auflage des *Lexikons für Theologie und Kirche* heraus, und schon sein *Kirchliches Hand-Lexikon* von 1907 rühmte sich mit Recht seiner kirchlichen Korrektheit. Es beschrieb die Auferstehung Christi ganz anders als das repräsentative Nachfolgewerk von 1993, nämlich als Wiederbelebung des toten Leibes. Es nannte die Auferstehung eine historisch gesicherte Tatsache und schrieb: «Am 3. Tage nach Christi Tod vereinigte sich seine Seele wieder mit dem Leibe und Christus ging glorreich aus dem Grabe hervor ... Die Wirklichkeit der Auferstehung Christi steht historisch fest durch die Glaubwürdigkeit der Evangelien ... Die Abweichungen betreffen bloß Nebenumstände» (Freiburg 1907, Band 1, Spalte 399).

Die Kirchen nannten die Auferstehung Christi ihr ‹Fundamen-

3. Die Auferstehung

taldogma› und bezeichneten sie als den «Hauptbeweis für die Göttlichkeit des Christentums». Sie interpretierten die Auferstehung ‹realistisch›, objektivistisch. Sie erklärten sie für eine ‹Tatsache›, unendlich wirklicher als ein Bild, als etwa die *Auferstehung* von Piero della Francesca in San Sepolcro. Sie setzt die Auferstehung gegenwärtig, ohne nach ‹objektiven› Daten zu fragen.

Wer sich mit Bildbetrachtung nicht zufrieden gibt, sondern objektivistische Ansprüche erhebt, gerät heute in Konflikt mit der historisch-kritischen Forschung. Er kann sie ablehnen, dann sollte er das offen sagen. Sagt er, er betreibe ‹kanonische Exegese›, wissen wir, daß wir ein erbauliches Predigerbuch in der Hand haben. Die kritische Historie läßt ihrer Natur nach keinen Kompromiß zu. Sie ist eine *Methode*, kein Gebiet regionaler und aparter Gegenstände. Sie kennt auch die Kanonbildung als zeitlich und örtlich bedingtes historisches Ereignis, das nicht beanspruchen kann, der Schlüssel zur Gesamtgeschichte des Urchristentums zu sein.

Manche Theologen verteidigten ihre historisch-realistische Osterdeutung damit, es gebe Dinge, die nicht erfunden werden könnten. Das war einfältige Apologetik. Wer nur einmal einen Roman von Thomas Mann gelesen hat, weiß, was alles erfunden werden kann. Ein textfremder Eingriff ist es auch, die Evangelienberichte dahin abzuschwächen, daß die Auferstehung «keine Wiederbelebung eines Toten» war, also keine «Rückkehr unter empirisch prüfbare Daseinsbedingungen» (³*LThK* 1, 1185). Ich verstehe diese neue Theologie nicht. Wie denn? ‹Auferstehung›: Ja, aber keine ‹Wiederbelebung eines Toten›? Keine ‹Rückkehr› ins empirische Leben: Nahm nicht der Apostel Thomas eine sehr empirische Prüfung vor?

Er tat dies ‹wirklich› – in der Erzählung. Blüten der orientalischen Erzählkunst des 1. Jahrhunderts beschneidet man nicht. Ihre Glaubwürdigkeit rettet nicht, wer sie in den Nebel eines weiteren Dogmas stellt, das noch weniger gewiß ist, also wenn jemand etwa sagt, sie gehöre in den Zusammenhang der Eschatologie, als sei diese bereits bewiesen.

Laßt die bunten und konfusen Berichte stehen, wie sie sind. Die Erzählung wird schöner, sinnlicher und präziser, wenn Jesus am Ende der Erzählhistorie nicht nur als ‹Geist› und Lichtglanz vor uns steht, sondern mit «Fleisch und Bein» (*Lukas* 24,39). Es handelt sich allemal um *erzähltes* ‹Fleisch und Bein›. Aus so etwas schöpft sich eher neue Hoffnung. Hat nicht schon einmal ein enttäuschter Gelehrter mit der Giftschale in der Hand seine Vorbereitung zum Suizid abgebrochen, weil die Botschaft an sein Ohr drang, Christ sei erstanden? Viele feiern die Auferstehung des Herrn, denn sie sind selber auferstanden, ohne einen historischen Beweis für die leibliche Rückkehr ihres Herrn aus dem Totenreich gefunden zu haben. Die Auferstehung als Bild sagt mir etwas, als Ereignis in der Außenwelt kann ich nichts von ihr wissen. Deswegen bin ich im Sinn der Kirchen kein Christ mehr. Deren Urkunden, angefangen vom *Evangelium des Lukas*, beschreiben Auferstehung Jesu und die Auferstehung der Toten am Jüngsten Tag durchweg als realistisches Faktum. Bilder lösen Lebensströme aus. Vielfältige, unerwartete, auch gegensätzliche. Die mühselig ermittelten Fakten der historisch-kritischen Forschung können das nicht.

«Die Auferstehung Christi ist ausschließlich Glaubenszeugnis», sagt das maßgebliche evangelische Konkurrenzlexikon.[22] Ich wüßte gern, was hier das Wort ‹ausschließlich› bedeutet. Nimmt man der Auferstehung Jesu den Charakter des objektiv-realistischen Faktums und deutet sie außerdem nicht als ‹Bild›, weil dann ‹nur› ein ‹Bild› bleibe, so wird sie ‹ausschließlich› ein Ereignis der Verkündigung und des Glaubens. In dieser Form kann sie jeder gelten lassen, denn niemand bestreitet, daß die «Auferstehungszeugen» des Neuen Testaments und viele Christen nach ihnen an sie geglaubt haben. Aber welche Gründe hätte ein Ungläubiger, sich ihre Annahme anzueignen? Daß an der Entstehung der christlichen Bewegung intensive seelische Erfahrungen beteiligt waren, daß sie kaum durch Priesterbetrug oder Diebstahl eines Leichnams entstanden sein wird, ist ohnehin historisch plausibel.

4. Die ‹Bekehrung der Welt›

Christliche Denker der älteren Zeit – Augustin voran, auch Thomas von Aquino – behaupteten, kein Mensch handle leichtfertig, wenn er dem christlichen Glauben zustimme. Sie lobten nicht den Sinn für

4. Die ‹Bekehrung der Welt› 133

Abenteuer, sie priesen nicht seinen Mut zum ‹Sprung›, sondern sie versicherten, er habe gute Gründe. Muslime glaubten leichtfertig, Christen nicht, erklärte Thomas von Aquino (*Summa contra Gentiles* I 6). Er legte zunächst einmal dar, was ein ‹Wunder› sei: Durch das Wunder beweise Gott auf sichtbare Weise, daß die ewige Weisheit selbst zu den Menschen gesprochen hat und Glauben verdient. Was der Glaube lehre, übersteige die ‹natürliche Erkenntnis›, Gott bestätige dessen Wahrheit durch Wunder, «welche hinausgehen über die Fähigkeit der ganzen Natur» (*quae totius naturae superant facultatem*). Dann nennt Thomas dafür die oben bereits angeführten Grade der Wunder, wobei es mir hier darauf ankommt, daß er die weltweite Ausbreitung des Christentums an die Spitze aller Wunder stellt. Vorher nennt er: Krankenheilungen, Totenerweckungen, Veränderungen im Lauf der Himmelskörper. Dabei ist an Josuas Befehl zu denken, die Sonne soll eine Weile stillstehen.

Ein größeres Wunder sei die Inspiration. Sie verleihe einfachen, ungebildeten Menschen in einem einzigen Augenblick durch die Gabe des Heiligen Geistes Weisheit und Redegabe.

Nachdem sie das alles sahen, hätten unzählige Menschen die Beweiskraft dieser Bestätigungen eingesehen und hätten – ohne daß ihnen sinnliche Genüsse versprochen worden wären und trotz der Verfolgungen – den christlichen Glauben angenommen. Weise und sehr gebildete Leute hätten Lehren akzeptiert, die jeden menschlichen Intellekt überragen, die jede Wollust des Fleisches verbannen und alles zu verachten gebieten, was in der Welt gilt. Das sei das größte aller Wunder (*maximum miraculorum est*). Es werde noch dadurch verstärkt, daß Gott dieses Wunder *vorhergesagt* habe.

Soweit Thomas. Hieß es sonst, Jesu Auferstehung sei das größte Wunder, ist nun die Bekehrung der Welt das allergrößte Wunder.[23]

Daß es nächst der Auferstehung Jesu, dem größten Wunder, noch ein allergrößtes Wunder, die Verbreitung des Christentums, geben soll, klingt zwar seltsam, erklärt sich aber leicht: Alle Großtaten Jahwehs wie Josuas Stillstand der Sonne und alle Wunder Jesu glaubt nur, wer die Glaubwürdigkeit der Bibel anerkennt. Nun sollten aber Wunder der Bestätigung *ihrer* Glaubwürdigkeit dienen. Dabei die Bibelwunder als geschehen zu unterstellen, war ein Zirkelschluß. Ihn konnte man vermeiden, wenn man sich auf ein jetzt noch für jeden sichtbares Zeichen stützte, die Weltverbreitung des Christentums.

Deshalb vermutlich hielt Thomas dieses Argument für sein stärkstes. Seine anderen Argumente setzen die Glaubwürdigkeit der Glaubensbücher voraus, die sie begründen sollen. Ich nehme an, dieser Zirkelschluß sei ihm nicht entgangen. Die beweisenden Tatsachen wie Totenerweckungen, die er anführte, waren ihm nur aus der Bibel bekannt und setzten deren göttlichen Ursprung voraus. Zuvor hatte er erklärt, jeder Mensch erkenne den übernatürlichen Charakter eines Ereignisses; er wisse, was keine Kraft der ganzen Natur (*totius naturae*) bewirken könnte. Als sei dies doch nicht so sicher, insistiert er auf der Verbreitung des Christentums in der ganzen Welt. Er nennt die «wunderbare Bekehrung» zum christlichen Glauben das ‹gewisseste Indiz›, *indicium certissimum*. Hier glaubte er, eine unleugbare Tatsache anzuführen; sie war nicht wie die anderen Beweisstücke aus der Bibel entnommen. Schon Augustin hatte das Ausmaß der Verbreitung des Christentums übertrieben und geschrieben, die Übereinstimmung der Völker (*consensio populorum atque gentium*) beweise seine Wahrheit.[24] Er hat sich nicht darum gekümmert, daß die massenhafte Ausbreitung erst nach der Bekehrung Konstantins erfolgte, also nach 312, als die Kaiser das Christentum förderten: Im 3. Jahrhundert waren etwa 5 Prozent der Bevölkerung Christen. In Norditalien gab es zu Beginn des 4. Jahrhunderts etwa ein halbes Dutzend Bischofssitze, um 400 waren es etwa 50. Augustin erwähnte weder die weltlichen Vorteile noch den polizeilichen Druck, die zu diesem Ergebnis führten. Damit ist nicht gesagt, dies seien die einzigen Gründe der Bekehrung gewesen: Die zweite Hälfte des 3. Jahrhunderts brachte schwere Erschütterungen des Imperiums, militärische wie ökonomische. Die Christen hatten – schon vor 300 – soziale Dienste eingerichtet und überregionale Netzwerke entwickelt, zu denen Händler und einfache Soldaten Zugang hatten, wenn sie in einen fremden Teil der weiten römischen Welt kamen. Die Christen zählten in ihren Reihen Wunderheiler und imponierende Asketen; unter ihnen waren mächtige Herren, die heidnische Heiligtümer zerstörten und Bäume fällten, die noch fromm verehrt wurden. Heiligenlegenden, Märtyrerakten und Wundergeschichten zogen an. Es gab ein Zusammenwirken von

Thaumaturgen und Großgrundbesitzern, die dem Rat der Bischöfe folgten und ihren Bauern den Götzendienst verboten.

Thomas von Aquino hielt das Argument aus der ‹Bekehrung der Welt› für sicherer als die Totenerweckungen Jesu und den Sonnenstillstand aufgrund des Befehls von Josua (*Josua* 10,13). Dieser Beweisgrund beruhte schon bei Augustin auf mangelnden Kenntnissen der Geographie; in der Lebenszeit des Thomas hing die Hälfte dieser Welt dem Islam an, und er ging daran, dessen Glaubwürdigkeit zu widerlegen: Mohammed habe sich auf die Gewalt seiner Waffen berufen, aber auch Räuber und Tyrannen besäßen Waffen. Der Islam habe sich nicht an Weise und Intellektuelle gerichtet, die in der Argumentationskunst gewandt waren, sondern an tierische Menschen, die in der Wüste wohnten (*homines bestiales in desertis morantes*); er habe die Menschen mit Gewalt zu seiner Religion gezwungen. Ihm hätten keinerlei Weissagungen des *Alten* und des *Neuen Testaments* zur Verfügung gestanden. Um diesen Mangel versteckt zu halten, habe er die Lektüre der Bibel verboten. Er habe Zugeständnisse an die niedrige Sinnlichkeit gemacht. So sei klar, daß, wer ihm glaubt, dies leichtfertig tue. Thomas teilte das Bild vom Orient als einer Höhle sexuellen Vergnügens.

Thomas glaubte, Gott wirke auch jetzt noch Wunder; er brachte sie aber nicht als Argument vor. Er sah im Missionserfolg des Christentums den sichersten Beweis. Aber der war schon damals nicht überzeugend. Zur Zeit Augustins war die Lage noch halbwegs anders: Zu Beginn des 5. Jahrhunderts war die damals bekannte Welt mehr oder minder zwangsbekehrt christlich. Für die Zeit um 1300 traf das nicht mehr zu. Das geographische Desinteresse des Thomas erklärt sich leicht: Das Argument aus der geographischen Verbreitung sicherte ihm die Vernünftigkeit seines Glaubens. Heute taugt sein Argument aus der Bekehrung der Welt nichts mehr. Wir haben einen anderen Begriff von der Geographie der ‹Welt›. Als Thomas von der ‹Bekehrung der Welt› als dem größten aller Wunder sprach, lag darin ebensoviel Selbsttäuschung wie sieghafte Zuversicht in die Vernünftigkeit des Glaubens. Beides ging verloren durch die objektive Erweiterung unseres Bildes der ‹Welt›. Die geographische Horizonterweiterung unserer Welt ist nicht rückgängig zu machen. Sie ist einer der vielen objektiven Gründe, warum die Vernünftigkeit des Glaubens abgenommen hat. Den Christen sind die Felle weggeschwommen. Sie haben das Argument verloren, das Thomas für das stärkste hielt.

Vor allem aber: Die Ausbreitung des Christentums im 3. Jahrhundert ist ein historischer Vorgang, den wir wie die Verbreitung des Mithraskultes konkret aus den Quellen verfolgen. Das Schlagwort ‹Monotheismus›, auf das sich Joseph Ratzinger versteift, erklärt den Erfolg nicht. Wäre es nur um die Alternative zum volkstümlichen Polytheismus gegangen, hätten die Monotheisten Neuplatoniker bleiben oder Juden werden können. Augustin erzählt in den *Confessiones*, daß er durch den philosophischen Monotheismus der Neuplatoniker sich dem Christentum nähern konnte, nur wollte er nicht bei dieser Philosophengruppe stehenbleiben. Er suchte mehr als den Monotheismus: Auch er hatte sein soziales und sexuelles Problem zu lösen, ohne dies ist seine ‹Bekehrung› nicht zu verstehen.[25] Ratzinger betont kopflastig den Monotheismus als Grund der Ausbreitung des Christentums; er übersieht die sozialen, psychologischen und kulturellen Probleme eines jungen Intellektuellen im Jahr 386; er verkennt die Emotionen, die es jedem, gerade dem sozial Niedrigsten, gewähren mochte, wenn Autoritäten ihm versicherten, er sei ein Kind Gottes und werde vom Herrscher des Universums beschützt. Außerdem bot das Christentum neue soziale und ethische Erfahrungen; es erregte hohe religionsdramatische Effekte; es erzählte von Tod und Erweckung des Gottessohns; es versprach Totenauferstehung. Auch das Mysteriöse lockte. Es raunte von Erlösung durch Blut. Es schuf fromme Schauer und geheimnisvolle Prozeduren wie die Taufe; es gewährte das Glück brüderlicher Mahlzeiten in einer irdischen Gemeinschaft, von der man ihm versicherte, sie sei auf Fels gebaut.

Zweiter Teil

Kapitel IV
Gott

*Gottlos ist, wer leugnet, daß es den Schrecken
Gottes gibt.*
NACH PSALM 36,2

1. Könnte es sein, daß Gott tot ist?

Die Sache ist in Ruhe zu prüfen. Irgendein Theologiestudent glaubte damit fertig zu sein und schrieb an die Seminarwand:

‹Gott ist tot.›
NIETZSCHE

‹Nietzsche ist tot.›
GOTT.

Ganz abgesehen davon, daß er sich dabei zum Sprachrohr Gottes aufspielte, redet er, als habe Nietzsche behauptet, Gott sei ein zeitlich begrenzter Organismus gewesen und sein unvermeidliches Ende sei jetzt eingetreten.[26] Nietzsches Gedanke war ein anderer, nämlich: Der christliche Glaube – und sein zentraler Inhalt: Gott – habe die Plausibilität verloren, die er früher wohl besessen habe. Der Gottesgedanke hat einmal begonnen, er ist schwächer geworden und kann aufhören. Dies zu durchdenken gehört zur Analyse der geistigen und politischen Situation der westeuropäischen Gegenwart. Lokale Unterschiede spielen mit, z.B zwischen Ost- und Westdeutschland. In Südamerika könnte wieder alles anders aussehen. Aber wichtiger als die Geographie ist die Art, wie man ‹Gott› definiert. Wir reden nicht von Platons zeitlosem ewigen Gut, sondern von Jahweh und vom Gott der Christen, vom Gott Augustins, Luthers und Pascals. Und dieser könnte lange gekränkelt haben und jetzt am Sterben sein.

Daß er schwächelt, das zeigen die zwei Lebensbereiche Politik und Wissenschaft:

In feierlichen Eiden einiger Regierender kommt Gott noch vor. Manche fordern noch, er solle in der Verfassung stehen. Christliche Parteien *regieren* noch in einigen europäischen Staaten, speziell in Bayern, aber würde ein beliebter Staatsmann seine christliche Partei umbenennen, etwa in ‹Umweltbewußte Konservative›, ginge nicht viel verloren. Die Kirchenvertreter würden protestieren, nachdem sie jahrzehntelang die Gleichsetzung von ‹christlich› mit ‹konservativ› hingenommen und von ihr profitiert haben. Jedem ist klar, daß aus einem Verfassungsbezug auf Gott nichts folgt, außer vielleicht in der Fortpflanzungspolitik. Man kann ihn auch weglassen. In Europa gilt kein politisches Amt mehr außer vielleicht dem des Papstes als göttliche Einsetzung. Die Berufung auf ‹Gott› wurde funktionslos, also tot. Das war anders in der vorchristlichen römischen Republik; es war anders im politischen Leben des Mittelalters. Vielleicht war es sogar noch anders, als Adenauer und De Gaulle sich den gottlosen Sowjets gegenübersahen. Allerdings gab schon damals nicht mehr die lebendige Erfahrung eines mächtigen Monarchen einen anschaulichen Begriff von göttlicher Allherrschaft.

Anders war es vor 1800 in den bis dahin grosso modo führenden Wissenschaften. Um die Welt zu erklären, brauchten sie ‹Gott›. Das gilt nicht nur für die Theologen, es galt für die meisten weltlichen Philosophen und Naturforscher, die begannen, ihre philosophische Theologie gegen die Gotteslehre der Theologen auszuspielen. Dem Wort ‹Gott› gaben die verschiedenen Schulen je anderen Inhalt, aber ‹Gott› und ‹Seele› galten als Vernunftinhalte für alle Menschen. Da Cicero unter ‹Gott› das Universum verstand, einschließlich der Götter, war es für ihn undenkbar, daß intelligente Menschen Atheisten sein könnten: Gott oder die *natura* lag vor aller Augen. Je jenseitiger Gott gedacht wurde, um so strenger, bestreitbarer und weniger brauchbar ist er geworden. Früher war er eine gefühlte Macht in Seelen und Institutionen. Er war Unendlichkeit, Meer des Seins und –

nicht erst bei Christen – gütiger Allvater. Lange war er ein allgemeiner Denkinhalt. Er war es so sehr, daß mancher Denker behauptete, der Gedanke an Gott gehöre zur menschlichen Natur; er sei uns angeboren. Im 17. und 18. Jahrhundert verstanden deistische Denker unter ‹Gott› oft die Gesamtheit der Realität, den rational erforschbaren Zusammenhang aller Einzelinhalte. Er ließ sich aufstellen gegen den willkürlich handelnden Himmelskaiser. Mancher änderte die Ausgangsdefinition von ‹Gott› und interpretierte das tradierte Christentum insgesamt neu, als ‹natürliche Religion›, die so alt sei wie die Welt. Er trieb noch philosophische Theologie. ‹Gott› war dann nicht mehr eine außerweltliche Intelligenz, sondern die Vernunft im Weltprozeß. Sie schloß es aus, daß der ursprünglich göttliche Plan durch den Sündenfall scheiterte; er mußte nicht mehr erst durch außerordentliche göttliche Intervention wieder ins Lot gebracht werden. Das Böse war dann keine radikale Gottwidrigkeit, sondern ein notwendiges Moment der Weltentwicklung; die Offenbarung war nicht ein einmaliger historischer Vorgang, sondern die Weltgeschichte selbst; der Gottmensch war die als real angeschaute Idee der Menschheit. Das irdische Leben blieb nicht das alte Jammertal, das durchschritten werden mußte, um die jenseitige Erfüllung zu erreichen. Der scharfe Schnitt zwischen Diesseits und Jenseits verheilte.

Nun scheint es in der Natur des menschlichen Denkens zu liegen, immer weiter ausgreifen zu wollen. Wenn es ‹Haus› denkt, stellt es daneben auch ‹Strauch› und neben ‹Strauch› auch ‹Baum›. Es geht in seinen Verknüpfungen immer weiter, bis es für festgelegte Zwecke genug ist. Ein solcher Vorgriff des Denkens auf Gesamtzusammenhang geht in die Festsetzung einzelner Zwecke ein. Nannte man den unbestimmt bleibenden Gesamtzusammenhang ‹Gott› oder das Sein, dann war er für jedes Wissen das Erste und das Letzte. Aber Hume und Kant verlangten, die Gegenstände des Wissens präziser zu bestimmen. Sie diagnostizierten den Zug zur Gesamtheit der Realität als Eigenheit der menschlichen Vernunft. Damit verschwand Gott aus dem allgemeinen Wissensaufbau. Er beschäftigte nur noch die Theologen. Sie sorgten für ihren Fortbestand über den Tod Gottes hinaus, indem sie auf den Einfall verfielen, sie könnten auch ‹atheistisch an Gott glauben›. Dann kam das Wort ‹Gott› zwar noch vor. Die Rhetorik, die den Abgeschiedenen lebendig halten sollte, tönte aufgeregter und lauter, denn sie hatte den Weltboden verloren. Für sie interessierten sich nur noch spezielle Kundenkreise. Für das allgemeine Selbstverständnis der Wissenschaften wurde ‹Gott› funktionslos, also tot.

Es gibt weitere Argumente zu sagen, Gott sei tot: Gott hat eine Geschichte. Auch seine Ewigkeit hat er nicht von ewig. Er hat sie mit der Zeit bekommen. Der Gott der Bibel ist entstanden und hat sich verändert. Er war nicht immer das reine Gute; er hatte anfangs dämonische Züge. Zuweilen war er schwer vom Satan zu unterscheiden. Er sandte Donner und Blitz; er trank Hekatomben von Blut. In seinem Tempel floß ständig das Blut der Opfertiere. Der Patriarch Jakob kämpfte mit ihm wie mit einem Feind (*Genesis* 32,23–33). Gott tötete. In seiner Wut fiel er auch über seinen auserwählten Moses her, der dem Mordversuch nur knapp entging (*Exodus* 4,24–26). Er ließ alle Erstgeborenen Ägyptens umbringen. Einmal sagt Gott sogar von sich, er habe Israel Gesetze gegeben, die nicht gut sind (*Ezechiel* 20,25).

Es kommt darauf an, wie man das Wort ‹Gott› definiert. Der Einwand, das Unendliche sei nicht definierbar, klingt tiefer als er ist, denn es geht hier nur darum, die Bedeutung einer Vokabel anzugeben. Gehört reines Gutsein wesentlich zu ihm? Dieser Begriff von ‹Reinheit›, also von Unvermischtsein mit Bösem, ist platonisch, nicht biblisch. Gehört das Verlangen nach Opfern zum Begriff ‹Gott›? Will er Menschenblut sehen? Fordert er Tieropfer? Oder will er Gehorsam statt blutiger Opfer? Ist er der wahre ‹König›? Dominiert er das Gemeinwesen? Er sagt von sich, er sei ‹heilig›. Aber ‹heilig› hieß bei ihm lange Zeit soviel wie ‹abgegrenzt, erschreckend und unnahbar›. Es bedeutete Todesdrohung für den, der sich ihm nahte. Er übte amoralische Magie: Er tötete einen Mann, der zufällig und ungewollt die ins Rutschen geratene Bundeslade berührte. Er nannte sich ‹Vater›, aber auch ‹Herr der Heerscharen›. Sein Konzept von Vaterschaft war einseitig hart. Es besagte nicht ‹Liebe› in unserem Wortsinn. Er war nicht der Vater aller Menschen, sondern der Besitzer eines besonderen Volks. Nicht selten wurde er zornig. Gottes Zorn machte von einem bestimmten Zeitalter an theoretische Schwierigkeiten. Im Christentum blieb Gott noch lange Zeit zornig, meinetwegen aus gerechtem Zorn. Auch was ‹gerecht› hieß, das bestimmte er.

1. Könnte es sein, daß Gott tot ist?

Historisch gesehen, ist Gott ein werdendes, ein vergängliches Wesen. Was wir von ihm haben, was wir von ihm wissen, steht in Texten, die seine Wandlungen belegen. Früher war er eifersüchtig bis zur wilden Wut auf Menschen, die einen anderen Gott verehrten. Er forderte Intoleranz, die Zerstörung fremder Kultstätten, die Zerschlagung von Götterbildern und das Umbringen der Götzendiener. Sollte er das heute nicht mehr wollen, war das ein unvorhersehbarer Wandel. Wäre Gott noch ein physischer Organismus – das muß er einmal gewesen sein, ging er doch, wie die *Genesis* erzählt, bei Abendwind im Garten spazieren, was auch ein Gott nicht ohne Körper kann, und daß das ‹bildlich› gemeint sei, ist späte, philosophieentsprungene Umdeutung –, dann wäre der Verlust einer Eigenschaft oder eines Gliedes für ihn nicht so schlimm, er bliebe Gott. Aber seit der griechischen Philosophie ist Gott eine Gedankenbestimmung, auch wenn sich das herzlos anhört. Wenn einer Definition ein wesentliches Element abgeht – wie in unserem Fall die reine Geistigkeit Gottes –, dann ist er ein anderer geworden. Dann ist er nicht mehr, wie die Theologen sagen, der ‹wahre› Gott. Dann ist der ehedem körperliche Gott gestorben. Ein solcher Wandel wie der Verlust eines konstitutiven Begriffselements wäre auch ein Tod Gottes. Oder wenn in Israel nur Könige Gott ihren ‹Vater› nennen durften, weil nur sie Gottes Söhne waren (*Psalm* 2,7 und 89,27), dann wurde Gott in dem Augenblick ein anderer, als *alle* ihn so nennen durften. Römische Bürger taten das schon lange, denn sie nannten ihn ‹Jupiter›. Ferner: Wenn Gott in sich selbst einen ‹Sohn› hat, ist er ein anderer Gott als vorher. Der sohnlose Gott ist dann gestorben. Zumindest gegenüber der paganen Welt rühmten die Christen sich, einen *neuen* Gott zu verehren. Die Götter der Mittelmeerwelt waren jetzt für sie nur noch Dämonen, erst viel später wurden sie Phantasieprodukte oder Kunstgegenstände.

Ich glaube nicht, mit Nietzsches Wort «Gott ist tot» schon fertig zu sein. Wenn ich nicht irre, wird Gottvater selbst in der kirchlichen Kunst nicht mehr dargestellt. Im Gegensatz zum Gekreuzigten. Ist Gott für die Kunst gestorben? Sind nicht auch die Engel, diese unsterblichen ‹Beamten des Himmels›, gestorben? Das wäre zu untersuchen. Die Sache braucht ruhige, langsame Prüfung. Und die Frage weitet sich aus. Sie setzt Zweifel in alles Jenseitige und alles Ideenhafte. Daß es noch Kirchen gibt, ja daß noch gebetet wird, beweist nicht das Gegenteil. Zur Frage steht Gott als gefühlte Macht in Seelen und Institutionen. Zu diskutieren ist Nietzsches Erklärung zu seinem Satz vom Tod Gottes, die lautet: «daß der Glaube an den christlichen Gott unglaubwürdig geworden ist.»[27] Dies ist das Thema der folgenden Seiten.

2. Der Gott der Philosophen

Die Frage, ob Gott gestorben sein könne, führte unweigerlich zu der anderen, wie er definiert werde. Wenn man ihn *sähe*, wäre das kein Problem. Als man noch unterstellte, man *sehe* doch die Welt und zur Welt gehörten Erde, Sterne und Götter, brauchte kaum jemand nach einer Definition zu fragen. Von Seneca stammt die Definition Gottes, die Anselm von Canterbury berühmt gemacht hat: Gott ist das, worüber hinaus Vollkommeneres nicht gedacht werden kann. Seneca meinte mit dieser Definition das Weltganze einschließlich der Götter; Anselm verstand darunter seinen jenseitigen und dreieinigen Gott. Der bloße Wortlaut der Definition entschied nicht darüber, ob sie Senecas oder Anselms Gott dachte. Definitionen erhalten volle Bestimmtheit durch Umfeld, Anlaß und Zweck. Seneca dachte nicht daran, seine Definition zum Ausgangspunkt eines Gottesbeweises zu machen; diese Möglichkeit sah erst Anselm. Wer beschlossen hat, sich intellektuell im Umfeld Anselms aufzuhalten, kann auch heute noch Gott wie Anselm definieren und einen Ungläubigen in folgendes Fragespiel verwickeln:

Denkst du, es gebe etwas so Vollkommenes *nicht*?

Dann ist das, was du denkst, nicht das Vollkommenste, was gedacht werden kann, denn dann ist ‹Gott› für dich ein realitätsloses Wort, aber ich denke, daß er existiert. Wenn er die Vollkommenheit besitzt zu existieren, dann ist er größer als du gedacht hast. Dann existiert der von mir gedachte Gott. Wenn du ihn definierst wie ich, dann kannst du nicht denken, er existiere nicht.

Dies war das überaus intelligente Argument Anselms, das man später das ‹ontologische› nannte. Es funktioniert unter (mindestens) zwei Voraussetzungen:

2. Der Gott der Philosophen

Erstens: Es definiert ‹Gott› als ‹das, worüber hinaus Vollkommeneres nicht gedacht werden kann›. Manche mißverstehen Anselm und definieren ihn nur als das ‹vollkommenste Wesen›. Dann schließt das Argument nicht.

Zweitens: *Existieren* muß eine Vollkommenheit sein. Es muß sinnvoll sein, zu einem Gedankeninhalt das Existieren als Inhalt hinzuzufügen.

Anselms Argument hatte große Vorzüge: Es machte das Gottesbewußtsein der Christen unabhängig von jedem Außending der Welt, auch von der Kirche. Die menschliche Vernunft gab sich selbst die Gottesgewißheit, und zwar so, daß sie das Gegenteil nicht fürchten mußte. Würde Gott nur de facto existieren, dann könnte er morgen sterben. Aber wenn Anselms Argument gilt, dann ist Gott ewig; dann kann er nicht als nicht-seiend gedacht werden. Dann *muß* er existieren.

Damit wäre freilich noch keineswegs der Gott irgendeiner Religion bewiesen. Die Religionen definieren ihren Gott inhaltsreicher als Anselms mehr technische Formel. Aber diese gäbe ihnen eine rationale Grundlage, und zwar eine, die zu bestreiten in sich widersprüchlich wäre. Die Vernunft könnte gar nicht anders, als den so definierten Gott als existierend zu denken.

Anselms ingeniöse Erfindung hat unübersehbare Diskussionen ausgelöst. Sie ließ sich benutzen wie ein Gedankenschlüssel, der bei jeder einzelnen Behauptung über Gott folgende Frage stellt: Wird Gott bei dieser Aussage – zum Beispiel, daß er allmächtig sei –, größer gedacht als ohne diese Behauptung? So ging der Mathematiker und Erzbischof Thomas Bradwardine im 14. Jahrhundert die Bestimmungen des christlichen Glaubens durch, um eine systematische philosophische Theologie zu begründen. Denn philosophisch, ohne eine Glaubensüberzeugung beweistechnisch vorauszusetzen, hatte Anselm seine Argumentation erdacht, als solche ausdrücklich bezeichnet und gegen Gaunilo verteidigt. Er wußte, daß er damit keinen Glaubensakt erzeugen konnte; er bot eine philosophische Vergewisserung für Glaubende, die einen Maßstab suchten, der rein vernünftig, allgemeinmenschlich argumentierend erlaubte, Nichtchristen das Gottesbewußtsein anzusinnen. Er wollte argumentativ glaubensunabhängig den Glauben unterbauen. Anselm fand Widerspruch bei seinem Zeitgenossen Gaunilo, bei Thomas von Aquino und erneut bei Kant; er wurde verteidigt von Duns Scotus, von Descartes und Leibniz, von Hegel und von einigen neueren Philosophen. Die immense Debatte hat sich vom theologischen Zusammenhang abgelöst; sie wurde intern philosophisch. Wer heute auf Anselms Seite tritt, muß deswegen nicht Christ sein.

Diese Debatten verdeutlichen jedenfalls: Wie es bei Gottes Wundertaten darum geht, daß wir sie nur in *Erzählungen* haben, so kommt es bei philosophischen Unterhaltungen über Gott darauf an, wie diese Vokabel definiert wird. Manche Gläubige mögen das technisch-roh finden, aber auch sie setzen eine Definition voraus, sie wissen es nur nicht. Denn Gott hat niemand je gesehen.

Es gab ähnliche Überlegungen, die wie Anselms Argument beweisen wollten, daß Gott existiert, ohne dabei Erfahrungsdaten heranzuziehen, die allemal etwas Zufälliges und Bestreitbares an sich haben. Sie sagten, etwas vereinfacht, Folgendes:

Wenn du denkst und sprichst, vereinigst du immer ein Vielfaches zu einer Einheit. Jede Gedankenbestimmung vereinheitlicht; sie nimmt ein Vieles als Einheit. Zum Beispiel faßt die Bestimmung ‹Haus› eine große Mannigfaltigkeit zu einem einzigen Begriff zusammen. Noch stärker vereinheitlichst du, wenn du ‹Entfernung› denkst oder ‹Gewicht›.

Die entscheidende Beobachtung dabei ist nun: Das geschieht bei allem, was du ‹wirklich› oder ‹möglich› nennst. Sogar wenn du von etwas behauptest, daß es *nicht* sei, setzt du es als Einheit. Diese Art Einheitssetzung ist unvermeidbar; sie liegt in der Natur des Denkens und dann wohl auch des Seins, wenn dein Denken es mit der Wirklichkeit oder auch nur der Möglichkeit zu tun hat. Du bewegst dich bei allem, was du denkst, sagst oder tust, innerhalb einer unbestimmten, aber von dir jeweils in der Konkretion bestimmten Einheit. Sie ist so notwendig und allumfassend, wir könnten sie als ‹Gott› bezeichnen. Das wäre ein unsichtbarer, aber ständig in unserem Weltumgang präsenter Gott. Du mußt nur auf dich selbst achten, auf dein Denken, Sprechen und bewußtes Tun, dann erkennst du ihn, ungegenständlich

2. Der Gott der Philosophen

zwar, aber immer präsent. In ihm bewegen wir uns und sind wir, wie eine stoische Formel sagt, die Paulus nach der *Apostelgeschichte* 17,28 in seiner Rede auf dem Areopag zitiert haben soll. Ihr Sinn wäre: Unser theoretischer und praktischer Weltumgang beruht auf Vereinheitlichen und setzt dabei ‹Einheit überhaupt› voraus.

Diese Überlegung besaß das Zeug zu einer philosophischen Theologie. Die überall vorausgesetzte ‹Einheit überhaupt› könnte erklären, was das Wort ‹Gott› bedeutet. Aber als Gottesbeweis ist sie noch schwerer zu verteidigen als Anselms Argument, mit dem sie nicht verwechselt werden sollte. Sie geht auf die Analyse der Stammbegriffe menschlichen Denkens und Redens beim späten Platon zurück. Er stellte fest, daß eine Reihe von Grundbegriffen immer wieder in unseren Reden vorkommt: Wir sagen von etwas, es sei *identisch* oder von einem anderen *verschieden,* es sei *eines* oder *vieles*. Ohne Verbindung solcher Erstbegriffe könne menschliches Reden und Denken nicht zustande kommen. Gedanken und Sätze seien die Verflechtung und Anwendung solcher gegensätzlicher Bestimmungen. Platon kam es auf den Nachweis an, daß wir Gedankenbestimmungen nur vornehmen können, wenn wir das Viele ‹Eines› und das Eine ‹Vieles› nennen können, wenn wir zum Beispiel vom Einen sagen, daß es ‹ist›. Damit haben wir schon *zwei* Bestimmungen. Wenn eine philosophisch-theologische Gedankenreihe argumentiert, Gott existiere, weil wir alles als ‹Eines› bestimmen, hat sie mit ihrem Ausgangspunkt recht, aber wir bestimmen alles auch als ‹Vieles›, sonst könnten wir auch nicht vom Einen sprechen. Die Metaphysik, die nur das Eine denken will, isoliert ein einziges der Erst-Prädikate. Sie löst die Verflechtung auf, die allein Reden ermöglicht. Dann geschieht, was Platon vorhergesagt hat: Mit einer einzigen dieser Bestimmungen kann man nichts sagen. Jeder Satz braucht zwei oder mehrere Elemente. Er sagt etwas von etwas. Die philosophische Theologie, die aus Platons ‹Einem› entwickelt worden ist, machte aus der Not eine Tugend und erklärte, die Unmöglichkeit, etwas darüber zu sagen, sei Ausdruck göttlicher Erhabenheit. So entstand die radikale negative Theologie.

Aber selbst wenn ihre Argumentation zuträfe, könnte ihr jemand den christlichen Glauben zwar nachträglich unterwerfen, indem er ihn als defizitäres Bild des Einen auslegt, aber hinführen zu ihm könnte sie nicht, denn der christliche Glaube sagt vieles Bestimmte von Gott, zum Beispiel, er sei gut und allwissend. Er sei Mensch geworden, um uns zu erlösen. Als Begründung oder Anleitung zum christlichen Glauben kann die einheitsphilosophische Argumentation nicht dienen. Sie zeigt, daß man über Gott vernünftig hin und her reden kann; sie zeigt keineswegs die Vernünftigkeit des christlichen Glaubens. Sie ist kirchlich-dogmatisch nicht verwertbar. Um es mit Dionysius Areopagita zu sagen: *Wenn jemand Gott zu erkennen sucht, und findet dabei etwas Bestimmtes, dann hat er nicht Gott gefunden.* Sie führt zum Verstummen. Glaubenszeugen und Prediger wollen aber reden.

Die sog. Gottesbeweise sind teils platonisch-neuplatonischen, teils aristotelischen, teils stoischen Ursprungs. Sie haben philosophischen Charakter. Nicht-Gläubige haben sie erfunden, Gläubige haben sie ausgebaut und modifiziert. ‹Freidenker› und ‹Deisten› des 17. und 18. Jahrhunderts haben sie fortgeführt. Sie korrigierten damit die Wundergeschichten des Kirchenglaubens. Katholiken sahen in ihnen bis 1960 das Paradestück der philosophischen Voraussetzungen des Glaubens. Bevor Kant sie kritisierte, stützten auch protestantische Denker sich in aller Regel auf sie. Die zweite Säule war die Idee der Unsterblichkeit der Menschenseele.

Christen nutzten in Antike und Mittelalter, aber insbesondere im 17. und 18. Jahrhundert antik-philosophische Gotteslehren. Zwischen 1650 und 1750 wurde die philosophische Theologie der Stoa – vor allem mit ihrem Argument der zweckmäßigen Einrichtung des Universums – geradezu zur Mode. Man konnte argumentieren: Würde Gott nicht existieren, könnte er sich auch nicht offenbaren. Wer seine Existenz philosophisch bewiesen hätte, könnte an die vorhandenen Religionen herantreten und untersuchen, ob in ihnen Gott spricht. Das war eine etwas gewundene apologetische Konstruktion; im tatsächlichen Leben ist wohl niemand auf diesem Weg zu seinem Christentum oder seinem Islam gekommen, zumal die Religionen, sobald sie die Macht hatten, heilige und unheilige Praktiken angewandt haben und noch anwenden, die Menschen schon an sich zu binden, bevor sie Argumente prüfen können. Fragt man heute Christen, wa-

2. Der Gott der Philosophen 149

rum sie Christ sind, spielen Gottesbeweise kaum eine Rolle. Als Karl Rahner danach gefragt wurde, ließ er sich herab, von ihnen zu sagen, daß er sie nicht *verachte*, aber sie seien sekundäre Auslegungen seiner ursprünglichen Gottesgewißheit. Diese war auf Gehorsam und ‹Geheimnis› abgestimmt. Er definierte seinen ‹Gott› als das «Geheimnis, das aller Einzelwirklichkeit Grund und aller Erkenntnis und Freiheit Raum und Horizont gewährt.» Was es heißt, dieses Geheimnis gewähre der Erkenntnis «Raum und Horizont», ist nicht leicht zu fassen. Den Sinn dieser Metaphern zu ermitteln, bedarf es interpretatorischer Kunststücke.

Ich kann hier die Bemerkung nicht unterdrücken, daß ich mich oft gewundert habe, wie inhaltsarm große Theologen des 20. Jahrhunderts von ihrem Gott gesprochen haben. Selbst der feine Bultmann schrieb: «Die Macht, die den Menschen in die letzte Einsamkeit stößt, ist Gott.» Gott ist demnach ‹Macht›, er ist ein Stoßen. Was er uns gibt, ist ‹letzte Einsamkeit›, als hätten wir davon nicht auch ohne ihn schon genug. Mich hat Adolf Hitler und hat sein Krieg in die letzte Einsamkeit gestoßen. Von Gott, dachte ich, sei etwas Besseres zu erwarten, zum Beispiel Frieden und gewaltfreie Gemeinsamkeit. Die ‹Macht› kann ich so hoch nicht schätzen. Niemand wird den Prediger Bultmann auf diese Formulierung festlegen, denn genau genommen charakterisiert sie den gewalttätigen Dämon des 20. Jahrhunderts, buchstäblich den Zeitgeist. Selbst bei Umfragen in Deutschland nach dem Gottesglauben kommt regelmäßig die Antwort: Nein, an einen persönlichen Gott glaube ich nicht, wohl aber an eine ‹höhere Macht›. ‹Macht›, das ist das Gottesprädikat, das nach dem Tod Gottes geblieben ist. Rahner verschleiert das; er versenkt ‹Macht› und die dem Menschen abgeforderte Gehorsamspflicht im ‹Geheimnis›.

Im 20. Jahrhundert hat ein merkwürdiger Gottesbegriff Karriere gemacht: Gott, sagt nicht nur Karl Barth, sei der ‹ganz Andere›. Das ist nicht mehr als eine verächtliche Phrase. Dieser Ausdruck klingt tiefsinnig und drückt doch nur Gedankenlosigkeit aus. Denn: Mein Stuhl ist anders als mein Tisch. Aber er ist nicht *ganz* anders; beide sind Möbel und haben eine Reihe anderer Bestimmungen gemeinsam. Nähme ich das Wort ‹ganz› genau, wäre Gott vom Nichts nicht unterschieden; nehme ich es ungenau, als wäre Gott nur ein bißchen ‹anders›, dann fällt der Ausdruck in sich zusammen. Dann ist das ‹ganz› nicht ganz im Ernst gesagt.

Solche entleerten Gottesbestimmungen stehen erbärmlich da neben Platons Idee des Guten, neben dem Denken des Denkens bei Aristoteles, neben Augustins Guten in allem Guten (*bonum omnis boni*) und Anselms *id quo maius cogitari nequit*. Nikolaus von Kues hat sie widerlegt, indem er sorgfältig begründete, warum Gott ‹das Nicht-Andere› ist. Wer diesen Abstand ermißt, könnte auf den Verdacht kommen, Gott sei inzwischen verstorben.

Der Gott der Philosophen verdient ein ehrendes Gedenken. Er ist heute außer bei Fachleuten für die griechische Philosophie fast unbekannt. Verständnislose Schlagwörter nennen ihn ‹abstrakt› und ‹leidenschaftslos›; Theologen spielen ihn gern aus gegen den ‹lebendigen› Gott Abrahams, Isaaks und Jakobs, von dem sie behaupten, sie könnten mit ihm eine persönliche Beziehung aufnehmen. Sie schwanken hilflos zwischen ihren anthropomorphen Reden und seinem Ganzanders-sein. Das Schicksal des Gottes der Philosophen im 20. Jahrhundert wäre eine Monographie wert; ich stelle ihn kurz vor anhand zweier Texte.

Da ist einmal Platons Gastmahl, *Symposion,* das ein Saufgelage ist, bei dem Reden über Eros gehalten werden. Diotima erklärt, wie die Erfahrung der Liebe zur Erkenntnis des schlechthin Guten führt. Sie nennt das Vollkommenste nicht ‹Gott›; dieses Wort reserviert sie für die Götter der Volksreligion. Die erotische Erfahrung muß beginnen mit der Leidenschaft zum Leib eines einzelnen Knaben und steigt dann stufenweise auf. Sie kommt über schöne Reden, politisches Engagement und wissenschaftliche Einsicht zum Begreifen des Ersten Schönen, dem alle Leidenschaft gilt. Diotima beschreibt es:

> *Erstens ist es ein Immerseiendes. Weder entsteht es noch vergeht es; es nimmt weder zu noch ab. Zweitens ist es nicht teilweise schön und teilweise häßlich, auch nicht manchmal schön und manchmal nicht. Es ist nicht in Bezug auf das eine Ding schön und auf das andere häßlich, auch nicht hier schön und dort häßlich. Seine Schönheit hängt nicht vom Standpunkt des Betrachters ab. Dieses Schöne zeigt sich nicht als*

2. Der Gott der Philosophen

ein einzelnes schönes Gesicht oder Hände oder sonst etwas am Leib. Es ist keine Aussage oder ein einzelnes Wissen. Es ist nicht auf die Verbindung mit einem anderen angewiesen, etwa auf ein Lebewesen, auf Erde oder Himmel oder sonst etwas, sondern es ist Es selbst. Es ist das an sich selbst Schöne. Es ist mit sich selbst. Es bleibt in seiner eigenen Gestalt. Es ist immer. Alles andere Schöne hat an ihm Anteil, aber während dieses andere entsteht und vergeht, wird es selbst weder mehr noch weniger. Es erleidet nichts, in keiner Hinsicht. Wenn einer auf die rechte Art Knaben liebt und von den Dingen aufsteigt, beginnt er wohl dieses eine Schöne zu sehen und hat das Ziel beinah erreicht.
Platon, *Symposion* 210 e 6–211 b 7

Ich habe diese wenigen Zeilen der Diotima-Rede einem großen Kunstwerk entnommen, in dem es wild und hoch zugeht. Sie sprechen vom Ziel aller erotischen Bewegung. Vorsichtig heißt es, der Liebende könne es wohl schließlich ‹berühren›. Sein eventuelles Berühren ist ein Sehen. Er vergleicht das ‹Schöne selbst› Punkt für Punkt mit sichtbarem Schönen und streift alle Momente des Werdens von ihm ab. Er blickt auf die irdischen Dinge, angefangen beim schönen Körper des Knaben und negiert Werden und Vergehen, Ort und Zeitpunkt, Relativität, jede Abhängigkeit von anderen. Wir sehen seiner Gedankenarbeit zu. Sie entgrenzt das Schöne. Sie begreift in einzelnen Schritten: Bei uns ist das Schöne immer mit Häßlichem vermischt; es erscheint einerseits schön, andererseits häßlich. Wer richtig liebt, sieht das Schöne allgemein und rein.

Diotima predigt nicht. Sie zeigt Möglichkeiten homosexueller Verhältnisse. Sie läßt eventuell den Gott der Philosophen sehen, indem sie zeigt, wie Leidenschaft das Absolute denken lehrt. Ihre Gottheit jenseits der Götter heißt: das Schöne. Die ‹Schönheit selbst› ist anders als der schöne Knabe, nämlich allgemein, in allem Schönen berührbar, aber sie zeigt sich nur dem, der mit der sinnlichen Liebe beginnt. Sie ist nicht das ‹ganz Andere›, sonst wäre das leiblich Schöne nicht schön. Sie lockt zum Reden, zur intellektuellen Anstrengung, zur Aktivität in der Politik. Der Liebende verliert die werdenden und vergehenden Dinge nicht aus dem Blick; kraft der Negation sieht er in ihnen das Nicht-Andere, dessen Abglanz sie sind.

Diotimas Liebes- und Gotteslehre läßt sich durchaus auch kritisieren. Sie spannt Eros in eine zu eindeutige Zielbestimmung ein. Das läßt er sich nicht gern gefallen. Und wer diese Gottheit in sein christliches System einführen will, muß uns noch zeigen, wie die Unveränderliche in seine Geschichtserzählung paßt, sie erleidet nämlich nichts (211 b 5). Aber daß Platons Gottheit die Alltagserfahrung ignoriere, das kann man nicht sagen. Außerdem: Dieser Gott droht nicht und brüllt nicht. Er ist ohne sexuelle Liebeserfahrung nicht zu erreichen. Sexophobie ist ihm fern. Er ordnet körperliche Liebe nicht dem Zuwachs des auserwählten Volkes unter, und sie dient nicht, wie bei christlichen Theologen, der Vollständigkeit der ‹Zahl der Auserwählten›.

Aristoteles konnte nicht so kunstvoll wie der Poet Platon zeigen, wie das Absolute zu denken sei. Er arbeitete am nächsten Schritt. Er lehrte, Gott als Geist und Leben zu begreifen. Beim Nachdenken über seinen Gott verschaffte er der Menschheit erstmals einen Begriff von Selbstbewußtsein. Im zwölften Buch seiner *Metaphysik* (Kapitel 7, 1072 a 19–1073 a 13) stellt er klar, wie die erste Ursache die Welt bewirkt. Sie steckt nicht die Hände in den Urschlamm und formt Figuren, sondern sie bietet sich dem Weltprozeß als Ziel dar. Die Dinge bewegen sich auf sie zu als auf die Fülle von Weltgestalten. Sie bewegt, indem sie geliebt wird, also nicht mechanisch. Sie ist der Ursprung der Bewegung, weil sie in sich Leben ist. Sie ist Denken; sie denkt sich selbst als den Inbegriff der Welt. Sie ist keine mathematische Weltformel, sondern Selbstbesitz und Genuß. Sie ist die Freude vollständiger Selbsterfassung. Was wir gelegentlich sind, nämlich Glück und Einsicht, das ist sie immer. Das bekommt sie nicht von anderen; das ist sie selbst, in sich selbst. Sie ist selbständige, geglückte Tätigkeit. Sie ist Denken des Denkens. Da sie allen Weltinhalt in sich einschließt, ist sie nicht eingeengt, wenn sie sich selbst denkt. Sie ist keiner Tragik fähig, denn sie kann nicht leiden. Sie paßt nicht in eine Erlösungsstory. Sie bewegt die Sonne und die anderen Sterne, indem sie deren Eigenbewegung anregt. Nichts bewirkt sie mit Gewalt oder Befehl. Sie verursacht keine Sintfluten. Sie hat es mit dem Kosmos als ganzem zu tun. Aristoteles macht die tiefsinnige Bemerkung, das Glück der Gottheit wäre dahin, hätte sie die Einzelheiten des irdischen

Lebens vor Augen. Christen, die diese Gottesdarstellung schwach finden, brauchen uns nur noch zu erklären, was aus der Seligkeit ihres Gottes wird, wenn er den Hunger der Kinder in Afrika sieht. Gottes Seligkeit hängt daran, daß er die unselige menschliche Geschichte nicht sieht. Dieser Autarkie-Gedanke ist eines großen Denkers würdig. Sein Gott ist Geist, Leben und Glück, keine Formel, keine tote Abstraktion, allerdings ist er nicht frei von Anthropomorphismus und fesselt außerdem einen halbherzigen Platonismus an alte Kosmologie.

Lange dominierte die Vulgärfassung des aristotelischen Gottes. Sie stützte sich auf das achte Buch der *Physik* des Aristoteles und seinen Gottesbeweis. Dann war Gott die erste Wirkursache. Thomas von Aquino unterschied nicht zwischen ‹Grund› und ‹Ursache›; er sprach von seinem Gott als der *prima causa efficiens*, der ersten Wirkursache. Er sah darin das Ergebnis seines besten Gottesbeweises. Dieser sollte nicht von einer Definition ausgehen, sondern von erfahrbarer Wirklichkeit. Er läßt sich so zusammenfassen:

Wir sehen, daß es in der Welt Veränderungen gibt.
Veränderungen sind Kausalverhältnisse.
Hinter jeder Ursache steht eine andere,
d. h. alles, was verursacht wird, wird von einem anderen
   verursacht,
aber diese Reihe kann nicht unendlich sein,
also muß es eine erste Ursache (*causa*) geben,
die nicht verursacht ist,
diese nennen alle (*omnes*) ‹Gott›.

Damit wird die Struktur des Gottesbeweises durchsichtig:

An seinem Ende steht als Ergebnis: Gott *ist*. Er ist als der nichtverursachte Allesverursacher. Daß buchstäblich ‹alle› Gott so definieren, stand weder 1270 noch heute fest. Daß diese Argumentation nicht den Gott der Christen erreicht, war auch Thomas klar; sie sollte nicht zum Glauben führen, sondern eine allgemeine Prämisse des Glaubens sichern. Thomas verdeutlicht die folgenden Voraussetzungen, die er macht:

Das Kausalprinzip: Jede Veränderung setzt eine Ursache voraus, eine unendliche Ursachenreihe ist theoretisch ausgeschlossen.
Gott geht aus diesem Beweis hervor als die unverursachte Erstursache.

Jeder dieser drei Punkte wirft philosophische Probleme auf, die Thomas nicht nennt: Woher weiß er, daß *alles*, was verursacht wird, von einem anderen bewirkt wird? Folgt dies aus der Definition des Verursachens oder weiß er das aus Erfahrungen? Hat er es definitorisch festgesetzt, folgt daraus nichts für die Realität, sondern es wäre nur eine Denkregel, kein Seinsgesetz. Wenn er das aus der Erfahrung zu wissen behauptet, dann fragt sich, wieviele Erfahrungen jemand machen muß, damit er *weiß*, daß *alles* von einem anderen bewirkt wird? Keine Erfahrung ergibt den Allcharakter seiner Aussage, schlechthin *jede* Veränderung habe eine Ursache.

Warum soll die Reihe der Ursachen nicht ins Unendliche weitergehen? Woher weiß er das? Geht sie vielleicht nicht doch ins Unendliche? Thomas begründet diese Vorschrift damit, daß es sonst kein Erstverursachendes gäbe. Aber dies soll doch erst das Resultat des Arguments sein. Er verwendet es schon innerhalb des Beweisgangs.

Wieso wird die Reihe der Verursachungen begreiflicher, wenn an ihrem Anfang ein Nichtverursachtes steht? Was genau denken wir, wenn wir eine nichtverursachte Erstursache denken? Das Argument beruft sich auf die Ausnahmslosigkeit des Kausalprinzips und macht dann für Gott die Ausnahme. Diese Ausnahmeexistenz ist rein negativ bestimmt: unverursacht. Wie können wir ihre Art aktiven Verursachens – das wäre die Erschaffung der Welt – begreiflich machen? Wir haben schon Probleme damit zu begreifen, wie die Sonne den Lehm erhärtet und den Schnee zum Schmelzen bringt. Eine unverursachte Ursache wäre so unbegreiflich wie eine unendliche Ursachenreihe.

Außerdem fragt sich, wie man *causa* bei Thomas übersetzen soll. Wäre nicht ‹Grund› besser als ‹Ursache›? ‹Ursache› klingt physikalisch, ‹Grund› eher metaphysisch. Aber verstehen wir das wirklich besser oder rücken wir damit das gutgeschliffene Argument nur ins Unbestimmte, in Rahners ‹Geheimnis›? Wir wollen doch aristotelisch die Welt erklären, hätte Thomas gesagt. Da können wir nicht mit ‹Ge-

2. Der Gott der Philosophen

heimnis› anfangen. Und selbst wenn wir zustimmen, am Ende stehe das ‹Geheimnis›, müssen wir weiterdenken: Dann ist Gott das Unbestimmte, aber ihr sagt doch, dieser Gott habe uns mitgeteilt, daß er gut und väterlich sei. Ihr sagt gar, er sei Mensch geworden, dann hängt euer Glaube dem Unbestimmten konkrete Inhalte an: Das geht nicht recht zusammen.

Das Interessante an den alten Gottesbeweisen ist nicht, daß sie leicht zu kritisieren sind – seit dem 14. Jahrhundert, erst recht seit Hume und Kant sind sie oft kritisiert worden –, sondern daß sie das antikmittelalterliche Konzept von Vernunft explizieren, das die Neuzeit – Suarez, Descartes, aber teilweise auch noch Kant – weiterentwickelt hat, bis es im 18. Jahrhundert definitiv in die Krise geriet. Das war eine historisch-relative Vernunft, die sich für universal gültig hielt. Sie forderte, die Welt müsse insgesamt von Vernunft bestimmt und durch Vernunft erfaßt sein; sie müsse unter dem Vorrang des Einen vor dem Vielen stehen; das Denkmodell des *einen* Trägers, Subjekt oder Substanz genannt, erlaube, die Welt und ihren Grund zu denken. Die Gottesbeweise sind eine Abbreviatur dieser Voraussetzungen. Die Theologen, die diese klassisch-antiken Argumente zu Vernunftvorbereitungen des Glaubens nutzten, fanden die Prämissen ihres Glaubens in der Vernunft und in dem von ihr konstruierten Kosmos. Sie konnten sagen, Gott sei das Sein und das Sein sei vernünftig, weil von Gott vorhergedacht. Spätestens im 18. Jahrhundert erwies sich dies als eine menschengemachte Setzung, eine kontingente Tradition. Damit geriet der Glaube ins Bodenlose; er war nicht mehr in Sein und Kosmos und Vernunft begründet. Er verlor den allgemeinsten Grund von Glaubwürdigkeit. Daher die verzweifelten Neuversuche und die haltlosen Sprüche vom Glauben als Abenteuer und Sprung. Augustin und Thomas hatten ihren Glauben in den Bedingungen der antiken Vernunft implantiert, ohne ihn mit diesen zu verwechseln, Augustin in der neuplatonischen, Thomas mehr in der aristotelischen Philosophie. Diese Absicherungen sind in einem langen Prozeß weggebrochen; seitdem steht der christliche Glaube unbehütet da. Er muß sich selbst tragen oder von Gottes Gnade tragen lassen. Die Heteronomie nimmt zu; er wird defensiv und der Tendenz nach anti-intellektuell und anti-kulturell. Die alte Vernunftbasis ist verschwunden; seine Prediger feiern diese Situation als den Sieg der christlichen Paradoxie oder betreiben die bloß rhetorische Anpreisung der Vernünftigkeit des Glaubens. Diese gibt es nicht mehr.

Thomas ergänzte sein Hauptargument zweifach: Erstens wollte er zeigen, daß Gott nicht nur unbestimmte Ersturache, sondern daß er *das Beste* sei: Wenn wir ‹gut› sagen und besser, dachte er, müssen wir auch das Optimum denken, und das sei Gott. Das Argument des Thomas war diesmal: Wir bringen, wenn wir ein Ding ‹gut› und ein anderes ‹besser› nennen, diese Bewertungen auf einer Skala an, an deren Spitze das Vollkommenste steht. Wir könnten nicht ‹gut› sagen, ohne das Beste zu kennen.

Dieses Argument ist, historisch gesehen, verkümmertes platonisches Denken. Schlechterdings einleuchtend ist es nicht: Wenn jemand sagt, eine Aprikose sei besser als ein Apfel oder ein Citroën sei besser als ein Mercedes, kommt er ohne das höchste Gut aus. Schon gar nicht ergibt sich, daß die Spitze der Skala deren Ursache ist; sie ist das Produkt unserer Steigerung von gut über besser zu am besten. Eine reale Verursachung zeigt sich so nicht. Dem Argument lag die Überzeugung zugrunde, wenn wir ‹gut› von ‹besser› unterscheiden, setzten wir einen absoluten Maßstab für ‹gut› voraus; wir schöben probeweise vielerlei Gegenstände in den Lichtkegel des schlechthin Guten. ‹Gott› wäre dann die Idee des Guten an sich.

Nehmen wir an, diese Argumente hätten jemanden überzeugt. Dann denkt er Gott als unverursachten Verursacher und das schlechthin Gute. Damit hätte er Gott zwar vornehmer und weniger rabiat gedacht als Bultmann, der ihn für die «Macht» hielt, «die in die letzte Einsamkeit stößt», aber er wüßte doch nur wenig von ihm. Er würde sich fragen: Denkt dieser Gott? Weiß er etwas von mir? Kümmert er sich um uns? Ist er Intellekt, Geist? Oder ‹Liebe›? Von ‹Person› war gar nicht die Rede, noch weniger von drei Personen. Daß der Gott der Philosophen *denkt*, das wollte Thomas durch ein weiteres Argument beweisen. Es stammt ebensowenig von Theologen wie die zuvor genannten. Diesmal entnahm er es der stoischen Tradition. Es stützt sich auf die Zweckursache. Im nächsten Kapitel sehe ich es mir näher an. Doch zuvor noch folgende kurze Überlegung:

Wer Argumente vorträgt für oder gegen die Existenz Gottes, sagt in der Regel, was er unter dem Wort ‹Gott› versteht. Insofern geht es nicht ohne eine Definition, die der Klärung der Wortbedeutung dient. Wenn das Argument gelungen ist, kann sein Verteidiger am Ende behaupten: Es gibt zumindest *ein* Wesen von der zuvor definierten Art wirklich. Auch wenn er dieses Wesen als unendlich bestimmt hat, hat seine Definition als Namenserklärung eine begrenzte Funktion. Wie aber, wenn ‹Gott› ein ‹Gegenstand› wäre, zu dessen Name seiner Natur nach kein ‹Gegenstand› als Bezugspunkt möglich wäre? Dann könnten wir zwischen Gottes Existenz und seiner Nicht-Existenz nicht unterscheiden. Dann gälte der schon zitierte alte Spruch: Wer Gott zu erkennen sucht und glaubt, etwas gefunden zu haben, hat gewiß nicht Gott gefunden.

Aber wie sollen wir denken, ohne ‹etwas› zu denken? ‹Sagen› heißt ‹etwas sagen›.

Wer trotzdem weiter über ihn spräche, wer gar dicke Bände einer Gotteslehre drucken ließe, wirkte lächerlich. Wovon man nicht reden kann, davon muß man schweigen.

3. Der Gott der Väter

> *Moses sagte zu ihnen: Warum habt ihr ihre Frauen am Leben gelassen?... Nun bringt alle männlichen Kinder um und ebenso alle Frauen, die schon mit einem Mann geschlafen haben. Aber alle weiblichen Kinder und die Frauen, die noch nicht mit einem Mann geschlafen haben, laßt für euch am Leben!*
> BUCH NUMERI (4. BUCH MOSE) 31,15–17

1) Wer sich heute entschließt, Christ zu sein, betet den Gott der Bibel an. Mancher Theologe nennt ihn im betulich-familiären Ton den ‹Gott der Väter› und preist seine Überlegenheit über den ‹Gott der Philosophen›. Möchte er ihn nicht vorher etwas näher kennen? Einen Eindruck verschafft ihm folgende Episode aus dem 1. Buch Samuel, Kapitel 15:

Gott schickt Samuel zu Saul. Er soll ihn zum König salben. Aber zuvor soll Saul den Befehl Gottes ausführen, den Schaden zu rächen, den Amalek und seine Leute Israel angetan hätten, als sie sich dem Auszug aus Ägypten in den Weg stellten. Er soll alle töten, ihn und alles, was ihm gehört: «Töte Männer und Frauen, Kinder und Säuglinge, Rinder und Schafe, Kamele und Esel!»

Saul führte diesen Befehl aus, machte aber dabei kleine Ausnahmen. Er hat die besten Stücke Vieh geschont und den Amalektitern einen neuen König gegeben. Statt Amalek machte er Agag zum König. Gott der Herr ist über die unvollkommene Ausführung seines Befehls wütend; er beauftragt Samuel, Saul zur Rede zu stellen und ihn abzusetzen. Samuel führt den Befehl aus und fordert, ihm den neuen König Agag vorzuführen. Dieser kommt freudig herbei, glaubt, er sei dem Tod entronnen, aber «dann hieb Samuel Agag in Stücke vor dem Angesicht des Herrn» (1. Buch Samuel 15,33).

Saul verliert die Königswürde, weil er den grausamen Auftrag abgeschwächt hat. Samuel haut den neuen König «in Stücke», weil dieser durch Sauls gemäßigte Folgsamkeit König geworden ist. Gott fordert absoluten Gehorsam. Sauls moderate Widerspenstigkeit war Sünde, heißt es, so schlimm wie Zauberei und Götzendienst. Samuel haut Agag «in Stücke», nicht in der Hitze der Schlacht, sondern als kalte Hinrichtungsszene, die Agag ahnungslos betritt. Ohne Untersuchung, ohne Pardon, aber dafür ‹vor dem Angesicht des Herrn›. Samuel bietet das Exempel des richtigen Verhaltens; er ist das Muster bedingungslosen Gehorsams. Darauf läuft diese Historiendichtung hinaus. Samuel bestellt dann einen neuen König statt des abgesetzten Saul. Gott duldet keine humanitäre Abmilderung seiner Strafbefehle.

Ich kann diesen Gott nicht anerkennen. Da lobe ich mir doch statt seiner den Gott der Philosophen. Meine Idee von ihm, sagte der große Theologe, sei eine ‹Waffe›, die ich schnell wegwerfen soll. Aber diese rasende Wut, die weder Säuglinge noch Tiere schont, sähe der Gott der Philosophen mitleidig weit unter sich. Er hielte diesen Gott für einen ungerechten, also gottlosen Tyrannen. Und dann fordert der andere prominente Theologe, Gerhard von Rad, mich auf, ich solle mich diesem ‹konkreten Gotteswort› unterwerfen! Ich kann das nicht. Daß niemand Kinder und Säuglinge töten darf, dessen bin ich mir sicherer

3. Der Gott der Väter

als daß es die Stimme Gottes ist, die aus dem Mund des Schlächters Samuel Pogrome befiehlt. Ich weigere mich, ‹unbedingt› zu gehorchen. Ich will mich dem Befehl frei gegenüberstellen und ihn bewerten, ob ich ihm folgen kann. Daß ich beurteilen muß, was ich tun soll, das ist keineswegs, wie Apologeten ohne historische Quellenforschung behaupten, eine moderne Verzärtelung oder ein Rebellentum erst der Aufklärung. Dieser Gedanke gehört der antiken Philosophie an und wurde im 12. Jahrhundert in Paris aktualisiert. Aber nicht dieser historische Umstand motiviert mich, göttliche Mordbefehle zu verweigern. Es ist meine Selbstachtung und mein Versuch, kohärent zu bleiben. Ich bestehe auf meinem Widerwillen gegen verbrämende Abschwächungen, die so tun, als sei der Gott der Bibel immer nur ‹lieb›. Könnte heute jemand wachen Sinns Christ werden, der einmal das ganze Alte Testament gelesen hat? Jeder Kirchenmann wird sich hüten, ihn mit dem Kapitel aus dem *1. Buch Samuel* vertraut zu machen. Hier zeigt der ‹Gott der Väter› sein Gesicht. Es ist schrecklich. Um den Schock zu vermeiden, legt man es allegorisch aus. Oder sie fangen an, moralistisch zu salbadern, der Erzählung gehe es ja nur darum, willentlich-geistigen Gehorsam zu empfehlen.[28]

2) Die geschichtliche und denkerische Bedeutung des jüdischen Monotheismus ist schwer zu überschätzen. Es ergäbe ein einseitiges Bild dieses großen Gegenstands, wollte jemand den Gott der Juden und Christen nur nach seinem Befehl zur Bluttat Sauls bewerten. Daher wende ich mich, um den ‹Gott der Väter› besser kennenzulernen, noch einmal an die Hebräische Bibel; ich suche sie auf einer Seite auf, die man als ihre Glanzseite rühmt. Ich meine die Berufungsgeschichte des Moses. In ihr nennt Gott seinen Namen und stellt sich vor. Ich lese diese folgenreiche Szene im Buch *Exodus*, Kapitel 3 bis 12, besonders 3,1 bis 7,7, ohne auf philologische Einzelheiten und Details der Wirkungsgeschichte eingehen zu können. Als bibeltheologischer Laie, der diese Bücher nicht als Spezialist liest, sondern sie nach ihrer allgemein-kulturellen, nach ihrer historischen und literarischen Bedeutung behandelt, werde ich mich der Hilfe eines höchst angesehenen katholischen Theologen versichern. Doch zuvor die Erzählung:

Gott hört das Stöhnen der in Ägypten versklavten Israeliten; er denkt an seinen Bund mit Abraham, Isaak und Jakob; er beschließt, sich seinem Volk zu erkennen zu geben und es aus Ägypten herauszuführen in das Land, in dem «Milch und Honig fließt». Er beruft Moses als Führer.

Die Erzählung beginnt in schöner Anschaulichkeit: Moses weidet die Schafe und Ziegen seines Schwiegervaters. Die Anfangsszene spielt nicht in Ägypten, sondern im Nachbarland Midian. Eines Tages verließ Moses mit seiner Herde die Steppe und kam an den Berg Horeb. Er sah einen brennenden Dornbusch, aus dem Flammen loderten, ohne ihn zu verbrennen. Er will sich den sonderbaren Vorgang näher ansehen, geht auf ihn zu, aber da warnt ihn die Stimme Gottes aus dem Dornbusch. Er dürfe nicht näher kommen, der Boden sei heilig; er solle seine Schuhe ausziehen. Gott stellt sich vor: «Ich bin der Gott deines Vaters, der Gott Abrahams, der Gott Isaaks und der Gott Jakobs. Da verhüllte Moses sein Gesicht, denn er fürchtete sich, Gott anzuschauen.» (*Exodus* 3,6).[29]

Moses lernt Gott kennen auf dem Berg und in dem Feuer, das den Dornbusch nicht verbrennt. Dieser Gott wohnt hier; er ist eine Berggottheit, und Israel soll ihn nach der Flucht aus Ägypten auf diesem Berg verehren. Der Boden ist heilig; Moses darf ihn nicht mit Schuhen betreten. Der Berg heißt Horeb. Ist er identisch mit dem Berg Sinai? Hat der Berg zwei Namen oder handelt es sich um zwei verschiedene Vorgänge? Moses sieht zuerst einen ‹Engel› (3,2), aber dann ist es doch Gott selbst, der mit ihm redet. Verschwand der Engel oder gebraucht der Text das Wort ‹Engel› in der Bedeutung von ‹Gott›?

Die Berg- und Feuergottheit hat einen Bund mit Israel geschlossen und erinnert sich daran in der Not des Volks. Der Gott der Väter will sein Volk befreien und in das Land führen, das er ihm versprochen hat. Beides ist ihm wichtig: die Treue zum Bund und der Besitz des Bodens, den jetzt noch andere Völker bewohnen. Israel soll die Gegenwart Gottes daran erkennen, daß er die Eingesessenen mit Gewalt vertreibt. Dieser Gott gebietet Abstand; sein Anblick ist zu fürchten. Moses verhüllt sein Gesicht. Gott beauftragt Moses, zum Pharao zu gehen und den Israeliten zu erklären, daß Gott sie durch ihn aus Ägypten herausführen will.

Aber Moses wendet ein, die Israeliten werden fragen, wie dieser

3. Der Gott der Väter

Gott der Väter heißt. Gott antwortet, er heiße: «Ich bin der ‹Ich bin da›», *Ex.* 3,14. Moses setzt voraus, die Israeliten würden sich nicht mit dem Hinweis nur auf die Väter zufrieden geben; sie wollen einen Namen wissen, wohl, um ihren Gott aus der Schar der Götter unterscheiden zu können. Vom Monotheismus sind wir weit entfernt.

Der Name, mit dem Gott sich nennt, ist verschieden übersetzt worden. Die antiken Übersetzer der Hebräischen Bibel ins Griechische, der sog. *Septuaginta*, schrieben unter dem Einfluß der griechischen Philosophie: «Ich bin, der ich bin». Das klingt wie die Weigerung einer Namensnennung; der lateinische Westen legte es unter dem Einfluß Augustins vulgärplatonisch aus im Sinne von: Ich bin der Bleibende, der wahrhaft Seiende; ich bin das Sein selbst. Vermutlich sollte das heißen: Geschöpfe werden und vergehen, Gott hat Bestand. Nur was bleibt, ist «wahrhaft seiend». Diese Gleichsetzung entsprang zwar der Philosophie des Parmenides und Platons; aber Platon setzte keineswegs sein eigentliches Gottesprinzip, die Idee des Guten, mit dem Sein gleich, sondern sagte von ihr, sie stehe «jenseits des Seins». Die Identifikation des Unbedingten mit dem Sein kommt in der griechischen Philosophie vor, war aber nicht die Theorie Platons. Wer sie dafür hielt, fand sie im Gottesnamen wieder. Neuere Ausleger von *Exodus* 3,14 kritisieren die ontologische Auslegung der Stelle und verstehen den Gottesnamen in dem Sinn: «Ich bin da», ich bin besorgt um euch, um Israel. Das göttliche Dasein und Sorgen gilt ausschließlich Israel und seinem Landbesitz; diese exklusive Beziehung steht im Zentrum der Berufungserzählung. In dieser verspricht Gott, er werde Israel helfen, indem er Gewalt anwende gegen die Ägypter. Er werde den Pharao verblenden, damit er die Ausreisebitte des Moses ablehnt und die grausamen Strafen der zehn Plagen auf sich zieht. Der Gott rät Moses, den Pharao zu betrügen; er solle ihm sagen, sie wollten nur für drei Tage in die Wüste ziehen, mit Alten und Kindern, um dort ihrem Gott ein Schlachtopfer darzubringen (3,10). Gott empfiehlt die Lüge; Moses soll für sein Volk nur um drei Tage Urlaub von der Fronarbeit bitten, in der Absicht, nie mehr nach Ägypten zurückzukommen.

Moses zweifelt, ob er die Berufung annehmen kann. Das gehörte zum Schema von Berufungserzählungen. Aber Moses zögert mehr, als Demut es gebietet. Er ist besorgt, ob ihm geglaubt werde. Und darauf antwortet sein Gott, indem er Moses Zauberkraft verleiht: Wenn er seinen Hirtenstab auf den Boden wirft, wird dieser zur lebendigen Schlange. Und wenn er die Schlange am Schwanz packt, wird sie zurückverwandelt in den hölzernen Stab (4,2). Moses braucht den Gottesstab zur Bestrafung der Ägypter, deren Pharao die Ausreise verweigert, weil Gott sein Herz verhärtet hat. Der Stab tritt bei allen zehn Plagen in Funktion: Moses schlägt mit ihm auf das Wasser des Nils, und es verwandelt sich in Blut. Der Nil stinkt danach so, daß die Ägypter sich ekeln, sein Wasser zu trinken (7,17–18).

Die Gottheit ist nicht mehr Lokalgott, sondern Volksgottheit; sie übernimmt die große Aufgabe der Befreiung Israels und ernennt Moses als Werkzeug, sie bleibt aber Feuergott wie in *Exodus* 3,1–3; sie geht in der Nacht als Feuersäule vor den wandernden Israeliten voran.

Schon der erste Überblick über den Text zeigt: Er hat die ontologische Konzeption des Gottesnamens, die Gott als das bleibende Sein charakterisiert, zwar ermöglicht, aber nicht nahegelegt und schon gar nicht entwickelt. Die Berg- und Baumgottheit übernimmt geschichtliche Verantwortung, aber nicht für die Menschheit, sondern nur für das geknechtete Judenvolk. Sie behält den Bezug auf den Ort Horeb oder Sinai, kündigt aber an, selbst nach Ägypten hinunterzugehen. Das hat sie dann nicht selbst getan, sie schickt Moses als Beauftragten. Sie handelt fürsorglich für ihr Volk, aber gewalttätig gegen die Ägypter. Gott regt zum Betrug an. Er führt die Katastrophe für die Ägypter herbei, indem er den Pharao zur Ablehnung der Ausreise inspiriert. Er kündigt die Verhärtung des Willens des Pharao vorher an und bewirkt sie dann auch. So ausdrücklich in *Exodus* 4,21 und 7,3. Er ist verläßlich für sein Volk; er betont den geschichtlichen Zusammenhang zwischen Bundesschluß und Errettung aus Ägypten. Er zeigt kein Menschheitsethos, sondern handelt böse und betrügerisch gegen die Ägypter.

3) Ich möchte das Buch *Exodus* noch etwas genauer in seinem Kontext lesen. Mit ‹Kontext› meine ich nicht wie Gerhard von Rad den ‹Blick aufs Schriftganze›, auch nicht wie Joseph Ratzinger den Bezug

3. Der Gott der Väter

auf den *Zweiten Jesaja* und sogar das *Johannesevangelium*, sondern den Ort der Berufungserzählung im Ganzen des Buchs *Exodus*. Einige Motive ziehen sich dort durch, besonders die Bundestreue, die Zauberei und die Gewalt:

– Gott ist nicht nur um die Ausreise der Israeliten besorgt; er vertieft das Unglück der Ägypter, indem er sie verblendet. Er verhärtet weiter das Herz des Pharao (14,17).
– Gott bewirkt die zehn Plagen gegen die Ägypter bis zur Ermordung aller Erstgeburten (12,30),
– der Zauberstab das Moses holt die Heuschrecken über das ganze Land (10,13).
– Dieses Stück Holz verwandelt sich in ein Krokodil, das die Krokodile der ägyptischen Zauberer auffrißt (7,8–13); mit ihm teilt Moses das Meer, durch das die Israeliten trockenen Fußes hindurchgehen, (14,16);
– mit ihm schlägt er Wasser aus dem Felsen (17,5).

Die Erzählung legt die Liturgie des Paschafestes fest zur bleibenden Erinnerung an Stabwunder und göttliche Gewaltakte, die dem Erweis der göttlichen Herrlichkeit dienen, besonders Kapitel 12 und 13.

Der Text bietet Auffälligkeiten. Er ist, offen gesagt, als zusammenhängende Erzählung kaum lesbar. Goethe hat in der schönen Abhandlung zum *West-Östlichen Divan* «Israel in der Wüste» den Zustand des Exodustextes beklagt; *eine höchst traurige, unbegreifliche Redaktion (habe ihn) ganz ungenießbar* gemacht. Da gibt es Einsprengsel wie die folgende Passage: Gott will Moses, seinen soeben Beauftragten, plötzlich umbringen, vermutlich, weil der unbeschnitten ist:

> *Unterwegs am Rastplatz trat der Herr dem Moses entgegen und wollte ihn töten.*
> *Zippora [die Frau des Moses] ergriff einen Feuerstein und schnitt ihrem Sohn die Vorhaut ab. Damit berührte sie die Beine des Moses und sagte: Ein Blutbräutigam bist du mir. Da ließ der Herr von ihm ab* (4,24–26).

Die Midianiterin Zippora hat demnach die Beschneidung entdeckt, die Gottes Strafe abwendet. Die Blutspur allein schon besänftigt den Zorn des Herrn. Er sieht Blut und ists zufrieden. Die Täuschung

Gottes durch Zippora gelingt. Warum ist es das Blut des Kindes und nicht das des Vaters?

Auffällig ist die teilweise Ersetzung des Moses durch seinen Bruder Aaron, 4,13–16, als habe Gott sich nicht den richtigen Mann als Beauftragten ausgesucht. Aber es gibt größere Merkwürdigkeiten. Vor allem wird die berühmte Szene der Selbstbenennung Gottes zweimal erzählt:
Erstens: *Exodus* 3,1 bis 4,31, besonders 3,13–14,
zweitens: *Exodus* 6,2–13.

Die beiden Erzählungen differieren. Die erste Szene spielt außerhalb Ägyptens, die zweite in Ägypten. Es wird nicht erzählt, der Vorgang habe zweimal stattgefunden. In der zweiten Erzählung fehlt der Zauberstab. Korrigiert sie die erste Erzählung? Zog der Wunderstab die göttliche Befreiungstat zu sehr ins ägyptische Zauberwesen?

Exodus 6 erwähnt nicht den Gottesnamen ‹Ich bin da›, ‹ehje ascher 'ehje› von *Exodus* 3,14. Auch das ist eine Interpretation durch den Kontext: Dieser Name war nicht so wichtig. *Der zweite Bericht* erzählt, *vor* Moses habe der Gottesname anders geheißen, nämlich Elohim el Schaddai. Danach wäre Moses der Entdecker des Namens ‹Jahweh›.

4) Der Text über die Berufung des Moses vereinigt verschiedenartige Erzählungen aus verschiedenen Zeitabschnitten. Bei dieser Ausgangslage verlangen wir von ihm keine exakten geographischen oder historischen Daten. Nicht einmal der Berg Sinai läßt sich mit Sicherheit verorten. Zwar gibt es die Halbinsel Sinai, und auf dieser gibt es mehrere Berge, sogar solche von beträchtlicher Höhe, und seit dem 4. Jahrhundert hat das Mönchs- und Wallfahrtswesen heilige Punkte markiert, aber ein Kenner wie Rudolf Smend resümiert die neueren Forschungen: «Im Falle des Sinai läßt sich gar nichts beweisen.» Wir wissen nicht einmal, wo er liegt.

Noch schwieriger ist es, dem Buch *Exodus* historisch Verläßliches über Moses und den Auszug aus Ägypten zu entnehmen. Schon Goethe hatte seine Zweifel, wieso die große Heeresmasse – 600 000 Soldaten mit Kind und Kegel – 40 Jahre gebraucht habe für eine Strecke, die in zwei Jahren zu bewältigen gewesen wäre. Moderne Historiker

3. Der Gott der Väter

haben die prinzipielle Schwierigkeit: Das *Zweite Buch Mose*, besteht aus Texten verschiedener Jahrhunderte, aber was sie erzählen, liegt allen seinen Bestandteilen etwa ein halbes Jahrtausend voraus. Wir haben Erzählungen, nicht die Ereignisse. Diese Erzählungen haben Religion und Alltagsleben Israels geprägt; sie haben ‹Israel› geschaffen und projizieren es in die Moseszeit, als sei es damals schon die Einheit gewesen, die es erst später in Kanaan werden konnte. Keine außerbiblische Quelle berichtet so offensichtliche Vorgänge wie den Auszug eines ganzen Volks, die schrecklichen zehn Plagen und die militärische Niederlage Pharaos. Angaben über die Zahl der Juden und der Jahre sind unzuverlässig. Die biblischen Texte erfinden eine israelische Kontinuität über Jahrhunderte hinweg. Sie setzen den Bundesschluß mit Jahweh an den Anfang und machen die Gegenwart zum göttlichen Zielpunkt. Sie zeichnen einen Gott, der nicht einfach vorhanden war. Der frühere Berg- und Wettergott entscheidet sich für Israel und fordert dafür eifersüchtig Exklusivität.

Das Bild, das die Berichte von Moses malen, hat die historische Forschung nicht bestätigt. Der Auszug eines ganzen Volks aus Ägypten ist wie die Überreichung der Tafeln mit den zehn Geboten Erzählstoff späterer Zeit. Die Zeit der Abfassung variiert für die einzelnen Textteile, liegt aber in keinen Fall vor dem 8. Jahrhundert vor Christus, während der Auszug aus Ägypten aufs Ende des zweiten Jahrtausends datiert wird. Nur wenige Angaben über Moses gelten als historisch: Sein Name ist ägyptisch. Seine Heirat mit der Priestertochter aus dem Nachbarvolk der Midianiter dürfte wahrscheinlich sein; sie paßt nicht zu den nationalen Vorstellungen der späteren Zeit und wäre dann kaum erfunden worden.[30] Das ist wenig an Gewißheit; es ist fast nichts im Vergleich zum Heros Moses der biblischen Texte. Auch archäologische Untersuchungen waren unvereinbar mit den Erzählungen vom Auszug und von der Eroberung Kanaans. Jericho besaß gar keine Mauern zu der Zeit, als die Trompeten Josuas sie zum Einsturz gebracht haben sollen.[31]

5) Die historische Kritik bringt nicht die zentrale Bedeutung der Gotteskonzeption des Exodusbuchs zum Verschwinden; sie insistiert sogar auf der geschichtlichen und politischen Wirkung dieser Grün-

dungserzählung für die Bildung des israelischen Volkes und Staates. Auch der Gott der Christen ist ohne Jahwe nicht zu verstehen. Philosophie und Theologie des lateinischen Westens haben mit ihm gerungen, besonders durch Fortbildung der ontologischen Interpretation des Gottesnamens aus *Exodus* 3,14. Aber die Stelle ist zu knapp und vieldeutig; die Füllung des Wortes ‹Gott› mit dem Konzept von ‹Sein› ist nicht biblisch, nicht alte Offenbarung, sondern späte Interpretation.

Joseph Ratzinger widmet in seiner *Einführung in das Christentum* der Erzählung vom Dornbusch nicht weniger als 30 Seiten, in der Erstausgabe die Seiten 84 bis 114. Er will «dem tatsächlichen exegetischen Befund nachgehen» (87), handle es sich doch um «den zentralen Text alttestamentlichen Gottesverständnisses» (84). Niemand könne zwar noch den genauen Sinn der Formel von *Exodus* 3,14 ermitteln (93), und neuere Forscher verstünden den Gottesnamen als ‹helfende Nähe›, nicht mehr als ‹das Sein selbst›. Dieses Zugeständnis bleibt bei Ratzinger folgenlos. Er läßt sich durch die erwähnte neuere Forschung nicht stören und redet weiter davon, hier werde der Gedanke des Seins «als Deutung Gottes ins Spiel gebracht» (85). Gleichzeitig werde Gott als Gott der Väter gedacht. Bewundernd ruft er aus, hier werde «Glaube mit Ontologie vermählt» (86). Damit sei die Vereinigung des christlichen Gottes mit dem Gott der Philosophen vorbereitet. Der entscheidende Schritt sei: «Es ist der Gott, der als der persönlich Seiende mit dem Menschen als Menschen zu tun hat» (89). Die Auslegung des Gottesnamens durch das Wörtchen ‹Sein› schaffe «eine Art negativer Theologie» (94). Sie rücke Gott als «das ganz andere» in «bleibendes Unbekanntsein und Unbenanntsein» (95). Ratzinger warnt davor, die Dornbuscherzählung im biblischen Text zu isolieren (96), versteht dies aber nicht als Aufforderung, das Buch *Exodus* zu analysieren, sondern als die Erlaubnis, *Exodus* 3,14 aus *Deuterojesaia*, aus *Johannesevangelium* und *Johannesapokalypse* zu interpretieren (97). Die Dornbuschgeschichte bekomme erst durch Kapitel 17 des *Johannesevangeliums* ihren «wahren Sinn» (98). Für die historisch-kritische Lesart hat sie in sich ihren «wahren Sinn». Ratzinger wählt das entgegengesetzte unmethodische Vorgehen. Das hat Folgen:

Er hält an der Gleichsetzung Gottes mit dem «Sein selbst» fest und baut sie trotz seiner vorangehenden Einschränkungen weiter aus: Der

3. Der Gott der Väter

Gottesgedanke werde unter das Licht des Seinsgedankens gestellt (98), jubelt Ratzinger. Gott erscheine als das Sein für Menschen. Aber diese Formel täuscht, denn dieser Gott ist ein Gott nur für Israel. Ratzinger verliert kein Wort über Gottes bösartige Feindseligkeit gegenüber dem Pharao; den Zusammenhang mit den zehn Plagen blendet er aus. Er rühmt dem Buch *Exodus* alles nach, was er für schön und tiefsinnig hält. Es leiste die Überwindung der Mythen. Indem Jahweh ‹auf den Seinsgedanken hin› interpretiert werde, bringe der Text «die Option für den Logos gegen jede Art von Mythos, die definitive Entmythologisierung der Welt und der Religion» (104). Aber loderte da nicht Feuer im Dornbusch, ohne ihn zu verbrennen? Stand da nichts von blutbeschmierten Beinen, die Moses vor dem tödlichen Zorn bewahrten? In Ratzingers ontologisierender Auslegung kommt das alles nicht vor. Er erwähnt weder den Zauberstab noch die Wunder der ägyptischen Zauberer. Bei ihm wird kein Holzstück zum Krokodil. Alles farbige, blutrünstige und abergläubige orientalische Leben bringt Ratzinger zum Verschwinden. Er ertränkt das Original-Orientalische in seiner geschichtsphilosophischen Spekulation über die Bibel als Einheit von Ontologie und Historizität. Er macht die Parteinahme Gottes für sein Volk, die Trug und Gewalt einschließt, zur Liebe zum Menschen als Menschen. Dabei kennt der Text zwar die Bündnistreue Gottes zu Israel, aber nicht den Menschen als Menschen. Ratzinger überzieht *Exodus* 3,14 mit den Kategorien von Karl Löwith und Karl Rahner, von Karl Barth, Etienne Gilson und Martin Heidegger. Seine rationalistische Reduktion tilgt das Mythische, aber erwähnt nicht einmal die zweifache Fassung der Dornbuschgeschichte. Alles Blutige wie die Einlage über die Beschneidung bleibt draußen, erst recht die Ermordung der Erstgeburt und die Erlaubnis, das Gold der Ägypter zu stehlen. Diese Lebensbezüge des Gottes des *Exodus* sind gestrichen; es bleibt die leere Erhabenheit des ganz Anderen und das damit unvereinbare Pathos eines christlichen Humanismus, der hier die Botschaft findet, das Sein sei Person und die Person sei das Sein.

Kapitel V
... und die Welt

1. Zweckgemäß?

Nachdem Thomas von Aquino dargelegt hatte, Gott habe die Welt begründet, mußte er als nächsten Schritt beweisen, daß der Allverursacher *denkt*. Er verströme nicht bewußtlos die Welt. Dazu griff Thomas das teleologische Argument auf, das die antiken Stoiker breitgetreten hatten. Es ging so:

Wir sehen, daß Naturvorgänge zweckmäßig verlaufen. Der Samen hat den Zweck, eine vollständige Pflanze zu erzeugen. Und das erreichen Samen nicht einmal und gelegentlich, sondern regelmäßig und oft, wenn auch nicht ausnahmslos. Die Pflanze, die den Samen hervorbringt, erzeugt nicht die *Zweckbezogenheit* des Samens; sie ist ihr vorgegeben. Sie muß, sagt man, einer bewußten Absicht entstammen. Also steht am Ursprung ein ursprüngliches Erkennen, das alle Naturdinge auf ihren Zweck hinordnet. Und das nennen wir Gott.

Tatsächlich kann ich den Samen einer Tomatenpflanze nicht anders verstehen als daß er dazu da sei, eine neue Tomatenpflanze zu ermöglichen. Meistens, nicht immer, geht aus ihm bei guten Bedingungen eine Tomatenpflanze hervor. Aber das sehe ich ihm nicht an; ich denke es hinzu. Nur ein intelligentes Wesen kann A (Regen) und B (Pflanzenwuchs) koordinieren.

Dieses Argument heißt ‹teleologisch› von *telos*, Ziel oder Zweck. Es setzt voraus, die Zweckbestimmung liege objektiv im Samen und *alle* Naturdinge besäßen derart innewohnend ihre Zweckbestimmung, *omnes res naturales ordinantur ad finem*. Nur denkende Wesen können sinnvolle Zweckbeziehungen begründen, folglich ergebe die Überlegung das willkommene Resultat, daß Gott denkt. Er hat die ganze

Natur zweckmäßig eingerichtet. Er hat Regen und Pflanzenwuchs final aufeinander abgestimmt.

Menschen sahen das früher so. Gott habe die Flüsse Täler bilden lassen, damit die Menschen Städte an Flußufern gründen konnten. Er habe den Regen erdacht, damit Pflanzen wachsen. Aber Pflanzen wachsen, weil es geregnet hat. Das ist die *kausale* Erklärung, die sich gegenüber der teleologischen durchgesetzt hat. Lange Jahrhunderte hat die teleologische Sichtweise die erfolgreichste Naturforschung, nämlich die kausale Untersuchung, verhindert oder erschwert.

Zur Argumentation aus der Zweckmäßigkeit der Natur gehörte die Annahme, das Anorganische sei für das Organische bestimmt, die Pflanzen für die Tiere, die Tiere für die Menschen. Daß Pflanzen zu ihrer Umwelt passen und Organismen zweckmäßig konstruiert sind – oft, nicht ausnahmslos –, das machte das teleologische Denken seit der Spätantike plausibel. Es schien unbestreitbar und galt als die natürlichste Begründung des Gottesbewußtseins.

Aber dann kam es zu seinem Abbau. Die kausalen Erklärungen waren ergebnisreich und verdrängten die finalen. Diese beruhen auf der Annahme der Konstanz der Arten; sie setzten ewige Artengrenzen voraus, die Gottes Denken bei der Erschaffung festgesetzt habe. Die Wesen der Dinge waren hierarchisch angeordnet; sie kamen in Definitionen zum Ausdruck, die bleibendes metaphysisches Wissen ermöglichten. Es gab die Wesensordnung schon immer. Sie verdankte alles Gott und nichts dem Naturprozeß. Die naiv-realistische Teleologie setzte – anders als die original-aristotelische – die kurze Zeitspanne von etwa 5000 Jahren der Existenz der Natur voraus. Die Stufenordnung der Natur bewies die Leistung des intelligenten Schöpfers. Lange, bis mindestens zum späten Schelling, galt der Mensch als Zweck der gesamten Naturentwicklung. Erst die Geologie erschütterte seine Stellung als Endzweck der Natur. Zeiträume wie 4 Milliarden Jahre Erdgeschichte veränderten nicht nur quantitativ das Bild der Natur. Sie bekam eine Entwicklung. Was als fest geordnet vor uns steht, wurde als Produkt begriffen, das kausal begründet, aber nicht teleologisch vorprogrammiert war. Heute sind Evolutionstheoretiker besorgt, Laien könnten die Evolution, die das teleologische Modell ablöst, mißverstehen als einlinige, auf den jetzigen Status quo bezogene Zweckveranstaltung. So sehr ist das populäre Denken an Zweckhaftigkeit gewöhnt. Es kann auch keine Rede davon sein, das Zweckdenken abzuschaffen. Wir haben nur zu lernen, daß es unsere Sichtweise einiger, nicht aller Dinge ist. Wir können nicht sagen, es habe am Ursprung der Welt gestanden.

Ich schließe meine abgekürzte Untersuchung der Gottesbeweise hiermit ab. Ich weiß, daß sie viele weitere Fragen aufwerfen. Sie laden ein zu Spekulationen, auch zu Tüfteleien. Sie sind philosophische Übungsstücke. Als solche behalten sie ihr Interesse. Sie gehören in theoretische Gesamtgebilde, die gelernte Ideenhistoriker rekonstruieren. Sie kommen aus einer versunkenen Welt. Sie beantworten alle die philosophischen Fragen nicht, die ich angedeutet habe. Sie haben in der augenblicklichen intellektuellen Lage keine Bedeutung für den, der sich fragt, ob er Christ sein kann. Philosophen und Ideenhistoriker befassen sich mit ihnen; das ist ihr Beruf. Sie wissen, daß sie verwachsenes Gelände betreten, von dem noch keiner mit der Trophäe eines eindeutig gewissen Resultats zurückgekehrt ist. Es finden sich kaum noch Christen, die sie verteidigen. Historisch ungebildete Theologen verwerfen sie als Teufelswerk. Sie halten es für Fortschritt, diesen Ballast über Bord geworfen zu haben. Sie beseitigen dieses Wissen, dessen antike Herkunft sie kaum kennen, um für ihren Glauben Platz zu bekommen. Ihr trutziger Glaube zerreißt die Nabelschnur, die ihn bis etwa 1700 mit der antiken Philosophie und mit der allgemein menschlichen Vernunft verbunden hatte. Ihr Glaube dünkt sich rein und radikal, ist aber das Ergebnis des historischen Zersetzungsprozesses, der objektiv den christlichen Glauben verändert. Auch wer die alten Formeln nachspricht, setzt sie ungewollt in einem veränderten Gesamtrahmen. Seine Position wurde, welthistorisch rückblickend gesehen, apart. Die Gottesbeweise waren nicht dafür erfunden und waren nicht geeignet, zum Glauben hinzuführen, aber sie kreierten für ihn einen günstigen Anschein. Sie erweckten den Eindruck, der christliche Glaube verlängere nur ihre Gedankenlinie von der unverursachten Ursache über das höchste Gute zum zwecksetzenden Denken und zur Sorge für uns. Sie dachten die reale Welt – ihre Prozesse und ihre Wesensordnung – als Erweis Gottes und interpretierten von daher den Glauben. Sie veränderten damit auch diesen; sie ent-orientalisierten ihn. Sie hielten die Glaubensinhalte in Verbindung zum allgemeinen Wissen; sie lenkten den Blick auf die gesamte Natur, nicht auf das halbverzweifelnde Innenleben einiger Gläubiger, die im Halbdunkel nach Geheimnissen tasten oder sich in ‹letzte Einsamkeit› gestoßen wähnen. Gleichzeitig wehren Gläubige sich gegen den Vorwurf, sie dächten irrational. Ich erhebe diesen Vorwurf nicht, ich stelle nur fest: Der christliche Glaube hat aus intellektuellen Entwicklungen, die nicht zurückzunehmen sind, den antikphilosophischen und damit den allgemein-vernünftigen Untergrund verloren, den er bis 1800 und in intellektuell isolierten Provinzen bis 1960 besaß. Die Verkümmerung der Gottesbeweise und erst recht deren vehemente Verwerfung durch Theologen ist angesichts der Geschichte des älteren Christentums ein Schrei der Verzweiflung: Der Gläubige hat nur noch seinen Glauben. Er rühmt dessen Reinheit und Radikalität; er versetzt sich im Bewußtsein der Überlegenheit in eine Randlage. Einen weiteren Rationalitätsverlust erlitt er bei Fragen nach dem Verhältnis Gottes zum Bösen in der Welt.

2. Das Böse

Nehmen wir einmal an, die erwähnten Gottesbeweise hätten trotz einiger Schwächen das Ziel ihrer Argumentation erreicht. Dann wüßten wir, daß das höchste Gut als oberste Intelligenz die Welt verursacht hat. Sehen wir einmal davon ab, daß noch niemand die Art dieser Verursachung hat begreiflich machen können. Immerhin stünde die Welt als das Werk eines guten und weisen Urhebers vor unseren Augen. Wir wüßten, Gott habe die Welt aufgrund von Überlegung zweckbestimmt geschaffen. Dabei hätte er, der die allmächtige Güte und Weisheit selbst ist, doch wohl aus allen möglichen Weltentwürfen einen guten, gar den bestmöglichen ausgewählt und verwirklicht. Mängel könnten sich dabei ergeben, aber nur, weil Geschöpfe begrenzt sind und nicht alle die höchste Stufe der Vollkommenheit innehaben können. Die Erfahrung bestätigt dieses harmonische Bild nicht; es stimmt höchstens phasenweise für ausgewählte Aspekte.

Insgesamt zeigt die Erde sich als Sphäre des Kampfs, des Zufalls, der blinden Kräfte. Zwar haben sich im Lauf der Jahrmilliarden einige zusammenpassende Konstellationen herausgebildet. Zum Beispiel ist die Luft, wenn nicht industriell verseucht, zum Atmen geeignet, das Wasser zum Trinken. Aber diese Affinitäten erklärt die Theorie der Evolution besser als die Annahme, Gott habe im voraus gewußt, wie er die Luft erschaffen müsse, damit Menschen sie atmen können. Die Lebewesen haben sich in langen Zeiträumen an die Bedingungen angepaßt.

Zwar ist die Welt uns in Teilen begreiflich. Die Natur zeigt Gesetze, die, selbst wenn sie nicht absolut lückenlos gelten, doch den alltäglichen Umgang mit ihr relativ sichern. Bisher konnte man sich darauf verlassen, die Sonne werde am nächsten Morgen wieder aufgehen. Die Welt ist erkennbar, und das erklärte man sich früher damit, daß sie aufgestellt sei zwischen zwei Intellekten. Diese Überlegung setzte voraus, wir hätten zuvor die beiden Intellekte erkannt, den göttlichen und den menschlichen. Die Wahrheitsfähigkeit unserer Vernunft war damit nicht bewiesen. Sie war bereits vorausgesetzt.

Sehen wir einmal von den Verbrechen der Menschen ab, vor allem von ihren Kriegen – nicht um sie zu bagatellisieren, sondern nur, um für den Augenblick die Argumentation zu vereinfachen –, so zeigt doch die außermenschliche Natur unübersehbar Grausamkeit, Krankheiten und Tod. Erdbeben, Tsunami und Überschwemmungen bedrohen das Leben von Tieren und Menschen. Meteoriten verwüsteten die Erde, längst bevor es Menschen gab. Viele Tiere waren von Anfang an darauf angewiesen, Mittiere zu töten und aufzufressen. Nur besonders edle Tierarten wie Schmeißfliegen, Hyänen und Aasgeier begnügen sich mit bereits Getöteten.

Wir haben kein Recht dazu, uns über die Rücksichtslosigkeit der Natur zu beschweren. Denn, wie Kant einmal bemerkt, wissen wir nicht, welche Macht Naturkatastrophen noch hätten, hätte die Menschheit alle Intelligenz und Kraft, die sie für Kriege und Kriegsvorbereitungen vergeudet, zur Milderung der Desaster in der Natur verwendet. Weil sie Geld und Geist für Rüstungsausgaben verschwendet, steht sie hilfloser der Natur gegenüber als es sein müßte. Sie hat über ihren Kriegsvorbereitungen ungeheuer viel versäumt;

2. Das Böse

daher weiß sie nicht, wie bedrohlich die Natur ohne ihre Unvernunft wäre. Aber abgesehen davon: Das Leben auf der Erde hat begonnen, und es wird vermutlich auf ihr ein Ende finden. Sieht das nach einem guten, weisen und allmächtigen Schöpfer aus? Wäre Gott zwar gut und weise, aber nicht allmächtig, dann könnte ihm niemand das Unglück vieler seiner Kinder vorwerfen. Angesichts des ungeheuren Elends des 20. Jahrhunderts haben nachdenkliche Christen vorgeschlagen, auf Gottes Prädikat ‹Allmacht› zu verzichten. Aber dann verzichte ich lieber ganz auf affirmative Sätze über das Satzsubjekt ‹Gott›.

Die Lehre von der göttlichen Vorsehung – das Wort war übrigens primär ein antik-philosophischer Ausdruck für die Erforschbarkeit der Natur –, kommt heute bei Besichtigung der wirklichen Welt in Bedrängnis. Das Böse ist unübersehbar. Trotz gewaltiger Anstrengungen großer Denker bleibt das Problem theoretisch ungelöst. Das christliche Denken hat vielfach versucht, der Tatsache des Schlechten das Gift zu nehmen. Es ist auf allen Wegen gescheitert. Dies möchte ich an sechs Versuchen zeigen.

1) Der erste Ausweg behauptete, das Schlechte sei unwirklich. Es sei nicht-seiend, ein bloßer Mangel an Sein. Es sei Deformation, habe nicht selbst eine Form. Es sei die Abwesenheit von etwas, das da sein sollte. Wenn ein Mensch blind ist, fehle nur die Sehkraft.

Diese Theorie ist keine Ausrede, die Theologen erfunden hätten, sondern ein Ergebnis der spätantiken Philosophie. Sie ergab sich, weil heidnische Philosophen beschlossen hatten, unter ‹Sein› das richtig Geformte, das erkennbar Strukturierte zu verstehen. Definiere ich ‹Sein› als ‹Harmonie der Elemente›, kann ich Krankheit als Mangel an Sein, aber nicht als ‹Sein› bezeichnen. Diese Denkweise kommt heute noch in unserem alltäglichen Sprechen vor, z. B. wenn ein Freund sich als unzuverlässig erweist, sagen wir: «Das ist kein wirklicher Freund.» Damit wollen wir nicht sagen, daß es diesen Freund nicht *gibt*; wir nehmen das Wort ‹wirklich› *normativ*. ‹Wirklich› wäre das, was ist, *wie es sein soll*. Wir unterstellen zwei Stufen von Realität: Einerseits das, was faktisch vorkommt, und andererseits das Richtige. Von einem schlechtgebauten Haus, in das es hineinregnet, sagen wir: «Das ist doch kein Haus.» In solchen Redeweisen wirkt ein doppelbödiger Begriff von Wirklichkeit noch immer nach. Aber zunächst war er eine Systemkonsequenz. Wer unterstellt, alle Dinge seien Abbilder von Ideen, also von Normen und Vollkommenheiten, darf folgern, daß es das Schlechte zwar *gibt*, d. h. daß es de facto bei uns *vorkommt*, daß es aber nicht ‹wirklich› ist, weil es seiner Idee nicht entspricht. Theologen fuhren dann fort: Da das Schlechte nicht wirklich ist, stammt es auch nicht von Gott. Wir können die Vorsehung nicht dafür verantwortlich machen. Was Gott geschaffen hat, ist gut, d. h. wahrhaft seiend, normgerecht, ideen-affin. Diese Theorie bestreitet nicht, daß es Schlechtes *gibt* im Alltagssinn von Vorhandensein; sie leugnet nur, daß es ihrem selektiv definierten Konzept von Sein entspricht. Ihr geschichtlicher Ort war die plotinisierende Ablehnung des metaphysischen Dualismus, einer Zwei-Götter-Lehre wie im Manichäismus. Sie argumentierte ursprünglich nicht, alles Seiende sei gut, weil Gott es erschaffen habe, sondern sie leitete aus der philosophischen These, alles Seiende sei gut, die Lehre von der Begründung des Kosmos durch ein einziges Prinzip her. Wer argumentiert, weil Gott die Welt erschaffen habe, sei alles Seiende gut, dreht die Argumentation um und begeht einen Zirkelschluß.

Man braucht nur die Beispiele zu ändern, um das Trickreiche dieser Denkart zu erkennen. Krankheit, sagte sie, sei die Abwesenheit dessen, was da sein sollte; sie sei nichts anderes als das Fehlen der Gesundheit. Blindheit wäre das Ausfallen der Sehfunktion, eine bloße Privation. Aber wählen wir Magenkrebs als Beispiel, läßt sich das Schlechte schwerlich als Abwesenheit definieren. Auch Parasiten sind lehrreiche Fälle. Die Privationstheorie des Schlechten betrieb die bewußte Umdeutung der menschlichen Leiderfahrung.

Theologen sagten lange zur Entschuldigung Gottes, er habe das Schlechte zwar zugelassen, aber nicht gewollt und bewirkt. Diese Ausrede verschlimmert die Lage nur, denn dann wäre Gott nicht wirklich der Herr der Welt. Er bewirkt doch die Zulassung; er weiß doch, was er macht.

2) Es gab eine zweite Theorie, um Klagen gegen die Vorsehung auszuschließen. Thomas von Aquino trug sie zusätzlich zur ersten ebengenannten Vertröstung in folgender Form vor: Bei uns auf der Erde

2. Das Böse

gibt es Unordnung und Bosheit, aber dies setzt einen guten Naturbestand voraus. Der Wille, der das Böse wählt, ist als Kraft gut. Die Unordnung setzt die Ordnung, das Böse setzt das Gute voraus. Diese Überlegung fährt fort mit der Identifikation von ‹seiend› und ‹gut›, stützt sie aber weiter ab mit der Überlegung: Unordnung und Bosheit kämen bei uns zwar vor, seien aber beschränkt auf den kleinen Weltabschnitt unterhalb des Mondes. Dies sei der unterste und kleinste Teil des Universums, und in ihm mag es Versagen geben, aber der größere und wichtigere Teil des Universums sei ohne Makel und Mangel. Die Sterne bzw. die Himmelssphären bewegen sich ewig geordnet; der Mensch brauche nur zu ihnen aufzublicken, um sich zu überzeugen, wie klein das Wirkungsfeld des Schlechten im Ganzen des Universums dasteht.[32] Daher die große Bedeutung der Sterne im Weltbild des Thomas: Oberhalb der Mondsphäre drehen sich in ewigem Gleichmaß die Weltschalen, zunächst die der anderen Planeten, zuletzt die der Fixsterne. Bei ihnen gibt es keine Unordnung, nur in der untersten Etage des Weltenbaus vermischt sich Ordnung mit Unordnung. Hier unten bei uns geht es der Natur nicht um die Individuen, sondern um die Arten; in dieser Unterwelt des Werdens und Vergehens ist das Individuum nur aufgrund seiner Zuordnung zu seiner allgemeinen Wesensbestimmung intendiert und hat nur kraft ihrer indirekt oder sekundär (*per accidens*) teil an der Weltordnung. Immerbleibende Wesen wie Mond und Sonne sind um ihrer selbst willen intendiert; sie sind durch sich selbst Ordnungsfaktoren, bei denen es keinen Mangel geben kann. Als das eigentlich gewollte, als das einzig wirkliche Sein gilt nur das, was bleibt.

Mir geht es hier nicht um kosmologische Feinheiten. Was ich belegen wollte: Thomas gab Unordnung für die Welt des Werdens und Vergehens zu, Mangel und Leid trafen nur die unterste Stufe des Universums. Er nutzte das System der neun Himmelssphären, um jeden Zweifel am Überwiegen des Guten in der Welt zurückzuschlagen. Mangel, Untergang und Tod hatten bei ihm nur eine bescheidene Bühne. Und dabei brauchte er noch nicht einmal die Ordnungen der Engel zu bemühen; es genügte das ptolemäische Weltbild. Das Schlechte war im Blick auf die Ordnung des Kosmos fast quantité negligeable. Nur weil es törichte Ketzer gab, die den alten metaphysischen Dualismus wiederholen, war es noch nötig, die einheitliche Weltherrschaft des guten und weisen Gottes zu verteidigen, dessen Prestige nicht betroffen war, wenn sich am unteren Rande des Universums die Ordnung mit etwas Chaos mischte. Übrigens hat noch Leibniz ähnlich argumentiert.

Das rechtfertigende Argument aus der überragenden Größe der kosmischen Ordnung hatte Augustin dahin variiert, Gott habe als großer Künstler sein Werk mit starken Kontrasten ausgestattet. Wie zu einem Gemälde auch die dunklen Farben gehörten, so habe Gott als Weltkünstler auch das Schlechte in eine höhere und spannungsreiche Harmonie hineinkomponiert. Dieses artistische Argument, würdig des Rhetorikprofessors Augustin, instrumentiert Krebsleidende und Tsunamiopfer zu reizvollen Flecken auf dem kontrastreichen Gemälde der Welt. Ihr Leiden dient der Erhöhung des ästhetischen Prickelns. Das Argument ließ sich fromm und kunstsinnig verbrämen, aber es ist vom Feinsinn edler Römerinnen, die sich in der Arena bei Hinrichtungen durch wilde Bestien amüsierten.

Heute stellt sich die Frage des Schlechten mit ungemilderter Wucht. Der Glaube an den guten und allmächtigen Gott steht aus objektiv-historischen Gründen philosophisch ungeschützt da. Das Christentum ist weniger vernünftig geworden, und das erklärt den rhetorischen Aufwand Joseph Ratzingers, die Vernünftigkeit des Glaubens zu preisen. Der Vorsehungsglauben hat die kosmologische Stütze verloren; niemand kann sie ersetzen. Weder am Himmel noch auf der Erde gibt es ewig bleibende Arten, denen allein die Vorsehung gelten sollte. Viele Arten sind ausgestorben, andere sterben heute aus. Bleibende Wesenheiten, die in Definitionen zum Ausdruck kamen und das Wissen fundierten, fallen der geschichtlichen Betrachtung anheim. Die Christen haben auf die Frage nach dem Bösen in Gottes Welt, zumal nach zwei Weltkriegen, keine Antwort. Gelegentlich gibt das ein Christ auch zu. Andere flüchten ins ‹Geheimnis›. In dieses Asyl des Nichtwissens folge ich ihnen nicht.

3) Es gab einen dritten Weg, den Weltenschöpfer vom Elend des Lebens zu entlasten: Theologen führten das Böse auf Schuld zurück und sprachen damit Gott davon frei. Dabei dachten sie nicht primär

an die aktuale Schuld der Menschen, sondern an die Urschuld Evas und Adams, die uns der Macht der Dämonen ausgeliefert habe. Die Erbsünde, sagte Augustin, habe uns aus dem Paradies vertrieben. Dort lagerte der Löwe friedlich neben dem Lamm. Adams Sünde erst habe Tod und Krankheit verursacht; sie habe den Verstand verdunkelt und den Willen geschwächt; sie habe dem Teufel die Herrschaft über die Menschenwelt eingebracht. Augustin führte es auf die Erbsünde zurück, daß die Arbeit des Landmanns schwer und die Geburt für die Mutter schmerzhaft ist. Sein bischöflicher Kollege Julian, von höherer philosophischer Qualifikation, fragte zurück, warum denn dann die Säugetiere unter Qualen gebären: Haben etwa auch sie vom falschen Futter gefressen? Augustin ließ die ganze Natur durch die Erbsünde verdorben sein. Adams Sünde habe nicht nur ihn als Einzelnen betroffen, sondern wir alle, sagte der Bischof von Hippo, hätten ‹in Adams Lenden› geschlummert, seien also bei der Erstsünde dabeigewesen. ADAM, der Urvater, habe als Rechtsvertreter der Menschheit die ganze Gattung zu Fall gebracht.

Dabei blieb auch Thomas, obwohl er einen anderen Begriff von Natur hatte. Dieser hinderte ihn auch nicht, den Dämonen wunderwirkende Macht in der Natur zuzugestehen. Dann brauchte man sich nicht zu wundern, wenn es in der irdischen Natur drunter und drüber ging; die Güte und Weisheit des allmächtigen Gottes stand dadurch nicht in Frage. Die Vernünftigkeit des Vorsehungsglaubens beruhte auf der Mythologie des Sternenbaus und war abgesichert a) durch die erwähnte Ontologie des Schlechten als bloßer Beraubung und b) durch Einschränkung des Schlechten auf die unterste Stufe des Universums, und c) durch die Theologie der Erbsünde als Naturverschlechterung. Heute steht sie im Theoriegelände hilflos und verlassen da. Wer sie heute annimmt, bringt ein ‹Opfer des Intellekts›.

4) Es gab noch andere Wege, Gott vom Elend des irdischen Lebens zu entlasten. Der wohlfeilste war die Vertröstung aufs Jenseits. Ihn zu begehen erforderte keine intellektuelle Arbeit. Solche Verteidiger Gottes brachten das Problem zum Verschwinden. Sie brauchten nur zu sagen, die Leiden dieser Zeit seien nicht zu vergleichen mit der Herrlichkeit des Gottesreiches, die an den Erwählten offenbar werde.

Sie dachten dabei zuerst an die bevorstehende Gottesherrschaft auf Erden. Als diese ausblieb, beriefen sie sich auf die Freuden und Strafen für unsterbliche Seelen in Himmel oder Hölle. Dazu griffen sie auf die platonisierende Vorstellung von der Unsterblichkeit der Seele zurück. Sie behoben den Mangel ihrer philosophischen Theologie mit ihrer noch schwerer zu verteidigenden metaphysischen Seelenlehre, auf die ich bald zu sprechen kommen werde.

5) Neuere Theologen bringen vor, das Problem der Leiden in der Welt werde dadurch gelöst, daß Gott selbst mit uns leide. Dieses Argument ist untauglich aus mehreren Gründen.
Zunächst wird unser Leiden nicht dadurch erträglicher, daß ein anderer Mensch mit uns leidet wie Jesus am Kreuz.
Ein solches Argument mögen Prediger in der Kirche oder Seelsorger im Krankenhaus anbringen, vielleicht spendet es Leidenden Trost, aber es löst nicht das theoretische Problem der philosophischen Theologie. Es gehört nicht hierher. Auch wenn Gläubige sich gestärkt fühlen, wenn sie einen *göttlichen* Leidensgenossen sehen, bleibt die Frage, ob man es der Welt ansieht, daß ein guter und allmächtiger Gott sie weise erschaffen hat. Danach sieht sie aber nicht aus; geschichtliche Berichte über das Leiden eines Gerechten taugen nicht zur Rechtfertigung Gottes.
Außerdem: Wenn Jesus gekreuzigt worden ist, hat er gewiß gelitten, aber ob *Gott* dabei gelitten hat und ob Gott am Kreuz gestorben ist, das wirft so viele weitere Fragen auf, daß die einfachere Frage nach dem Grund der Leiden in der Welt noch unlösbarer wird. Die antiken und mittelalterlichen Christen kamen nicht auf die Idee eines leidenden Gottes; für sie stand fest, daß Gott nicht leiden kann. Er sei keinem fremden Willen unterworfen, hätten sie geantwortet. Die tragizistische Idee, der allmächtige Gott sei selbst dem Leiden unterworfen, blieb ihnen fremd; sie lasen nicht Schopenhauer und hörten noch nicht Richard Wagner. Ihnen zufolge schickte Gott den Menschen Leiden, blieb aber selbst in seiner ewigen Freude unberührt. Man kann zweifeln, ob das eine vernünftige Gottesidee war. Schon Aristoteles hatte bemerkt, daß es um Gottes Seligkeit geschehen wäre, würde er alles wahrnehmen, was in seiner Welt geschieht.

Gottes Glück war gesichert durch Unachtsamkeit auf irdische Details.

Die Vorstellung, Gott leide mit den Menschen, mag als erbaulicher Trostgrund hilfreich sein. Ein argumentativer Beitrag zur anstehenden Frage ist sie nicht.

6) Die Leiden der Menschen und die Bosheit in der Welt haben christliche Denker auf immer neue Verteidigungsversuche gebracht. Der unglücklichste von allen spricht den Menschen die Zuständigkeit ab, darüber zu urteilen. Es sei frevelhafter Übermut, wenn wir sagen, die Welt sehe nicht wie das Werk eines weisen, guten und allmächtigen Gottes aus. Darüber *könnten* wir nicht nur nicht befinden, wir *dürften* es vor allem nicht, nach dem Motto des Apostels, *Römerbrief* 9,20–21: Wer bist du armer Erdenwurm, über die Werke des Allmächtigen zu befinden? Empfohlen wird gläubige Skepsis und Ergebenheit in den Willen Gottes. Aber wer sie empfiehlt, *zitiert* nicht einfach göttliche Aussprüche, er erklärt sie für wahr und nützlich. Auch ein solcher Erdenwurm erlaubt sich ein Urteil. Nur versteckt er es hinter Zitaten.

Wäre das menschliche Denken so schwach, dann dürften auch Christenmenschen nicht ihren Schöpfer dafür *loben,* er habe alles gut gemacht. Denn das ist auch ein Urteil über das Ganze. Ein Verteidiger des guten Gottes fügt hinzu, wir wüßten zu wenig vom großen Universum, aber auch er weiß nicht, ob es in fernsten Räumen mehr Gutes als Böses gibt. Dann kann auch er nicht wissen, ob es einen guten Erschaffer gibt. Gesteht er sein Nichtwissen ein, bin ich mit ihm einig. Denn ich sage ja nicht, ich könne beweisen, daß es keinen Gott gebe. Beweise für die Nichtexistenz sind schwer zu führen. Ich sage auch nicht, ich wüßte, daß ein guter Gott sich mit der Welterschaffung bemüht habe, nur habe es ihm an Allmacht gefehlt. Ich sage nur: Aus der gegebenen Welt kann ich nicht auf einen weisen und guten Allmächtigen schließen.

3. Am Anfang schuf Gott ...

> Daß in der Bibel sich Widersprüche finden, wird
> jetzt niemand in Abrede sein.
>
> GOETHE, DICHTUNG UND WAHRHEIT,
> ZWÖLFTES BUCH

Es wäre von einigem Interesse zu erfahren, wo und wann und wie der Gedanke ‹Gott› aufgekommen ist. Meine Stellung zum Christentum hinge davon nicht ab, denn dessen Gott ist bereits durch eine Stufenreihe von Sublimierungen hindurchgegangen; er ist menschheitsgeschichtlich ein spätes Produkt. Er kam aus dem späten Judentum und trat in die hellenistische Welt ein, die neben dem volkstümlichen Polytheismus und den Mysterienreligionen ihr Konzept von Gott aus platonischen, aristotelischen und stoischen Texten speiste. Es wäre schon interessant zu wissen, was die ersten Menschen gemeint haben, als sie ihren Gott anriefen: Waren sie erschreckt von Donner und Blitz? Riefen sie ihn an bei Erdbeben? Baten sie ihn bei Dürre um Regen? Dachten sie ihren Gott als mächtigen König über den Wolken? Das werden sie wohl erst getan haben, nachdem sie einen irdischen König gehabt oder gewünscht haben. Feierten sie mit ihm, wenn sie ein Tier erlegt hatten? Verlangte er Anteil am Fleisch? Lange liebte er es, zu seiner Ehre Blut strömen zu sehen, auch Blut von Menschenopfern. Warum war er so versessen auf Beschneidung? Wäre es bei ihr nur ums Blut gegangen, hätten sie den Arm anritzen können; sie muß schon etwas mit Sex zu tun haben. Manche Religionen entwickeln urtümliche und blutrünstige Rituale und behalten sie jahrtausendelang bei. Archaische Reste. Die Religion als Museum uralter Bräuche.

Sahen die Frommen der Frühzeit ihren Gott mit leiblichen Augen? Als gewaltige Lichterscheinung? Hörten sie seine Stimme? In welcher Sprache redete er mit ihnen? Welche Rolle spielten in der frühen Religion Drogen, Träume, Orgien? Es sieht nicht danach aus, als habe am Anfang der Religionsentwicklung der reine Monotheismus gestanden, der dann später, wie ein frommer Missionar glauben machen

3. Am Anfang schuf Gott ...

wollte, zum Vielgötterglauben verkommen sei. Vom Gott der Philosophen spricht heute kaum jemand gut, weil vergessen ist, wieviel Traumdeutung und Eingeweideschau, Blutdunst, Totemismus und Superstition zu den vor-philosophischen Göttern gehörte. Im Umkreis der hellenistischen Kultur war ‹Gott› mitgeprägt vom Gott der Philosophen. Dieser teilte zumindest *einen* Charakterzug irdischer Machthaber nicht: die Gier, ständig gelobt zu werden. *Te Deum laudamus*, das ist ein Grundakkord der religiösen Sprache. Das muß nicht sein. Der Gott der Philosophen brauchte diese ewige Lobhudelei nicht. Der Christengott hat einige Prädikate des Philosophengottes in sich aufgesogen und mit orientalischen Herrschermanieren kombiniert. Den meisten Christen heute entgeht, was ihr Gott wäre, hätte er nicht den Philosophengott schon seit den letzten Schriften der Hebräischen Bibel absorbiert. Der Bibelgott ist ein Gott der Rache, des exklusiven Bundesschlusses und des Zornes. So präsentiert ihn schon das erste Buch der Bibel, die *Genesis*.

Das Wort ‹Gott› deckt bei Plotin oder bei Luther sehr verschiedene Inhalte. Ich verteidige den Gott der Philosophen gegen die Kritik der Unkundigen, die sich fälschlich Pascals bemächtigen und vom Gott der Philosophen schlechtreden, den sie nicht kennen. Er ist noch jedes Nachdenken wert. Alles, was in Europa ‹Vernunft› und ‹Welt› oder ‹Natur› hieß, hängt mit ihm zusammen, im Bösen wie im Guten, auch wenn es sich von ihm gelöst hat. Der Gott der Vernunft verwickelt immer noch in endlose Diskussionen. Sie verdienen theoretisches und historisches Interesse. Aber sie sind eine Sache unter Philosophen. Sie berühren heute nicht den Entschluß, kein Christ zu sein. Das suggerieren nur noch Kirchendenker. Diese vermindern den Kontrast zwischen dem griechischen Gott der Vernunft und dem Offenbarungsgott. Der Philosophengott war immer gleichbleibend neidlos gut; er tobte nicht; er bereute nichts. Er strahlte das Sein aus wie die Sonne das Licht. Ganz anders baute Jahweh seine Welt. Darüber unterrichtet das Buch *Genesis*.

Es heißt auch: *Das Erste Buch Mosis*, aber es stammt nicht oder gewiß nicht ganz von Moses, wie schon Richard Simon kurz vor 1700 entdeckte. Der historische Moses steht im Ruf, die Israeliten aus Ägypten ins Gelobte Land oder doch nahe daran geführt zu haben, aber der Autor der fünf Bücher Mosis spricht von den Bewohnern Kanaans, als lebten sie schon längst nicht mehr im Land; an manchen Stellen schaut er auf den Einzug Israels und die Ausrottung der Kanaer als auf ein lange zurückliegendes Ereignis zurück; im fünften *Buch Mosis* (34) erzählt er seinen Tod.

Die *Genesis* ist zusammengesetzt aus verschieden überlieferten Erzählungen, die aufeinander keine Rücksicht nehmen und sich auch widersprechen:

Die Erschaffung der Welt wird zweimal erzählt. Im ersten Kapitel entsteht die Welt aus einem Urmeer, nach dem zweiten Kapitel war die Erde ursprünglich trocken.

Kain bleibt, nachdem er seinen Bruder erschlagen hat, allein auf der Welt zurück; aber die Erzählung läßt ihn Blutrache fürchten, heiraten und sogar eine Stadt gründen. Die Erzählungen sind nur notdürftig koordiniert.

Der Bundesschluß Gottes mit Abraham wird zweimal erzählt (*Gen.* 15 und 17), ebenso eine Reihe anderer Ereignisse.

Die *Genesis* erzählt Dinge, die offenbar falsch und schlicht unmöglich sind:

– Sie läßt Pflanzen wachsen, bevor die Sonne da war.
– Schlangen sprechen.
– Baumfrüchte verschaffen Wissen.
– Ein Mensch wird 969 Jahre alt.
– Der Auszug Israels aus Ägypten, sagt sie, habe im Jahr 2666 nach der Erschaffung der Welt stattgefunden. Die Geschichte Ägyptens ist nachweisbar älter.

Die Lektüre der *Genesis* regt an, noch einmal über den Gott der Philosophen nachzudenken. Er gilt als blaß und, wie man roherweise gesagt hat, ‹blutlos›. Seine Begründung der Welt bestand darin, daß er Sein ausstrahlte wie die Sonne das Licht. Er verströmte Sein, indem er alle Wesen anregte, aktiv, je nach ihrer Art, an seiner Fülle teilzunehmen. Er machte sich nicht die Hände am Urschlamm schmutzig. Er war für alles und für alle da. Er band sich nicht ausschließend an ein kleines Volk. Er war nicht erpicht darauf, Blut zu sehen. Er selektierte nicht. Niemals hätte er sagen können, daß er Jakob liebt und Esau haßt. Er teilte sich mit in neidloser Güte und blieb dabei; er bereute nicht, daß er gut war. Seine Macht bestand darin, nie zerstören zu können, was er begründet hatte. Er war nicht eifersüchtig, nicht exklusiv. Er drohte nicht. Er schwor nicht Rache. Er kannte keinen Zorn. Auf deutsch und grob: Er war besser als der Gott des Buches *Genesis*.

Dieses Buch kennt den Anfang der Welt, aber informiert nicht über den Anfang des Gottesglaubens. Dazu ist das *Alte Testament* nicht alt genug. Die *Genesis* gab es in ihrer heutigen Form etwa seit 500 v. Chr.; ihre ersten schriftlich fixierten Teile dürften im 9. oder im 8. Jahrhundert geschrieben sein (ich drücke mich vorsichtig aus; die Chronologie ist schwer zu erforschen), dabei handelte es sich um die Sammlung und Niederschrift alter Erzählungen, die schwer zu datieren sind und die alle nicht von Moses stammen. Es war üblich, vorhandene Texte mit einem großen Namen zu versehen. So schrieb man alle Psalmen David zu, dem Moses das Konvolut alter Erzählungen über Weltanfang und Urväter.

Solange die babylonische und die ägyptische Kultur noch nicht erforscht und deren Sprachen nicht übersetzt waren, suchte man Belehrung über den ersten Anfang von Kultur und Religion in der *Genesis*. Aber Israel ist spät in den Kreis der orientalischen Völker getreten; die Anfänge von Kult und Kultur sind bei Naturvölkern zu suchen, dann in Babylon und Ägypten. Die *Genesis* ist für diese Fragen zu jung. Und sie zensiert theologisch die sich noch blaß andeutenden Anfangsstadien einer Religion, die sich an Bäume, Quellen und große Steine hielt. Aber sie gibt Hinweise, wie verschieden Gott auf verschiedenen Stufen gedacht worden ist. Sie belegt Entwicklungsstadien Gottes:

Er bildet mit eigenen Händen Adam und die Tiere. Am Anfang geht der Herr vertraut mit den ersten Menschen um. Er hat sie durch Anhauchen mit seinem Atem belebt; er hat sie in seinen Garten, das Paradies, versetzt, in dem er bei angenehmem Abendwind spazieren geht. Er bietet Adam zunächst die Tiere an, aus ihnen einen Lebensgefährten zu wählen. Da sein Versuch mißlingt, bastelt er Eva aus der Rippe Adams. Aber er straft auch, und er braust auf. Er ist gutmütig, aber nicht kohärent. Schließlich tut es ihm leid, die Menschen geschaffen zu haben. Er ersäuft sie in der Sintflut, nur Noah kommt davon; Gott, liebevoll besorgt um einzelne Schützlinge, verschließt mit eigener Hand die Arche von außen. Beim Turmbau zu Babel redet er, als sei er seiner Oberherrschaft nicht sicher und als fürchte er die wachsende Macht der Menschen.

Später wirkt er vom Himmel her, aus größerem Abstand. Er kommt nicht mehr selbst, seine Stimme genügt. Er spricht in Träumen, zuletzt schickt er Boten, Engel, als Mittler zwischen ihm und den Menschen. Er sorgt nicht mehr nur für die eine Familie, die zum Gottesvolk werden wird; er übernimmt weltweit-universale Aufgaben: Er besorgt die Erschaffung des Himmels und der Erde; er verurteilt die ganze Menschheit und rettet aus seinen selbstinszenierten Katastrophen nur, wen er will.

Die Geschichte der Erschaffung der Welt eröffnet die *Genesis*. Die Weltentstehung wird, wie gesagt, zweimal erzählt. Die erste Erzählung steht in *Genesis* 1,1–2,4a, ich nenne sie Bericht B, die zweite – es ist die mit Sündenfall – steht in *Genesis* 2,4b – 3,24. Die beiden Texte zeigen charakteristische Unterschiede – untereinander und in der Art, wie Gott die Welt begründet. Ich glaube nicht, hier Neues zu sagen über den Gott des Alten Bundes; ich zeige nur, wie verschieden seine Art, die Welt zu verursachen, von der Weltbegründung durch den Gott der Philosophen war. Deswegen gehe ich etwas genauer auf den Anfang der Bibel ein und beginne mit dem zweiten Bericht, den ich A nenne, denn er ist vermutlich älter und überliefert ältere Erzählungen.

Hier kommt Gott nicht vom Himmel herab, denn er wohnt im Paradies oder er ergeht sich dort jeden Abend. Hier legt Gott Hand an; er formt Lebewesen aus Lehm und haucht ihnen seinen Lebensatem ein durch die Nase. Er vertreibt sie aus dem Paradies, näht aber den Sündern Kleider aus Fell, hatten sie doch, als sie erkannten, daß sie nackt waren, ihre Scham nur mit Feigenblättern verdeckt. Er hat auch einen Zug ins Große, Universale: Er ist der Erschaffer der Welt. Wir sind vom Paradies, das noch besteht, durch die Wüste getrennt. Jahweh ist der Herr aller Menschen. Den Bericht A interessiert die äußere Natur kaum; er läuft schnell auf die Erschaffung des Menschen und auf dessen Unglücksgeschichte zu.

Die Erde war trocken. Der Mensch kam in eine kahle Welt. Pflanzen wuchsen später. Der Mensch, aus Erde geschaffen, gehört zum Ackerboden und kehrt zu ihm zurück. Kein Gedanke an Unsterblichkeit der Seele oder Wiederherstellung am Jüngsten Tag.

Der Mensch will werden wie Gott. Er strebt nach Erkenntnis. Wissen ist das Privileg Gottes, das er eifersüchtig bewacht. Der Mensch, zuerst unschuldig, unwissend wie ein Kind, ißt vom Baum der Erkenntnis. Adam nimmt wortlos, was seine gottgegebene Gattin ihm reicht. Was Erkenntnis von ‹Gut und Böse› heißt, wird nicht klar. Vermutlich bezieht es sich nicht auf ethische Grundprobleme. Die Wendung sagt vermutlich: Wenn er von diesem Baum ißt, dann weiß er *alles*. Dann weiß er wie wir, was nützlich und was schädlich ist.

Der Mensch ißt die verbotene Frucht und betritt den Weg in die Zivilisation; er bekommt Kleider, erlernt Musik und Schmiedekunst. Er bearbeitet das Eisen und stellt Waffen her. So kommt es zum Brudermord, bald zur Stadtgründung durch Kain, wobei man nicht weiß, wo er so schnell die vielen Menschen herholte. Die Erzählung läuft darauf hinaus: Alles wird schlimmer. Die Menschen werden intelligenter und stärker; sie entfernen sich von Gott.

Erkenntnis gehört nur Gott. Wissen ist Können; es ist die Zauberkraft, nur mit dem Wort etwas zu bewirken.

Text A erzählt keine bloß individuelle Geschichte, sondern erklärt gegenwärtige Weltverhältnisse:

Der Acker ist verflucht. Der Mann, der ihn bearbeitet, leidet unter der großen Mühsal. Er wird sterben und wieder zu Erde werden. Die Frau wird ihre Kinder unter Schmerzen zur Welt bringen. Sie sehnt sich nach dem Mann, der sie unterwirft. Die Schlange darf als einziges Tier nicht auf Füßen gehen, sondern muß zur Strafe auf dem Bauch kriechen und Staub fressen.

Das Paradies existiert weiter, aber auf fernen Bergen und ist verschlossen, bewacht von Cheruben, Mischwesen aus Löwe, Adler und Mensch. Außerdem schwebt über dem Eingang ein Schwert aus reinem Feuer. Das utopische Glück ist unzugänglich, eine bloße Erinnerung.

Die Erzählung hat etwas Philosophisches. Sie erklärt, wie gesagt, Grundgegebenheiten des menschlichen Lebens: Warum wir sterben müssen und die Landarbeit schwer ist. Warum Frauen Schmerzen leiden bei der Geburt eines Kindes. Daneben stehen märchenhafte Züge: Da kann eine Schlange sprechen. Da bringt ein Baum Früchte hervor, die Wissen verleihen, gar Wissen über alles. Indem er sie ißt, durchbricht Adam die Grenzlinie zwischen Gott und Mensch. Gott will nicht, daß er wissend wird. Adam bezahlt schwer – mit Arbeit im Schweiß, mit Krankheit und Tod. Die geringer Sündige, Eva, wird bestraft mit Schmerzen bei der Geburt und damit, daß sie sich sehnt nach ihrem Tyrannen. Zum Tod verurteilt ist auch sie.

Der Stil der Erzählung ist anschaulich, urtümlich, wenig von Reflexion berührt. Märchenhaft, konkret. «Der frische antike Erdgeruch weht uns entgegen» (Julius Wellhausen, *Prolegomena*, Berlin ⁶1905, S. 297).

Erzählung B, mit der unsere Bibel beginnt, offenbart einen anderen Gott. Sie fängt grandios an: «Am Anfang schuf Gott Himmel und Erde.» Er erschafft mit seinem Befehlswort: «Da sprach Gott: Es werde Licht. Und es ward Licht.» Er nimmt nicht Material in die Hand; er steht dem Weltstoff gegenüber und spricht sein Zauberwort, wie andere archaische Gottheiten, etwa Marduk, vor ihm. Er erschafft nicht aus dem Nichts. Bevor er sprach, war die Erde «wüst und leer». Finsternis lag auf dem Urmeer. In A stand am Anfang die trockene Erde, die Wüste. Auch in B ist Gottes Souveränität eingeschränkt durch das Ausgangsmaterial. Er findet das Chaos vor. Sein Erschaffen ist ein Herausrufen durch Unterscheiden. Aus der Urfinsternis macht er den Gegensatz von Licht und Finsternis. Dies geschah am ersten Tag, und es stört uns nicht, daß es Tage und Nächte gab, bevor die Sonne erschaffen war. Wir verlangen dem antiken Text nicht unsere naturkundlichen Schulkenntnisse ab. Wir sollen Gott bewundern, der das Riesenwerk so schnell geschafft hat. Und ‹Licht› war wohl eine eigene Realität, so etwas wie ein feiner Stoff. Wir tadeln es nicht, wenn er den Himmel als gewaltiges Gewölbe erschafft, eine riesige, materielle Glocke. Wir nehmen es hin, wenn es Pflanzen gab, bevor die Sonne schien.

Gott B ist gegenüber A souveräner oder ‹geistiger› geworden. Dennoch gibt es in B neben dem Erschaffen durch Zauberwort auch noch das schlichte ‹Machen›.

Gott schafft durch Unterscheiden. «Gott schied zwischen Licht und Finsternis». Er entmischt, was im Urstoff lag. Er hält die Unterscheidung fest, indem er allem den richtigen Namen gibt. In der Erzählung A gab der Mensch allen Tieren den richtigen Namen. Dieses Herrschaftsrecht hat im Bericht B Gott an sich gezogen.

Er erschafft in sechs Tagen. Erzähler B ordnet den Inhalt der Welt nach einer Art von logischer Abfolge: Erst kommt der Himmel, dann kommen die Vögel. Erst das Wasser, dann die Fische. Text B gibt eine kosmologische Übersicht. Hier fängt die Entzauberung der Natur sanft an. In dieser Natur wächst schon kein Baum mehr, der Wissen verliehe oder ewiges Leben.

In B wird der Mensch nicht zur Strafe in die Natur gesetzt wie in A. In A ging es nicht um den Kosmos, sondern um die Erde und ihre Bewohnbarkeit. Nach Bericht B gehört der Mensch ursprünglich in sie hinein. Er soll in ihr herrschen. Die Erdarbeit ist hier kein Fluch; die geschlechtliche Vermehrung ist geboten. Immer wenn Gott ein Teilstück vollendet hat, tritt er wie ein Künstler zurück und findet sein Werk gut. Die Erde ist kein Jammertal.

Der Mensch ist Gottes Ebenbild. Für das Staubgebilde in A gilt das nicht. Wie der ferne Großkönig in seiner Provinz eine Skulptur von sich aufstellen läßt, so steht der Mensch nach B als Bild Gottes in der Welt und soll stellvertretend über sie herrschen. Er soll sie beherrschen, aber töten soll er nicht. Gott gebietet ihm, vegetarisch zu leben, *Genesis* 1,29. Für Noah und seine Nachkommen wird Gott das Gebot, vegetarisch zu essen, wieder aufheben, *Genesis* 9,2.

Die Verteilung des Schöpfungswerks auf sechs Tage verschafft dem Sabbat eine theologische Begründung: Am siebten Tag soll der Mensch ausruhen, wie Gott es getan hat. Der Verfasser hat die religiöse Alltagsordnung im Auge. Davon war Text A weit entfernt.

Der Stil von B ist monumental, überblicksartig, abstrakt ordnend, sichtend und präzis. Keine überwuchernde Phantasie wie in der volkstümlicheren Erzählung A. Der Text teilt die inzwischen feststehende Priesterlehre mit. Er leitet zur Frömmigkeit an, besonders zur Einhaltung der Sabbatruhe, aber er bedient auch ein kleines kosmologisches Interesse. Er beantwortet die Frage: Was gibt es alles in der Natur? Wie ist es entstanden? Wieso steht der Mensch so weit über den Tieren? Wie soll er sich zu ihnen verhalten? Warum sollen wir am siebten Tag ruhen?

Gegenüber der Schadensbeschreibung in A gibt B einen nach Tagen gestaffelten Katalog und gerät dabei stilistisch in eine «nüchterne Monotonie» (Gerhard von Rad).

Diese Texte sind außerordentlich oft kommentiert worden; ich füge ihnen nur wenige Bemerkungen hinzu:

1) Die beiden Texte unterscheiden sich stark; sie sind teilweise unvereinbar. Wer Text B an den Anfang der Bibel gesetzt hat, hat die ideenpolitische Option gewählt, um nicht zu sagen: er hat die Manipulation begangen, den Text A zu verdrängen, vielleicht zu ersetzen, jedenfalls umzuinterpretieren. Vermutlich war A schon zu ehrwürdig-alt und zu bekannt, um zum Verschwinden gebracht zu werden.

2) Ein Kommentator, der die beiden Texte harmonisiert und der sich daraufhin zu sagen getraut, welcher Gott ‹wirklich› ist, muß die Vorgänge – z. B. daß Gott Kleider näht oder daß eine Baumfrucht Wissen verleiht – als Metaphern deuten und diese einem möglichst geistigen und rationalen Gott zuordnen. Er übersieht es oder gesteht verklemmt zu, selbst der Bericht B stelle Gott in Menschengestalt vor; eine Skulptur bietet sein stellvertretendes Bild. Er muß Text B zum Leitfaden wählen und ihn mit Hilfe des philosophischen Gottesbegriffs subventionieren. Die ‹falschen› kosmologischen Details in B erklärt er damit, der irrtumslose Gott habe sie aus Rücksicht auf die damaligen Leser/Hörer pädagogisch eingeplant. Arbeit sei keine Strafe, auch nach B soll Adam im Garten arbeiten. Mancher Kommentator, der im 20. Jahrhundert lebte wie Gerhard von Rad, dozierte mit ansonsten unerklärlichem Nachdruck, diese Geschichten seien keine ‹Mythen›. Mythen seien nur die ähnlichen Geschichten aus Babylon. Die biblischen Erzählungen unterschieden sich von diesen maximal, vor allem durch «ihre Durchsichtigkeit und Verständigkeit». Na ja.

3) Die Frage, welcher der beiden Berichte den tatsächlichen Vorgang und den wahren Gott am Werk zeige, stelle ich nicht. Der wahre Gott ist der hier in geschichtlichen Schüben erzählte. Man wird einwenden, da bestehe doch eine schroffe Alternative: Entweder war die Erde Wüstensand oder feucht. Entweder hat Gott mit seinen Händen ge-

formt oder durch sein Zauberwort befohlen. Entweder hat er den Menschen für die normale Erde gedacht oder er hat ihn strafweise aus dem Paradies verwiesen und das Paradies durch einen Cherub bewachen lassen, dazu noch durch ein freischwebendes Feuerschwert. Man kann zweifeln, ob dieser Gott einer war oder viele oder einer aus vielen, denn er sagt von sich auffällig ‹wir› (1,26). Oder war mit diesem Plural sein Hofstaat gemeint, ohne dessen Applaus kein orientalischer Herrscher etwas Großes tut? Ich hebe diese Widersprüche, die sich vermehren ließen, weder hämisch hervor, noch kann ich sie theoretisch ausgleichen. Ich lasse sie stehen als schön erzählte altorientalische Geschichten. Von Fachleuten hätte ich gern eine Erklärung, warum in A Gott ‹Jahwe elohim› heißt: Gott als einer von mehreren? Gott mit Engeln?

4) Text A mit seinem düsteren Drohton wurde später ausgebaut zur Lehre vom Sündenfall und von der Erbsünde. Davon sagt unser Text nichts, worauf ich zurückkomme. Nirgends im ganzen *Alten Testament* wurde die Erzählung A dazu verwendet, Krankheit, Tod oder Sünde als ererbt herzuleiten. Er sagt: Gott ist nicht schuld an Leid und Tod in der Welt.

5) Wenn ich Christ wäre, würde ich mich fragen, ob ich an den Gott der Version A glaube oder an den von B oder ob ich aus beiden einen reineren, geistigeren, moderneren Gott zu entwickeln hätte. Solche Weiterentwicklungen liegen geschichtlich vor im späten Judentum, beim jüdischen Philosophen Philo. Sein Destillationsverfahren hieß *Allegorie*. Wenn etwas in der Bibel stand, das ihm naiv, anthropomorph oder zu orientalisch vorkam – wenn also zum Beispiel Gott die Erschaffung der Menschen bereut oder er zuerst ein Paradies für sie baut und sie gleich darauf wegen eines kindlichen Fehlgriffs daraus vertreibt, oder wenn er aus Ärger und/oder Konkurrenzangst ihren schönen großen Turm zerstört und ihre Sprachen verwirrt –, dann sagte der philosophisch Gebildete, das alles sei *bildlich* gemeint. Dieses Verfahren der Wundervermeidung hatten spätantike Philosophen entwickelt, um den Göttergeschichten von Homer und Hesiod etwas Tiefsinniges abgewinnen zu können, ohne den verehrten Dichter-

heroen schroff widersprechen zu müssen, wie es Heraklit und Platon getan hatten. Das spätere allegorische Verfahren suchte den alten Göttererzählungen die tiefere, die geistigere Bedeutung abzugewinnen. Das war beim Lesen der *Genesis* unvermeidlich. Ein Gott, der mit eigener Hand die Tür der Arche des Noah von außen verschloß, war in der hellenistischen Welt philosophisch angreifbar. Da half nur das Allegorisieren. Es war halbherziger Unglaube. Jaspers nannte das ‹philosophischer Glaube›. Dieser spricht die alten Formeln nach, denkt sich dabei aber etwas anderes (*allo*, das Andre; *agoreuo* ich spreche, ich rede öffentlich auf der *agora*, daher ‹Allegorie›). Er vermeidet den Konflikt mit den Zionswächtern und destilliert aus alten Geschichten reineren Weltgeist. Wer die Bibel ‹bildlich› auslegt, simuliert Zugehörigkeit und geht doch eigene Wege. Augustinus, der sich zunächst eifrig der Allegorie bedient hatte, drängte sie später zurück; sie dürfe nur angewandt werden, wenn zuvor der Wortsinn der Schilderung akzeptiert ist. Ähnlich insistiert Gerhard von Rad im Blick auf Text A: «Es ist also daran festzuhalten, daß hier ein Tatsachenbericht gegeben werden will.»[33] Dann also doch nicht bildlich ‹gemeint›.

Hier steigt Nebel auf. Ich verlasse den orientalischen Zaubergarten und kehre zu der Frage zurück, warum ich kein Christ bin: Ich kann weder an Gott A noch B noch C glauben. Alle drei Stufen waren eindrucksvolle Entwicklungsstadien des menschlichen Denkens, historisch interessant, aber sie liegen hinter mir. Ein moderner Theologe aber, der sich nicht mehr zu sagen getraut, Gott habe diese Tatsachen dem Moses offenbart, der außerdem die Destillationsmethode des Allegorisierens als zu philosophisch, zu ‹aufgeklärt› verwirft und auffordert, am ‹Tatsachencharakter› festzuhalten, ohne zu sehen, daß ‹Moses› (wer immer das in der Urzeit war) nicht wissen konnte, was eine ‹Tatsache› ist, redet verwirrt. Denn die ‹Tatsache› ist ein Zersetzungsprodukt der jüngeren Philosophiegeschichte. Noch Goethes Farben waren keine ‹Tatsachen›.

Gerhard von Rad war ein nachdenklicher Mann. Als Mitglied des Ordens pour le mérite verschaffte er sich auch noch das Verdienst, uns mitzuteilen, warum er es ablehnt, die uralten Bibelbilder philosophisch neu zu deuten. Der Mensch, sagt von Rad, soll sich nicht herausnehmen zu wähnen, «von seinem frei bezogenen Standpunkt, von seiner

3. Am Anfang schuf Gott ...

Gottesidee aus Gott besser zu verstehen, als wenn er sich seinem Wort unterstellen würde» (Rad S. 71). Gemeint ist nicht ‹unterstellen›, sondern: kritiklos unterwerfen. Es sei ein ‹alter Wahn›, fährt von Rad fort, einen Standpunkt frei zu beziehen. Wir sollen gehorchen. Dabei ist diese Forderung auch ein moderner, frei bezogener und im 20. Jahrhundert bekannter anti-liberaler Standpunkt, der sich Autorität anmaßt. Da waren die alten Inspirationstheoretiker besser dran. Sie dachten, der vernünftige Gott habe uns abbildliche Vernunft geschenkt, um die göttliche Vernunft seiner Mitteilungen zu erheben. Gerhard von Rad sah, daß er seine Position noch etwas verstärken müsse, und bediente sich dazu des folgenden Zitats eines noch berühmteren Theologen:

«Dort, wo der Mensch aber mit der Waffe eines Prinzips, einer Gottesidee gegen das konkrete Gotteswort angeht, dort ist er der Herr Gottes geworden.» (Dietrich Bonhoeffer, *Schöpfung und Fall*, S. 61).

Das muß man sich auf der Zunge zergehen lassen. Die Rede ist von *Genesis 3*, von der Schlange, die spricht, die aber jetzt nicht mehr der Satan sein soll. Fragt ein gutmütiger Leser, wie er die Paradiesesgeschichte mit seinem Begriff von Gott vereinbaren soll, dann sagt ihm der Theologe: Du bedienst dich mit deinem Begriff von Gott einer ‹Waffe›, du gehst mit ihr gegen das Gotteswort an, statt dich ihm zu unterwerfen.

Wie defensiv und roh ist das gedacht: Die Gottesidee, die andere Theologen im ersten Kapitel des *Römerbriefs*, 1,20, bestätigt sahen, heißt hier eine «Waffe». Der Theologe schlägt sie dem Genesisleser aus der Hand. Dieser darf über Gott nichts Eigenes denken. Und dann die weitere Begründung: Wer seine Gottesidee geltend macht gegenüber dem Bericht vom Sündenfall, also Text A, der mache sich zum «Herrn Gottes». Der ist der Teufelei, des satanischen Hochmuts verdächtig. Als mache der Theologe, der seine Interpretation vorträgt und der doch auch nicht selbst die Stimme Gottes sein kann, sich nicht ebenso zum Herren, der Deutungshoheit beansprucht. Nur ist er ein Herr, der nicht diskutieren will, sondern Unterwerfung verlangt, weil er seines Wissens sicher ist, Text A sei ‹das konkrete Gotteswort›.

Die Bibelworte sind ehrwürdig, aber Theologen, die so selbstsicher auftreten, vertreiben mich aus ihrer Konfession. Sie sind so sehr mit

Selbstverteidigung beschäftigt, daß selbst die ‹Gottesidee› ihnen als feindliche Waffe vorkommt.

6) Welches Bild von der Frau haben unsere Texte? Adam begrüßt sie jubelnd: Endlich Fleisch von meinem Fleisch. Anders als bei den Tieren, die Gott ihm zuerst vorgeführt hat, findet er sich selbst in ihr wieder. Sich selbst als den, der eine Gehilfin sucht und für den es nicht gut ist, allein zu sein. Eva ist von gleicher Art, aber keineswegs von gleichem Recht. Adam ist der Mann; er nennt sie ‹Männin› und schreibt damit ihre dienende Funktion fest. Ich sehe schwarz für feministische Theologinnen mit philologischem Feinsinn.

Antike und mittelalterliche Genesiserklärer, Meister Eckhart ausgenommen, fanden in Text A *ihre* Ansicht von der sekundären Rolle der Frau wieder. Das wird ihnen niemand verübeln. Wenn aber ein Meister der modernen evangelischen Theologie erklärt, warum die Schlange sich an Eva, nicht an Adam wendet, liegt der Fall anders. Das hört sich so an:

«Damit soll wohl angedeutet werden, daß das Weib den dunklen Lockungen und Geheimnissen, die unser umschränktes Leben umlagern, unmittelbarer gegenübersteht als der Mann. In der Geschichte des Jahweglaubens haben gerade die Frauen immer wieder einen Hang zu dunklen Afterkulten gezeigt.» (Rad, S. 73)

Das Weib erscheint im ‹konkreten Gotteswort› von Text A schwach, sinnlich, betörbar. Sie ist die Einfallpforte des Satans in die männliche Festung. Ich schweige über die geschwollene Sprache, in der die Frau herabgestuft wird und der Mann sich selbst lobt. Sie klang schon 1949 aufgedunsen. Ich gebe nur noch zwei Zitate wieder, in denen Gerhard von Rad die Rolle der Frau festschreibt:

«In unfreier Triebhaftigkeit und doch am unmittelbarsten beteiligt am Schöpfungswunder, stöhnend unter Schmerzen, gekrümmt unter Wehen».[34] So mitfühlend kann man sagen, daß ein Mann die Frau als Hure und Mutter denkt.

Von Rad holt sich weitere Hilfe, um die Rolle der Frau in Text A klarzustellen. Er beruft sich, anno 1949, zustimmend auf eine Publikation mit dem altehrwürdigen Titel: *Deutsche Theologie*, allerdings nicht auf die aus dem Frankfurt des Mittelalters, sondern auf die gleich-

3. Am Anfang schuf Gott ...

namige Zeitschrift von 1937, herausgegeben von Artur Weiser (S. 17). Weiser faßte zusammen, was ein deutscher Theologe zwischen 1937 und 1949 über die Frau in *Genesis* 2–3 zu sagen hatte:

«Das Mutterglück, die höchste Erfüllung weiblichen Wesens, ist getrübt durch Kummer und Schmerz. Nur in gebrochener Haltung steht der Mensch seinem Leben gegenüber; das ist jene rätselvolle Tatsache, die der Jahwist im Auge hat und mit der Erzählung Gen. 2 f. erklären will» (Rad, S. 82).

Auch hier tritt ein Mann mit einer Idee an das ‹konkrete Gotteswort›. Nur ist es nicht mehr die Gottesidee des alten Idealismus, auch keine ‹Tatsache›, sondern die Mutterideologie der deutschen Theologie von 1937, die von Rad 1949 im Namen des göttlichen Vaters weiterempfahl.

Kapitel VI
Erlösung

Denn auf diesem Artikel ruht die christliche Religion und der Glaube, wie auf einer Grundmauer, und wenn diese gelegt ist, so befindet sich alles übrige in gehörigem Bestande.

DER RÖMISCHE KATECHISMUS NACH DEM BESCHLUSSE DES KONZILS VON TRIENT, BAND 1, REGENSBURG ⁴1905, S. 41

1. Wovon erlöst?

«Ohne den Glauben an die Erlösung kann nie jemand selig werden», sagt der Katechismus des Konzils von Trient. Das Christentum in seinen klassischen Fassungen präsentiert sich als Erlösungsreligion. Es glaubt an die Erlösung durch Christus. Aber *wovon* hat er die Menschen erlöst?

Unter den ersten Jüngern erwarteten viele die Befreiung von der römischen Besatzung. Die Hinrichtung Jesu bewies, daß dieses Projekt gescheitert war.

Die Erlösungsvorstellung der ersten Christen behielt lange noch Reste der Hoffnung auf Wiederherstellung Israels und Errichtung des Gottesreichs auf Erden. Viele antike Christen glaubten an die tausendjährige Herrschaft der Christen im wiederaufgebauten Jerusalem. In der Folgezeit hatten Christen das beseligte Bewußtsein, endlich die Wahrheit zu sehen, befreit zu sein von den Irrtümern des Götzendienstes, belehrt von Jesus, dem wissenden Lehrer, der vom Himmel herabgestiegen war. Erlöste hatten die Hoffnung, vergöttlicht mit Gott zu leben, als befreite Seele am überirdischen Ort. Mancher

1. Wovon erlöst?

Laientheologe nennt heute *allein dieses* Erlösungsmotiv und vergißt darüber den Zorn Gottes und seine Forderung nach Genugtuung; gutherzig täuscht er Gläubige wie Ungläubige über den Glauben der Christenheit.

Die Erscheinungen des Getöteten hatten neue Hoffnung geweckt, nun nicht mehr auf die Vertreibung der Römer und hohe Posten für die Jünger, sondern auf die baldige Herabkunft des Gottesreichs vom Himmel her. Dieses Gottesreich ließ sich religiös deuten als endgültige Durchsetzung des Gotteswillens auf Erden oder politisch als Erneuerung der Unabhängigkeit Israels. In beiderlei Gestalt kam es nicht. Als die dritte Christengeneration starb, war offenbar diese Art ‹Erlösung› nicht eingetreten; die Hinterbliebenen deuteten ‹Erlösung› erneut um. Sie verschoben die herrliche Wiederkunft Jesu auf unbestimmte Zukunft und verstanden ‹Erlösung› als Befreiung der Seele durch wahre Erkenntnis und gerechtes Leben oder durch magische Wiedergeburt aus ‹Wasser und Heiligem Geist›. Sie fanden sich erlöst von den gräulichen Irrtümern der Heidenwelt und ihrer moralischen Korruption, andere glaubten, sie entgingen der Todläufigkeit des irdischen Lebens.

Die Erlösung bedeutete Gewinn der Wahrheit. Jetzt jubelten die Christen, Jesus zeige ihnen das wahre Gesicht Gottes. Er führe die Gläubigen aus der Finsternis zum Licht. Er befreie vom Irrtum des Polytheismus; er gebe sichere Einsicht in die duale Diesseits-Jenseits-Struktur der Welt, also in ihr Unten und Oben; er verbürge Hoffnung, herausgerettet zu werden aus dem Kerker der stofflichen Welt. Das Glück des wahren Lebens bestand dann in der Erkenntnis Gottes, des allein wahren Weltgrundes, wie das *Johannesevangelium* 17,3 schreibt.

So gab es seit dem 2. Jahrhundert ein Nebeneinander von Erlösungskonzepten: Christus war der Lehrer der Wahrheit; er gab Anteil am göttlichen Leben, und er versöhnte als Sühneopfer. Die Erwartung der Wiederkehr Jesu verblaßte; die Sakramente gewannen an Bedeutung; sie setzten auf geheime Weise Jesus gegenwärtig, der auf den Wolken nicht kam: Die Taufe wusch alle Sünden weg, so begann schon auf der Erde die Vergöttlichung der Berufenen; die Vereinigung mit dem Erlöser in der Eucharistie fand ihre Vollendung in der Aufnahme der Seele in den Himmel, unter dem Begleitschutz von Engeln, vorbei an den Dämonen, die den Luftraum beherrschten. Die Erlösung wurde so seit dem Ende des 2. Jahrhunderts zur Vergottung der Seele. Irenäus von Lyon und andere Autoren schrieben, Gott sei Mensch geworden, damit der Mensch Gott werde. Andere sahen die Sache mehr ethisch, praktisch als Befreitwerden von der Sünde, als Realisierung des richtigen Lebens nach dem Willen Gottes. Die liturgische Wiederholung des letzten Abendmahls Jesu deutete voraus auf die endgültige Befreiung von aller Last des irdischen Lebens. Je schwieriger, je bedrohter das Erdenleben war und/oder so gesehen wurde, um so mehr wuchs der Kontrast zwischen Diesseits und Jenseits. Dualistische Weltauffassungen gewannen an Zustimmung. Sie konnten sich aufs *Neue Testament* berufen; schließlich wünschte Paulus nichts so sehr, als daß sein Leib aufgelöst werde, um bei Christus zu sein; im *Johannesevangelium* (12,31) stand, der Satan sei der Herr dieser Welt. Dann war Erlösung das Herausgerettetwerden aus dieser Welt. Die Weltsicht von *Genesis* 2–3 siegte in manchen Christengruppen, zumal in Jahren der Verfolgung, über die Aussicht siegreicher Weltbeherrschung nach *Genesis* 1. Dies führte zur erneuten Anknüpfung an Paulus, besonders an dessen *Römerbrief*.

Der folgenreichste Wortführer des neuen Paulinismus wurde Augustin, vor allem seit seiner Wende in der Gnadentheorie von 396/397. Er entwarf ein umfassendes Erlösungskonzept; er beschränkte sich nicht auf die Frage, *wovon* Christen erlöst seien. Er wiederholte auch nicht einfach die Ansichten des Paulus; er gab ihm *sein* Gesicht und entnahm ihm, was er zur Deutung seines Lebens und des Zustands der nun siegreichen Kirche brauchte. Er griff aus Text A der *Genesis* und aus dem neunten Kapitel des *Römerbriefs* heraus, was zu seiner neuen Gnadentheorie paßte. Paulus hatte im *Römerbrief* Gottes freies Walten im Schicksal des Volkes Israel besprochen; Augustin schrieb das um auf die Erlösung einzelner Seelen. Er machte aus dem Apfelbiß, den der Jesus der Evangelien nie erwähnt hatte, den Sündenfall der gesamten Menschheit und den Beginn der Teufelsherrschaft auf Erden. Ohne diese Menschheitssünde habe es weder Krankheit noch Tod gegeben. Augustin behielt aus seiner manichäischen Zeit so viel an dualistischer Bewertung des irdischen Lebens bei, wie ihm mit seinem neuplatonischen Monotheismus vereinbar schien. Er erdachte

1. Wovon erlöst? 197

die Erbsünde als die durch geschlechtliche Vermehrung übertragene Fortdauer der Ursünde. Er *erfand* die Erb*sünde*, die *vor* ihm ein Erbschaden war, als wahre *Schuld, als wirkliche Sünde,* die auch den Neugeborenen anhafte, soweit sie nicht ausnahmsweise ohne Geschlechtsverkehr zur Welt gekommen waren wie der Erlöser. Dessen Tod befreite zwar nicht von allen verderblichen Folgen der Ursünde, aber versöhnte die Menschen mit dem wegen Adams Ungehorsam erzürnten Gott. Erlösung beendete die universale Teufelsherrschaft. Augustin sah die Defekte der Massenkirche. Er predigte seinen Christen, die Taufe genüge nicht zum ewigen Heil. Ihm zufolge kamen nicht einmal mehr alle Getauften in den Himmel. Die Erlösung brachte nur noch wenigen getauften *Auserwählten* die Freuden des ewigen Lebens. Diese lagen allesamt im Jenseits. Erlösung wurde von nun an strikt jenseitig verstanden. Sie bestand jetzt darin, mit der unsterblichen Seele in den Himmel zu kommen.

Thomas von Aquino hat dieses Verständnis von Erlösung moderiert, nicht aufgegeben. Er nahm Korrekturen Anselms und Abaelards am älteren Erlösungskonzept auf; auch sie hat er nicht abgeschafft. Luther hat die Erbsündenlehre Augustins verschärft und das Bewußtsein der Erlösten dahin zugespitzt, daß Glaubende gewiß sind, einen versöhnten Gott (*Deum placatum*) zu haben; das Konzil von Trient hat lutherische Petitessen[35] abgelehnt, aber das kaum gemilderte Kombinationsmodell bestätigt.[36]

Wo immer die christliche Botschaft genau genommen und korrekt gepredigt wird, liegt ihr bis heute Augustins Gnadenlehre der Jahre nach 397 mit einigen Abweichungen zugrunde. Zum fortwirkenden Grundbestand gehören insbesondere folgende Vorstellungen:

- Die Menschheit ist ein einheitlicher Rechtskörper; dieser ist durch Adams Schuld mit seinem Schöpfer verfallen;
- Adams Sünde ist die weltgeschichtliche Urkatastrophe; durch sie erst sind Krankheit, Tod und Konkupiszenz in die Welt gekommen;
- was allen geschieht, die nicht von einer Jungfrau geboren sind, lautet in kraftvoll lutherischen Wendungen so: Sie werden «in Sünden empfangen und geboren, das ist, daß sie alle von Mutter Leibe an voll böser Lust und Neigung sind, keine wahre Gottes-

furcht, keinen wahren Glauben an Gott von Natur haben können ... daß sie untüchtig sind zu allen Gottes Sachen»;[37]
- Gott liebt die Menschen, besteht aber auf Genugtuung; er fordert ein Sühneopfer wegen der unendlichen Beleidigung durch den Apfelbiß;
- der erzürnte Gott kann allein besänftigt werden durch die Tötung des Gottessohns am Kreuz.

Diese Ideen bilden den Grundriß des christlichen Begriffs von Erlösung, aber die Christen beider Konfessionen in Deutschland erfahren das kaum noch. Sie blicken erstaunt auf, wenn man sie fragt, wovon ihr Erlöser sie erlöst habe und wenn man ihnen erzählt, was in ihren Büchern steht. Viele verurteilen Gewaltpolitik und Raubtierkapitalismus, aber als erlösungsbedürftig verstehen sie sich selten oder nie. Hier liegt ein Hauptgrund dafür, daß die Kirchensprache nicht einmal mehr ihre Anhänger erreicht. ‹Erlösung› wäre für sie eine religiöse Spezialleistung, die sie normalerweise nicht in Anspruch nehmen. Nur im Fall einer tödlichen Krankheit beten sie noch, von ihr erlöst zu werden, weil alle anderen Mittel versagt haben. Wenn niemand mehr ernsthaft an die augustinische Erbsündenlehre und Teufelsherrschaft einschließlich der sexuellen Vermehrung als Übertragung realer Schuld an Neugeborene glaubt, verliert die Erlösung ihre alte Prägnanz. Die meisten Menschen haben ein anderes Verhältnis zu ihrem Körper. Wenn sie ihr Selbstverständnis überhaupt noch an der Bibel orientieren, entscheiden sie sich für die Variante B der *Genesis* gegen A. Manche glauben noch an den Himmel als an ihre Seelenheimat, fürchten aber nicht mehr die Hölle. In jeder Tageszeitung versichern die Angehörigen Verstorbener, Gott habe den Toten zu sich aufgenommen in sein himmlisches Reich. Gerade die Annoncen hoher Prälaten lassen dem Endurteil Gottes keine Alternative. Sie reden noch nicht einmal mehr vom Fegefeuer als dem vermutlichen Aufenthaltsort des hohen Herrn. Daß er in der Hölle enden *könnte*, diese einzig kirchlich-korrekte Vorstellung scheint abgeschafft.

Wo das Sündenbewußtsein fehlt, braucht es keine Erlösung. Ich bin kein Christ, denn ich finde mich zwar fehlerhaft und meine Existenz prekär, aber nicht erlösungsbedürftig. Wahrscheinlich geht es den meisten Menschen in Westeuropa ähnlich. Der Erlösungsreligion Christentum entspricht kein Bedürfnis mehr. Sie wird spannungslos, sie wird ein Verein zur Verbreitung von Lebenszuversicht. Luther sah die befreiende Wirkung der Erlösung noch anders: Sie bringt den Christen, schrieb er im *Großen Katechismus*, 2. Artikel, «vom Teufel zu Gotte, vom Tod zum Leben, von Sund zur Gerechtigkeit».

2. Loskauf

Als die Erlösungsidee noch in ihrem ambivalent-schillernden Glanz stand, enthielt sie bei Protestanten und Katholiken archaisch-befremdliche Nuancen, dunkle Schatten und urtümliche Reste, die oft übersehen, vertuscht oder abgeschwächt werden, als sei «Erlösung» nichts anderes als der Erweis der Liebe Gottes zu den Menschen. Aber die Quellen sprechen eine ganz andere Sprache: Sie reden von Sühneopfer und von Besänftigung des Zornes Gottes, von ‹Loskauf›, und Lösegeld. Da wird ein ‹Schuldschein› zerrissen. Es heißt, der Tod am Kreuz schaffe ‹Genugtuung›, Gottvater verlange von seinem geliebten Sohn Blut und Tod als Sühneopfer. Dem Sohn widerstrebt das, aber er gehorcht. Der Sündenlose bringt sich stellvertretend für die Sünder am Kreuz dar. Gottvater verlange es von ihm, weil er die Menschen liebe. Die Liebe geht aber nicht so weit, auf Kompensation zu verzichten. Gottes Liebe zeige sich bei der Erlösung daran, sagen Theologen, daß er das Tier oder den Menschen *gibt*, die als Opfertier ihr Blut geben. Seine Liebe ist dadurch moderiert – man könnte auch sagen: begrenzt, oder sogar: durchkreuzt –, daß er im Bewußtsein seiner hohe Würde Schadenersatz verlangt für die Beleidigung durch den Ungehorsam Adams, der für die gesamte Menschheit sprach. Die Verletzung sei auf seiten Gottes unendlich groß gewesen, deswegen bestehe er auf Wiedergutmachung. Die könne aber nur ein Mensch leisten, der ohne Zutun eines Mannes von einer Jungfrau geboren wurde. Denn die Libido bei der normalen Erzeugung eines Menschen übertrage die Schuld Adams auf alle anderen. Gott gewährt der Menschheit Verzeihung, aber nicht formlos, nicht ohne blutige Vermittlung.

Aber liebt er sie nicht schon vorher, wenn er sie befreien *will* und sich zur Versöhnung entschließt? War er nicht immer mit ihr versöhnt? Bringt erst der Kreuzestod die Versöhnung? Ändert Gott sich durch den Tod Jesu? Ist in seinem Innern etwas Neues passiert? Wenn er anders auf uns blickt, nachdem das Lamm die Sünden der Welt hinweggenommen hat, dann gab es Wandel im Unwandelbaren. Seit genau siebzig Jahren – ich kann es durch einen Zufall exakt datieren – versuche ich, das zu verstehen. Es war im August 1942; es regnete zum ersten Mal Bomben auf die Heimatstadt, mein Spielfreund Hermann Schneider kam dabei ums Leben, in der Kirche hörte ich, wir seien erlöst, und ich wollte wissen, was das heißt. Der lebensfrohe Kaplan überlegte in der Religionsstunde laut: Wenn Gott uns nicht erlöst vom Krieg, nicht von unserem Hunger und unserer Todesangst, müssen wir ihm dann nicht sagen, er könne auch den Rest für sich behalten?

Es wird einen Grund haben, daß ich mich an diese Frage erinnere, nicht an die Antwort. Im Konzept der Erlösung stimmt einiges nicht.

Die christliche Idee der Erlösung verlangt ein Opfer. Ohne den Tod Jesu am Kreuz war Gott mit der Menschheit nicht zu versöhnen. Er bestand darauf, daß ein Sühneopfer ihm Genugtuung leiste; er wollte Schadenersatz für die unendlich verletzte Ehre. Die Sünde Adams war Majestätsbeleidigung. Worte dieses Gewichts dulden keine Abschwächung. Diese Vorstellung von ‹Sühne› und ‹Entsühnung› setzt einen Gott voraus, der über die Kult- und Lebensordnung wacht. Ein Fachmann für die Hebräische Bibel erklärte das:

«Der Sühne bedürftig ist alles mit Sünde und Unreinheit Behaftete. Nichts Derartiges kann vor dem heiligen Gott bestehen. Gegen ungesühntes der Sühne Bedürftiges müßte sich vernichtende, lebensbedrohende Reaktion Gottes auswirken. Sühnung wird gewirkt vor allem durch Besprengung und Bestreichung mit Opfertierblut.»[38]

Das war vom Gott des Alten Bundes gesagt. Er ist empfindlich; man kann ihn beleidigen. Er rächt sich, wenn er nicht versöhnt wird. Und gnädig wird er durch Blut. Der Tod Christi, schreibt Paulus, ist eine Sühnegabe, ein Mittel der Versöhnung.[39]

In den ersten christlichen Jahrhunderten breitete sich am Mittel-

2. Loskauf 201

meer der Glaube aus, es gebe einen guten und einen schlechten Gott. Der schlechte Gott habe die sichtbare Welt geschaffen, der gute Gott schenke uns die Erkenntnis (*gnosis*) über diese Tatsache und zeige uns durch seinen vom Himmel kommenden Gesandten den Weg der Befreiung aus dem Gefängnis der Sinnenwelt.

Diese dualistischen Gruppen sahen die Erlösung als Befreitwerden aus dem Herrschaftsbereich des bösen Gottes, der die sichtbare Welt geschaffen habe. Die christliche Erlösungslehre ist die abgemilderte Version dieser metaphysischen Zwei-Prinzipien-Lehre. Sie versprach, Christen entkämen den Klauen des Teufels. Der Satan hieß dann nicht mehr ‹Gott›, war nicht mehr der Schöpfer, aber er war immerhin noch Herr dieser Welt. So war der Monotheismus gewahrt, aber Menschen lebten in kosmischer Kampfsituation und verlangten Befreiung von metaphysischer Fremdherrschaft.

Dazu paßte die Vorstellung, die Erlösung sei ein Loskauf. Wer erlöst werden wollte, mußte dafür etwas opfern. Man achte, wenn christliche Urkunden von ‹Erlösung› reden, auf Terminologie und Metaphern. Erlösung heißt *red-emptio, Rückkauf*.[40] Der Herr, der Zorn auf sein Volk hatte, wird durch Zahlung *versöhnt*. Schuld wird durch Geschenk oder Zahlung ausgeglichen. Der Verärgerte erhält *Sühne* und wird wieder gnädig.

Die Metapher des Freikaufs stammt vom Sklavenmarkt. Auf barocken Darstellungen des Kreuzestods zerreißt ein Engel den Schuldschein. Diese Metapher stammt von Paulus. Mit dem Tod Christi hat die Menschheit abgezahlt. Jesus hat stellvertretend den Tod, den *sie* verdient hat, auf sich genommen und dadurch die Menschen vom Tod befreit. Das Bezahlen der Schuld besteht im freiwilligen Tod. Im Vergießen von Blut. Mit Geld ist es nicht getan; zur Versöhnung Jahwehs muß Blut fließen.

Gottes Zorn wurde gestillt, indem wir seinen Sohn töteten. Irgendwie muß das Gott gefallen haben. Er hat es jedenfalls so gewollt und hat dazu seinen Sohn auf die Erde geschickt. Menschliche Väter haben selten Freude daran, wenn ihr einziger Sohn umgebracht wird. Aber im *Neuen Testament* stehen solche Wendungen: Jesus zahlte mit seinem Tod das Lösegeld.[41] Paulus teilt mit, die Rede von Jesu Tod «für unsere Sünden» sei ihm übermittelt worden, *1 Korinther* 15,3. Diese Vorstellung dramatisierte und archaisierte das Konzept der Erlösung – das stellvertretende Blutopfer Jesu besänftigte den Zorn Gottes. Vielleicht erleichterte dieses Bild es den ersten Christen, mit dem Schock der Hinrichtung des Gerechten fertig zu werden. Wäre es nur darum zu tun gewesen, den Menschen zu vergöttlichen oder ihm die Wahrheit vom Himmel zu bringen, daß Gott ihn liebt, dann wäre der Kreuzestod nicht nötig gewesen. Aber dieser schmähliche Tod mußte doch in Gottes Plan einen besonderen Sinn haben, eben als Opfer für die Vielen. Christen ordneten so das Erlebte in das bereitliegende kulturelle Muster ein, der Mensch müsse den Göttern etwas opfern, um ihr Wohlwollen zu erhalten. Ein Opfer, *sacrificium*, bringen, das hieß: etwas Heiliges tun. Judenchristen lasen nach Jesu Tod die Hebräische Bibel neu und fanden jetzt den Tod des Messias geweissagt, bei *Jeremias* 53 und in den *Psalmen* 22 und 69. Die weitere Erklärung, was «für die vielen» heißt, gab Paulus.

Diese Erlösung dürfen wir uns vorstellen wie eine afrikanische Jagdszene unter Wildtieren: Löwen drängen eine Zebraherde zusammen, sie lauern auf das jüngste oder schwächste Tier. Sie stürzen auf es zu, und die übrige Herde kommt befreit davon. So versöhnt das blutige Sühnopfer Christi Gott und die Menschheit. Vorausgesetzt war, der eigentliche Akteur bei der Kreuzigung sei Satan gewesen; außerdem galt es als ungeheuer schwer, die Gunst des jenseitigen Großkönigs wiederzugewinnen; er sei tief verletzt. Augustin hat den Apfelbiß hochstilisiert zu einer so großen Schuld, daß sie das Wesen des Menschen verändert hat. Seitdem erst erfüllt er die Definition, ein *sterbliches* Vernunftwesen zu sein. Gott war voller Zorn auf ihn, denn in Adam hatte ihm die ganze Menschheit den Gehorsam verweigert. Daher mußte er streng strafen. Das schien eine befriedigende Erklärung der Hinrichtung Jesu. Paulus erneuerte die alttestamentliche Vorstellung vom Sündenbock: Wir haben durch Schuld unser Leben verwirkt; wir laden unsere Schuld auf das Opfertier ab; dessen Blut bringt stellvertretend Versöhnung.[42]

Wenige christliche Denker, darunter Origenes, wollten diese blutrünstige Vorstellung von ihrem Gott fernhalten und konstruierten den Vorgang anders: Durch Adams Sünde bekam Satan wohlerworbene

Rechte auf den Besitz der Menschheit. Gottes Gerechtigkeit schloß es aus, dem Teufel seinen Besitz einfach wegzunehmen, ihn sozusagen mit Gewalt zu enteignen. Deswegen sollte der Teufel eine Art Entschädigung erhalten – er durfte den gerechten Gottessohn töten; dafür verlor er seine Herrschaft über die Menschheit.

Die Christenheit war sich lange nicht einig, *wem* das Lösegeld gezahlt wurde, dem Teufel oder Gott. Vielleicht auch beiden. Das ist, intellektuell gesehen, wohl ihre größte Merkwürdigkeit. Sie tauschte zwischen dem 3. und dem 12. Jahrhundert die Funktionen zwischen Gott und dem Satan.[43] Entweder unterstellte sie ihrem Gott blutige Rachegelüste für eine Untat, die in der ganzen Hebräischen Bibel außer in Text A keine Rolle spielt, oder sie erfand ein Rechtsgeschäft mit dem Satan, dem die Menschheit teuer abgekauft werden mußte, da sie seit dem Sündenfall rechtmäßig ihm gehörte. Beides sind archaische und mythologische Vorstellungen mit altertümlichem Modergeruch, der in der Laborluft des ‹wissenschaftlichen Zeitalters› für manche Zeitgenossen den Reiz eines Kontrastmittels ausübt.

Es gibt noch andere Bedenken: Christus soll doch Gott sein. Wenn er aber Gott war, dann versöhnte er sich durch seinen Kreuzestod mit sich selbst. Die zweite Person der Trinität mit der ersten? Oder bot Christus sein Blut der ganzen Trinität, darunter sich selbst? Ein Abgrund tut sich hier auf. Allemal floß Blut.

Mancher Theoretiker der Erlösung durch Kreuzestod streifte das Skurrile. Nach Augustinus verlor die langwährende Teufelsherrschaft über die Menschheit ihre Vertragsgrundlage, als Satan den einzigen Gerechten tötete; er habe den in einer gewöhnlichen Menschengestalt lebenden Gottessohn nicht erkannt. Der Leib, der ihn dem Teufel verbarg, war wie eine von Gott vorbereitete Mausefalle, in die der Satan hineinlief. Er überschritt seinen Machtbereich und verlor dadurch rechtens die wohlerworbene Oberherrschaft über die Menschheit. Die Erlösung durch Menschwerdung und Sühneopfer am Kreuz war die List Gottes, durch die bescheidene Menschengestalt des Gottessohns den Teufel zu täuschen, ihn in die Falle zu locken. So heiter – könnte man nicht sagen: so levantinisch? – faßten Augustinus und Papst Gregor die Erlösung.[44]

Die christlichen Erlösungstheoretiker hinterließen darüber hinaus eine Reihe offener Fragen:

Bezog sich Gottes Erlösung auf die Sünden der Menschheit insgesamt oder auf die des Einzelnen? Die Akzentverlagerung der Erlösung aufs Jenseits förderte seit dem 2. Jahrhundert bei Christen den Wunsch, aus dem irdischen Leben und allen körperlichen und zeitlichen Bedingungen herausgerettet zu werden. Das ergab eine Art spirituellen Nihilismus: das Christentum als Todessehnsucht. Augustin erklärte, ihm wäre am liebsten, niemand mehr würde heiraten. Aber, fragte jemand zurück, dann würden keine Kinder mehr geboren? Aber genau das war für ihn der ideale Zustand, das angestrebte Erlösungsziel: Kein Mensch mehr auf der Erde, einige Auserwählte im Himmel, die Sündermasse in der Hölle.

Durfte dann der Christ, der noch auf Erden weilte, sich als ‹erlöst› betrachten? War er nur anfangsweise oder teilweise erlöst? Kam die große, die endgültige Erlösung noch? Kam sie nur für den Einzelnen oder war sie ein universales Weltereignis?

War die Erlösung ein für allemal geschehen, oder vollzog sie sich als ständiger Prozeß? Hatte sie etwas mit Geschichte zu tun? War sie allein Gottes souveräne Tat, oder verlangte sie eine Selbstbeteiligung der Erlösten? War es denkbar, daß sie rein von außen gewährt wurde? Ließ es die geistige Natur des Menschen zu, rein *passiv* erlöst zu werden? Mußte er sich nicht in irgendeiner Weise selbst beteiligen, ohne daß man ihm Selbsterlösung vorwarf?

Die biblischen Texte hatten diese Fragen offengelassen. Überwiegend hinterließen sie den Eindruck, die Erlösung sei ein für allemal geschehen und sei von außen auf den Menschen zugekommen. Aber sie befreite die Völker nicht von Hunger, Pest und Krieg, den Einzelnen nicht von Leiden, Schuld und Tod. Das Individuum behielt seine Krisen und mußte sehen, wie es aus ihnen herauskam. Zunehmende Individualisierung relativierte die Vorstellung, ‹erlöst› zu sein. Ich habe jahrzehntelangen Umgang mit guten Kirchenchristen und fand bei keinem von ihnen die Erlösungsidee besonders relevant. In ihrer Lebenswirklichkeit überwogen die Übel, von denen sie *nicht* erlöst sind, nicht das Gute, das ihnen die Erlösung gebracht hat. Niemand spricht mehr vom Erlöstsein – ich meine, von *seinem* Erlöstsein, also von der eigenen Erfahrung, erlöst zu sein – außer denen, die mit dessen Verkündigung ihren Lebensunterhalt verdienen. Die Erlösungsidee ist irgendwie tot. Für die verbleibenden Probleme haben wir den Hausarzt oder den Psychiater. Die Entgegensetzung von Diesseits und Jenseits geriet zunehmend auch bei Theologen in Zweifel.

3. Opfer

Christi Tod war ein blutiges Opfer. Er war unser Opferlamm. Sein Opfer war das *definitive* Opfer; er löste bei Judenchristen den Brauch ab, dem Gott Israels Hekatomben von Tierblut zu opfern. Der Tod am Kreuz wurde als Opfer verstanden, auch wenn Christen gelegentlich schwankten, *wem* es dargebracht wurde. Seit dem 2. Jahrhundert interpretierten sie das Erinnerungsessen der frühen Kirche, das Abendmahl, als fortgesetztes unblutiges Opfer.

Paulus verstand das gesamte christliche Leben als Daueropfer. Er forderte, die Christen sollten sich selbst als Gott wohlgefälliges Opfer darbringen.[45] Dies prägte die christliche Kloster- und Klerikerethik. Die vor der Unbill des Lebens am meisten geschützte soziale Schicht fast aller Jahrhunderte der Zeit von 313 bis 1800 – Kleriker zahlten keine Steuern, wurden nicht Soldaten, waren von Hungersnöten kaum betroffen – verschaffte sich mit der Opferideologie das Bewußtsein, sie vollziehe an sich selbst das Leiden des Heilands am Kreuz. Sie übertrieben, noch voll an der Macht, in ihrer Opferrhetorik Bosheit und Stärke ihrer Feinde. Sie vergaßen alle Privilegien, verklärten ihren Sonderstatus und verteidigten ihn damit, sie brächten für andere ihr Leben als Opfer dar.

In Deutschland fand oder vielmehr: schuf der Klerus beider Denominationen für seine Opferideologie zwei besondere Anlässe: Im Ersten und auch noch im Zweiten Weltkrieg erklärte er den Soldaten und ihren Familien als Wort Gottes, wie gut und edel es sei, sein Leben fürs Vaterland zu opfern. Niemand habe eine größere Liebe, als wer sein Leben hingebe für seine Freunde. Und den Müttern speziell stellte er vor Augen, welch ein Privileg es sei, für Kinder und Ehegatten ein christlich abgetöntes Opferleben zu führen. Das klerikale Frauenbild beruhte auf Opfermystik und Opferethik.

Daß die Menschen den Göttern gegenüber nicht gut dastehen, daß sie ihnen etwas zu ihrem Lebensunterhalt bringen müssen, diese Vorstellung war uralt, echt ‹mythisch›. Zu ihr gehörte, daß die Götter am Bratenduft des Opferfleischs Freude haben und daß sie – ohne die Priester dabei zu vergessen – sich vom Opferfleisch ernähren. Die Idee lag nahe, Menschen seien erschaffen worden, um die Götter zu bedienen. Augustin, ein Intellektueller der Spätantike, hat diese archaischen Elemente erlösungstheoretisch weitergeführt. In dieser christlichen Form war ‹Erlösung› durch Opferblut eine Hirngeburt. Keineswegs erst die neuzeitliche Aufklärung nahm an Augustins Erlösungstheorie mit ihrem Erbsünden- und Opfermythos Anstoß. Spätestens im 12. Jahrhundert hat Abaelard sie kritisiert. Thomas von Aquino hat die Erlösungstheorien Augustins, Anselms von Canterbury und Abaelards schulmäßig kombiniert. Wer sie als nachvollziehbar darstellt, unterwirft sich ihr blind oder schwächt sie ab. Denkende Christen lassen sie heute schon als entseeltes Überbleibsel des Augustinismus auf sich beruhen!

Will Gott, daß *alle* Menschen erlöst werden? Das Heil, das er Israel versprach, sollte exklusiv diesem Volk gelten. Es war nicht primär individuell konzipiert als Ziel eines individuellen Weges, und schon gar nicht für Individuen der anderen Völker. Auch die ersten Jünger Jesu waren überzeugt, sie seien nur zu den Kindern Israels gesandt. Paulus wendete das Blatt: Jetzt wollte Gott, daß *alle* Menschen selig werden, 1 *Timotheus* 2,4. Dieser Universalismus forderte Heidenmission. Das hieß vor allem: Alle sind erlösungsbedürftig, aber nur wer glaubt, wird gerettet. Dann werden de facto nicht alle gerettet, zumal wenn außer dem Glauben auch die Taufe mit Wasser und Taufformel gefordert war. Das schränkte den Universalismus des frühen Christentums ein, zumal Paulus die sittliche Verderbtheit der Heidenmehrheit in grellen Farben malte. Nur wer sich bekehrte, konnte erlöst werden. Dazu mußte die christliche Predigt ihn erreicht haben. Das war aber nicht überall der Fall, weder im Jahr 400 noch später. Die überwiegende Mehrheit der Menschen war immer ungetauft; die überwiegende Mehrheit der Getauften sah nie danach aus, zu den Berufenen zu gehören. Trotzdem galt theoretisch lange der universale Heilswille Gottes.

Aber gehört er nicht zum Wesen des Christentums? Ist der Gott des Neuen Bundes nicht die Liebe? Manche Menschen bekommen glasige Augen, wenn sie das Wort ‹Liebe› hören. Deswegen muß man etwas genauer hinsehen. Daß das Christentum die Religion der Liebe sei, ist eines der stärksten Werbemittel der christlichen Kirchen. Können sie sich auf das *Neue Testament* berufen? Weder der Jesus der Evangelien noch Paulus haben gesagt, daß Gott die Liebe sei. Der Satz kommt zweimal in der Bibel vor, und zwar im *1. Johannesbrief* 4,8 und 4,16. Ich streite hier, wo es um Liebe geht, nicht darüber, wer der Verfasser dieses Briefes war; ich halte mich daran, daß man sagt, der Verfasser des *Johannesevangeliums* habe ihn geschrieben. Dann darf man dieses Evangelium neben den Brief legen.

Ich bleibe zunächst beim *1. Brief*: Er sagt unmißverständlich, daß Gott seine Kinder liebt. Seine Kinder sind aber allein die, die Jesus von der Sünde befreit hat und die deshalb im kommenden Zorngericht bestehen werden. Alle anderen Menschen stammen vom Teufel; ihnen gilt Gottes Liebe nicht: *1 Johannesbrief* 3,1–10. Es gibt Kinder des Teufels, und es gibt Kinder Gottes. ‹Wir› sind Kinder Gottes. ‹Wir› sollen uns lieben, als Kinder des Lichts. Die Liebe des Christen gilt hier schon nicht mehr dem ‹Nächsten›, sondern nur noch dem miterlösten Glaubensbruder. Wer *seinen Bruder* liebt, bleibt im Licht. Die anderen sind Kinder des Teufels; sie heißen auch ‹Kinder der Welt›. Jeder, der *nicht* erklärt, Jesus sei der Retter, stammt vom *Antichrist*. Und der Antichrist ist schon in der Welt, *1. Johannesbrief* 4, 2–6. Dieses exklusive Gruppenbewußtsein schränkt die Liebe Gottes auf die Gläubigen ein. Die ‹Welt› ist das Feindliche und Fremde; sie ist das Feld des Antichrist und des Satans.

Christliche Zeitgenossen haben oft gehört, Gott sei die Liebe. Dies war nicht auf die Christenherde beschränkt, und so sind sie geneigt, im *Evangelium des Johannes* den universalen Charakter der Liebe Gottes und die Anerkennung der ‹Welt› zu finden. Nun habe ich dieses Evangelium oft gelesen; ich komme dabei nicht über den Gegensatz hinaus, der die Frage betrifft, für wen bei Johannes Gott die Liebe ist:

Das Evangelium setzt ein mit der Erklärung: Der Logos war am Anfang, und die Welt ist durch ihn geworden. Er breitet das Licht Gottes über den ganzen Kosmos und über alle Menschen. Er erleuchtet *alle* Menschen, nicht nur die Christen. Diese Botschaft klingt menschenfreundlich und universalistisch. Aber dann folgen ganz andere Töne:

Jesus wirft ‹den Juden› vor, sie glaubten nicht an ihn, weil sie nicht aus Gott sind: «Ihr habt den Teufel zum Vater», 8,44. Irrlehrer und Nichtchristen stammen vom Teufel. Nur wer wiedergeboren wurde «aus dem Wasser und dem Geist», 3,3–7, gehört zu den Söhnen. Man muß getauft sein, um von Gott geliebt zu werden. Die Liebe Gottes zur Welt besteht darin, daß er seinen Sohn dahingab, damit *jeder, der glaubt*, das ewige Leben habe, 3,16. Nur wer an den Sohn glaubt, wird vom Vater geliebt. Ein schroffer Gegensatz zwischen Christengruppe und ‹Welt› tut sich auf. Die Welt haßt die Brüder, die einander lieben.[46] Der Jesus des *Johannesevangeliums* lehnt es ausdrücklich ab, für *alle* zu beten. Er betet nur für die, die aus Gott sind, 17,9–19. Redet so der Logos, der alle Menschen mit seinem Licht erfüllt? Ein partikularistischer Geist hat sich unter Urchristen breitgemacht – vielleicht 50, vielleicht auch 90 Jahre nach dem Tod Jesu. Scharf grenzen sie sich ab von den ‹Juden›: Gott hat deren Herz verstockt, 12,40: *Er hat ihre Augen blind gemacht und ihr Herz hart.* Damit ist klar, was es bei Johannes heißt, daß Gott die Liebe ist.

Die Erbsünden- und Gnadentheorie Augustins brach noch schärfer mit der Voraussetzung des Paulus, Gott wolle *alle* Menschen retten. Der späte Augustin stellt dem entgegen: *Wenn* Gott wollte, *würden* alle gerettet. Aber er will es seit Adams Sünde nicht; er rettet aus der Sündermasse nur, wen er retten will. Also geht die überwiegende Mehrheit für immer verloren; sie endet in ewigen Höllenqualen. Auch die Neugeborenen, die keine persönliche Schuld haben, gehören in die Hölle; sie werden allerdings nur milde bestraft. Die natürliche Sittlichkeit der Ungetauften hilft niemandem; auch gerechte Heiden kommen in die Hölle, denn in Wirklichkeit sind sie nicht gerecht, weil sie Dämonen als ihre Götter verehren und dem wahren Gott die Verehrung schuldig bleiben.

3. Opfer

Das entgegenstehende Pauluswort vom allgemeinen Heilswillen Gottes legte Augustin so lange aus, bis das Gegenteil herauskam. Seine Ansicht von der exklusiven Erlösung hat sich im lateinischen Westen durchgesetzt, zum Schmerz nachdenklicher Christen. Die kirchliche Verurteilung des Origenes verstärkte den Satz, daß es außerhalb der Kirche kein Heil gebe. Dies wurde das einzig erlaubte Kirchenverständnis, auch wenn in älteren Texten hie und da das Gegenteil stand. Papst Bonifaz VIII. verengte die Zugangsbedingungen zum ewigen Heil noch weiter: Er verkündete feierlich und amtlich als unfehlbare Lehre, nur wer sich dem Bischof von Rom unterordne, könne gerettet werden. Dies motivierte jahrhundertelang zur Mission. Im Innern der Kirchen schuf es das Binnenklima der Absonderung und Auserwähltheit.

Viel hing daran, wie die natürliche Ethik beurteilt wurde. Sie war den Christen seit der Antike zugänglich bei Cicero und Seneca, seit dem 13. Jahrhundert auch bei Aristoteles. Thomas von Aquino rezipierte sie, aber band weiterhin die faktische Erlösung an Taufe und Kirchenmitgliedschaft, an Glauben und vorausgehende Erwählung. Ein Heide guten Willens blieb unerlöst; dies fanden nicht erst Aufklärer ungerecht. Auch *vor* dem 18. Jahrhundert wurde gefragt: Konnte Gott wirklich die Menschheit als ganze dem Satan überlassen und nur wenige Erwählte erlösen? Hatte er nicht die Menschheit als ganze angenommen, nicht nur ein einzelnes Individuum, sondern die Menschheit als reales Universale? Hat Jesus den Vatergott denn nicht mit *allen* versöhnt? Nach Augustins Erlösungstheorie sind nicht nur alle Menschen *nicht* erlöst, sondern noch nicht einmal alle Christen. Wer diese Theorie um Gottes willen verwarf, wurde zum Ketzer. Sie wurde abgeschwächt; um 1350 fand ein kundiger Beurteiler, sie sei fast verschwunden. Die Kirchen predigten weiter die alten Formeln; das Bewußtsein, erlöst und in der einzig wahren Kirche zu sein, gab Lebenszuversicht und trieb zugleich giftige Blüten.

4. Augustinus. Erlösung mit Tod und Teufel

Ein Text Augustins führt mitten hinein in die Entstehung seiner Erlösungslehre, die Protestanten und Katholiken über viele Jahrhunderte geprägt hat; er steht in seiner Schrift *De libero arbitrio, Der freie Wille* von 395.[47] Seine Erbsündentheorie deutet sich an, zeigt aber noch nicht ihre letzte Strenge.

Augustin erklärt die Logik der Erlösung. Er kommt dabei nicht aus ohne Tod und Teufel, ohne Gewalt, Überredung, Sex und Hölle. Sein Weltbild insgesamt ist beteiligt, und viel kommt ihm darauf an, daß es bei der Erlösung der Menschheit mit *rechten* Dingen zugegangen ist. Ich übersetze den Text und schließe ein paar Bemerkungen an. Augustin hat soeben ausgeführt, es gebe zwei Arten von Sünde: die erste werde spontan aus Eigenem begangen wie die des Teufels, die zweite geschehe aufgrund der Anstiftung durch einen anderen wie die Adams. Er fährt fort:

> 10, 29, 105 *Wenn der Herr bestraft, ist also in beiden Arten der Sünde die Gerechtigkeit gewahrt. Denn in gerechter Abwägung wurde entschieden, der Macht des Teufels die Herrschaft über den Menschen nicht zu verweigern, der sich dessen bösen Eingebungen unterworfen hatte. Es wäre Unrecht gewesen, hätte nicht der Teufel, den, den er gefangengenommen hatte, unter seiner Herrschaft gehabt. Ganz unmöglich konnte die vollkommene Gerechtigkeit des höchsten und wahren Gottes, die sich auf alles erstreckt, dort fehlen, wo er den Untergang der Sünder in seine Ordnung einfügt.*

> 106 *Doch die Sünde des Menschen war weniger schwer als die des Teufels. Daher half ihm genau dies dazu, das Heil zurückzuerlangen, daß er dem Fürsten dieser Welt – ich meine: ihrer sterblichen und niederen Teile –, dem Fürsten aller Sünder und Oberherrn des Todes so weit ausgeliefert worden ist, daß sein Fleisch sterblich geworden ist.*

> 107 *Denn nun, im Bewußtsein seiner Sterblichkeit, hat er die Angst kennengelernt. Er fürchtet sich vor häßlichen und verachteten, selbst vor winzigen Tieren, sie könnten ihn quälen, ja sogar töten. Er ist seiner*

Zukunft ungewiß; daher gewöhnt er sich daran, unerlaubtes Vergnügen zu unterdrücken, vor allem den Hochmut zu brechen, der seinen Fall verursacht hat und der als einziges Laster das Heilmittel der Barmherzigkeit zurückweist. ...

110 *Und so unterwarf das Wort Gottes, der einzige Sohn Gottes, Mensch geworden, den Teufel, den er immer unter seinen Gesetzen hielt und halten wird, auch dem Menschen. Nichts entriß es ihm gewaltsam, sondern er hat ihn besiegt durch das Gesetz der Gerechtigkeit. Nachdem der Teufel die Frau irregeführt und den Mann mit ihrer Hilfe zu Fall gebracht hat, unterwarf er die ganze Nachkommenschaft des ersten Menschen, weil sie sündig war, den Gesetzen des Todes. Das tat er zwar aus böser Lust daran, ihm zu schaden, aber doch mit vollem Recht. Seine Herrschaft sollte so lange dauern, bis er den Gerechten tötete, an dem er nichts Todeswürdiges aufweisen konnte, denn dieser war ja ohne jede Schuld umgebracht worden und ohne sexuelle Gier (sine libidine) zur Welt gekommen. Der Teufel hatte die Menschen, die er in seine Gefangenschaft gebracht hatte, der Libido unterworfen, so konnte er alles, was aus ihr geboren würde, als Frucht von seinem Baum in der Hand behalten, in verwerflicher Herrschsucht zwar, aber mit wirklichem Besitzrecht.*

111 *Es ist also nur höchst gerecht, daß er die freilasssen muß, die an den glauben, den er völlig zu Unrecht tötete. Auf diese Weise sollen die Menschen, indem sie in der Zeit sterben, ihre Schuld bezahlen, um in der Ewigkeit in dem zu leben, der für sie das bezahlt hat, was er niemandem schuldete. Die aber, die der Teufel zu hartnäckigem Unglauben verführen konnte, sollte der Teufel zu Recht als Genossen seiner ewigen Verdammung bei sich haben.*

112 *So ist also der Mensch dem Teufel nicht mit Gewalt entrissen worden. Der hatte ihn ja auch nicht mit Gewalt eingefangen, sondern durch Überredung. Und der Mensch, der gerechterweise so tief gedemütigt worden ist, daß er Sklave dessen wurde, dem er zum Bösen zugestimmt hatte, wurde gerechterweise gerettet von dem, dem er zum Guten zustimmte. Denn die Sünde des Menschen, durch Zustimmung begangen, ist geringer als die, die der auf sich geladen hat, der ihn zum Bösen überredete.*

Die Erlösungstheorie Augustins entwickelt sich in der Dreiecksbeziehung: Gott, Teufel, Tötung des Gerechten. Er dachte Erlösung als Befreiung der Menschheit aus Teufelsbesitz, in den sie gerechterweise gekommen ist, indem Eva ihren Mann bewegte, Satan nachzugeben. Indem Satan zur Rebellion anstiftete, lud er schwerere Schuld auf sich, aber Gott nahm ihm die Beute, die ihm rechtens gehörte, nicht mit Gewalt, sondern mit höchster Gerechtigkeit. Satan verlor sie, als er den einzig Gerechten tötete. Satan verwirkte sein Recht auf die ganze Menschheit, das er durch Adams Schuld besaß.

Der Teufel tritt hier als mächtige Größe auf. Fast wie ein Gegengott. Ihm gehörten vor der Erlösung alle Menschen. Er war es, der Adam durch Eva verführt und Jesus getötet hat. Er ist der «Vorsitzende des Todes»; es ist der Teufel, der allen Menschen völlig zu Recht den Tod bringt. Gott behandelt ihn als ein Wesen eigenen Rechts. Die Erlösung ist nicht die freie Selbstübereignung Gottes an die Menschen, sondern die Zerstörung der Satansherrschaft. Gott selbst handelt hier nicht, auch Jesus am Kreuz kommt nicht vor als Erlöser, sondern als Objekt des satanischen Übergriffs, der sein Reich zerstört, das eine Rechtsgrundlage hatte. Gott respektiert seinen wohlerworbenen Besitz. Man sieht, wie wenig die negative Theologie, die er gelegentlich streifte, Augustin gehindert hat, sich im Innenleben Gottes und dessen Zwiespalt zwischen Liebe und Gerechtigkeit auszukennen: Die ganze Nachkommenschaft Adams gehört dem Teufel. Sie lebt in Sünde, schon weil sie mit Libido zur Welt kam. Satan hat den einzigen Gerechten getötet, an dem er keine Rechte hat, denn Jesus wurde ohne Schuld getötet und ohne Libido erzeugt.

Der Zusammenhang von Sex und Sünde sowie die Jungfrauengeburt Jesu ist zentral für Augustins Bild von der Erlösung. Der gewöhnlich aussehende Menschenleib hat dem Teufel die Gottheit Christi verhüllt. Er ist, da von der Jungfrau geboren, ohne Adams Sünde; indem er ihn tötet, überschreitet der Teufel die Rechtssphäre und verliert zu Recht sein Recht auf die Menschheit. Das Satansreich bricht in sich zusammen; es wird nicht von Gott handelnd zerstört. Augustin kann es nicht lassen, aus Männerperspektive die Schuld zu verteilen: Das Unglück hat damit begonnen hat, daß Satan die Frau täuschte und die Frau den Mann zu Fall gebracht hat.

4. Augustinus. Erlösung mit Tod und Teufel 213

Unser Text gewährt Einblick in Bauch und Unterleib der christlichen Erlösungstheorie: Die biblischen Texte sprachen vom Lösegeld, das zur Befreiung der Menschheit von der Teufelsherrschaft zu bezahlen war. Die Menschen, als endliche, konnten es nicht aufbringen. Jesus als Mensch und Gott zahlt es freiwillig für sie, im Gehorsam zum Vater. Gott hat sich nicht in unmittelbarer, direkter Zuwendung den Sündern zugewandt. Er schickte seinen Sohn, der das Lösegeld zahlen sollte. Diese archaische Vorstellung machte Augustin im Jahr 395 philosophisch gebildeten Lesern plausibler, indem er die Gerechtigkeit zur Grundlage des Prozesses machte. Ihr mußte erst genuggetan werden, denn Gott war nicht nur Liebe, sondern auch strenge Gerechtigkeit. Und sie verlangte die Todesstrafe. Nur als der Gottmensch in freiwilliger Stellvertretung sie erlitt, sühnte sie die unendliche Schuld, die auf allen Menschen lag, die mit Libido erzeugt waren. Aus dem Rachebedürfnis des zornigen Gottes machte Augustin, ältere Gedankenmotive aufnehmend, den Eiferer für Gerechtigkeit, der selbst die Teufelsrechte respektierte. Das machte die rohen Verhältnisse zwischen Gott, Satan und Adamskindern fast plausibel. Gottes gerechte Abwägung zugunsten der Satansrechte galt als respektables Motiv, das Gottes würdig schien. Es hat Gott aus seinem Wesen heraus daran gehindert, seiner Liebe zur Menschheit ohne Menschenopfer sofort nach Adams Untat freien Lauf zu lassen.

Augustins relativ früher Text sagt nicht, was Gottvater sich dabei gedacht hat, als sein Sohn hingerichtet wurde. Er verschweigt auch, *wem* die Menschheit *abgekauft* werden mußte. Aber das können wir uns denken: Sie gehörte rechtens dem Teufel, also mußte das Opfer *ihm* dargebracht werden. Das Blut Christi ist der hohe Preis, der für die Erlösung dem Teufel gezahlt werden mußte. Denn es geht bei der Erlösung mit höchster Gerechtigkeit zu, *iure aequissimo*, III 10, 31, 110. Augustin unterwirft die urtümliche Vorstellung vom Sündenbock durch die Einführung der Gerechtigkeit als Motiv Gottes einer leichten Rationalisierung. Gott darf nicht willkürlich handeln, auch nicht aus Liebe; er muß sich, da er auch die Gerechtigkeit ist, an die Rechtsordnung halten. Das bot Augustin den intellektuellen Vorteil, nicht annehmen zu müssen, es habe im ewigen, also unwandelbaren Gott selbst bei der Versöhnung eine Wandlung stattgefunden.

Augustin stellt die Erlösung durch das Kreuz als sinnvollen Vorgang dar. Er denkt die Menschheit als Einheit, die gemeinsam gezeichnet ist von Adams Schuld und von der Libido, ohne die kein Mensch zur Welt kommt. Selbst der Tod hat wohltätige Folgen: Er erzeugt Angst und Umsicht. Er macht die Gefährlichkeit des Lebens bewußt. Die Sterblichkeit macht wohltätig klar, daß wir die Zukunft nicht kennen, daß wir nicht Herr unserer Zeit sind. Er regt an, das sinnliche Vergnügen zu moderieren. Es war also nicht Grausamkeit, sondern Gerechtigkeit, daß aus Adams Sünde der Tod folgte. So findet Augustin beim Nachdenken über Erlösung selbst die Todesstrafe gut, die Adam der Menschheit eingetragen hat. Das klingt nach Heidegger. Aber natürlich klingt Heidegger nach Augustin.

Kapitel VII
Ethik

1. Neue Regeln

Es falle schwer, sagt man, die christliche Ethik zu leben. Aber es kostet auch schon reichlich Mühe herauszufinden, was die christliche Ethik eigentlich will. Selbst die authentischen christlichen Imperative geben nur ein schematisches Bild, einen abstrakten Grundriß. Er hat sich in der realen Geschichte des Christentums stärker gewandelt als seine theoretischen Grundlehren, die ‹Dogmen›, selbst wenn der Wortlaut gleich blieb. Daß der Christ seinen Bruder lieben soll, das bedeutet in der realen geschichtlichen Welt sehr Verschiedenes. Diesen identischen Imperativ haben Erasmus und Luther jeweils anders gelebt und gedacht, wieder ganz anders ein antiker Wüstenvater oder Karl der Große oder Mutter Teresa. Hier ist also davon die Rede, wie Christen dachten, daß sie leben sollen, nicht, wie sie de facto gelebt haben.

Das heißt nicht, wir könnten über ihre Ethik nichts wissen. Ganz sicher soll der Christ Gott und den Nächsten lieben wie sich selbst. Und wenn der Weltenrichter mit all seinen Engeln in Herrlichkeit wiederkommt, begrüßt er die Geretteten mit folgenden Worten:

> *Ich war hungrig, und ihr habt mir zu essen gegeben;*
> *ich war durstig, und ihr habt mir zu trinken gegeben;*
> *ich war fremd und obdachlos, und ihr habt mich aufgenommen;*
> *ich war nackt, und ihr habt mir Kleidung gegeben;*
> *ich war krank, und ihr habt mich besucht.*

Er sagt das zu Helfern, die bei ihrer guten Tat nicht an den Weltenrichter gedacht haben. Sie scheinen in der Religionsstunde nicht aufgepaßt zu haben, denn sie wissen nicht einmal, daß er sich mit den Armen, Schwachen und Kranken identifiziert. Sie fragen zurück:

Herr, wann haben wir dich hungrig gesehen und dir zu essen gegeben? (*Matthäus* 25,35–37).

Jesus identifiziert sich mit den Hilfsbedürftigen. Damit schafft er einen hohen ethischen Anspruch. Zumal der Helfende seine Tat nicht tun soll wegen des Lohns bei Gott. Er fordert, so scheint es, zweckfreie Handlung, edelste Sittlichkeit, fast nach Kant. Allerdings hatte Jahweh schon in altjüdischen Texten erklärt, wer Armen helfe, helfe *ihm*.

Diese Wendung darf man nicht zu feierlich nehmen. Sie spielt an auf Botengänge: Wer einen Boten schickt, geht davon aus, daß man *ihn* hört, wenn man den Boten hört. Man beleidigt *ihn*, wenn man den Boten beleidigt. So sagte Jesus zu seinen Jüngern: *Wer euch hört, hört mich.* Seine Identifikation mit den Armen ist keine mystische, sondern folgt dem Spruch: «*Wer euch aufnimmt, nimmt mich auf!*» (*Matthäus* 10,40).

Am Jüngsten Tag waltet nicht Gottvater als Gerichtsherr, sondern der Menschensohn. Er setzt sich «auf den Thron seiner Herrlichkeit» und richtet unbarmherzig streng. Er fordert Liebe; dafür verspricht er den Hilfsbereiten das himmlische Reich, zu dem sie seit Ewigkeit bestimmt sind, und droht den Hartherzigen mit der ewigen Höllenstrafe (25,31–46).

Er identifiziert sich mit den Bedürftigen; als Mensch ist er ihr ‹Bruder›. Gott heißt im Neuen Testament ‹Vater›, nicht «Bruder» des Menschen. Der Text *Matthäus* 25 kommt dem heutigen Selbstverständnis vieler Christen nahe: Empfiehlt er nicht undogmatisch allgemeine Menschenliebe ohne Lohnerwartung? Die in den Himmel eingehen, wissen nicht, daß sie für den Menschensohn gehandelt haben. Dazu paßt die Mahnung, es komme auf aktive Nächstenliebe an, nicht auf das Hersagen der Hoheitstitel Jesu: «Herr, Herr!» (*Matthäus* 7,21–23). Das klingt, als hörten wir die Quintessenz der neutestamentlichen Ethik, die Summe der universalen Liebeslehre, als läsen wir die Urkunde eines undogmatischen und pragmatischen Christentums. Es wird oft so gedeutet. Aber das Bild täuscht: Der Zusammenhang ist die Gerichtsrede. Die «Tag-des-Zornes»-Stimmung durchzieht das *Matthäusevangelium;* sie herrscht auch hier. Der Lohngedanke bleibt. Vor allem aber sind es die «geringsten Brüder», denen wir Hilfe schulden, keineswegs *alle* Armen dieser Erde. Juden und Heiden zu helfen, das wird nicht verboten, aber der primäre ‹Nächste› ist das Gemeindemitglied. Das ist vor allem der arme, obdachlose und vielfach verfolgte Wanderprediger, der Hunger hat, krank wird und immer wieder ins Gefängnis kommt, in dem üblicherweise die Gefangenen nur das zu essen bekamen, was ihre Besucher mitbrachten.[48]

2. Die Zehn Gebote

Fragt man Christen nach den Quellen ihrer Ethik, verweisen sie auf die Bergpredigt und die Zehn Gebote. Sehen wir uns beides genauer an, beginnend mit den letzteren, also mit dem sog. Dekalog.

Der Wettergott Jahweh hat ihn unter Blitz und Donner auf dem Berg Sinai gegeben; er hat mit eigener Hand die Gebote auf zwei Steintafeln geschrieben und diese seinem Diener Moses überreicht. Höhere Autorität können Lebensregeln nicht haben.[49]

Am Anfang stellt Gott sich vor: Er ist der Gott Israels, der die Israeliten aus dem Sklavenhaus Ägypten herausgeführt hat. Sein Gegenüber ist ganz Israel, nicht primär die Person Moses. Er hat einen Bund mit Israel geschlossen und erklärt, welche Pflichten Israel daraus erwachsen. Er verlangt Gehorsam und zählt die Handlungen, die er erwartet, in zwei Gruppen auf: Da sind zuerst die Gebote und Verbote in Bezug auf Gott (*Deuteronomium 7–15*); einige werden durch Zusätze weiter erklärt. Zweitens kommen die Verbote im Verhalten zu anderen Israeliten (Verse 17–21). Sie sind in der berühmten Kürze formuliert und ohne Begründung nebeneinandergestellt: *Du sollst nicht!* Verboten werden: Mord, Ehebruch, Diebstahl, falsches Zeugnis vor Gericht, auch Übergriffe auf Frau und Eigentum des Nachbarn. Zwischen den beiden Gruppen steht das Gebot, Vater und Mutter zu ehren (Vers 16). Der Text numeriert die Gebote nicht; die Zehnzahl ist nicht streng eingehalten. Die verschiedenen Religionsgemeinschaften haben die Zehnzahl durch unterschiedliche Einteilungen des letzten Verbotes später hergestellt.

Ich beginne mit den sozialethischen Verboten (Verse 17–21). Zuerst kommt das Verbot, Stammesgenossen zu töten. Wer übersetzt: *Du sollst nicht morden!*, hat insofern recht, als das Töten im Krieg erlaubt war. Auch Hinrichtungen galten als rechtlich. Vom Töten der Tiere ist ohnehin nicht die Rede; Schlachtopfer forderten Gott und seine Priester.

Es folgt das heutige sechste Gebot: *Du sollst nicht ehebrechen!* (Vers 18). Es führt nicht die Monogamie ein. Es verbietet nicht den sexuellen Verkehr des Sklavenbesitzers mit seinen Sklavinnen. Vom Geschlechtsleben Unverheirateter ist nicht die Rede. Geschützt wird die Ehe als Institution.

Das Verbot des Diebstahls in Vers 19 wird nicht erläutert. Es verbietet wahrscheinlich das Kidnappen von freien Israeliten, nicht Jungenstreiche wie den Birnendiebstahl, für den Augustin sich in seinen *Bekenntnissen* schämt.

Niemand, auch kein Gott, könnte im Orient das Lügen verbieten. Homer hat es bewundert. Daher verbietet Vers 20 nur das falsche Zeugnis vor Gericht. Dies zu untersagen war um so notwendiger, als das altisraelische Gerichtsverfahren den Zeugen große Bedeutung zumaß. Nicht das Gericht hatte die Schuld zu beweisen, sondern der Angeklagte seine Unschuld.

Vers 21 verbietet das handfeste Verlangen nach der Frau des Nächsten; die zweite Hälfte verbietet Eingriffe in das Hauswesen und das sonstige Eigentum. Dem Wortlaut nach klingt das Gebot, als sei hier erstmals die rechte *Gesinnung* gefordert. Als verbiete Gott schon das bloße Verlangen, auch wenn es im Inneren verschlossen bleibt. Dann verließe dieses Doppelverbot die äußere Rechtsordnung und verlangte die rechte *innere* Einstellung gegenüber sexueller Gier und Habsucht. Aber das hebräische Verbum bedeutet sowohl das Begehren wie das Ansichreißen.[50] Gemeint ist tätiges ‹Trachten nach›, das aktive ‹Verlangen nach›. Die sozialbezüglichen Gesetze vom Sinai übersteigen nicht die Rechtssphäre; ‹das Ethische› hat ihr gegenüber noch keine Selbständigkeit entwickelt.

Das erste Gebot der zweiten Steintafel (wenn man so aufteilen darf) regelt das Verhalten zu den Eltern. Das bezieht sich nicht auf das Benehmen heranwachsender Kinder, sondern auf die Versorgung von Vater und Mutter im Alter. Die Familie bedurfte in der Frühzeit, solange übergeordnete Organisationsformen – samt Haus und Feld, Knecht und Magd, Ochs und Esel – noch nicht existierten oder nicht regelmäßig funktionierten, besonderen Schutz. Das Gebot der Fürsorge für die Eltern verbindet Gott mit dem Versprechen langen Lebens und Landbesitzes. Dieser Gott ist ein Gott der Samens- oder Blutkontinuität und ein Gott der Landeroberung. Er stellt künftigen Landbesitz in Aussicht, aber das zehnte Gebot spricht von ‹Haus› und ‹Feld›, von ‹Knecht› und ‹Magd›, als sei die Eroberung Kanaans schon gelungen und als werde das Heilige Land landwirtschaftlich genutzt.

In den Versen 15 und 16 fällt auf, daß von Gott in der dritten Person Singular die Rede ist, während sonst Gott in der ersten Person zu seinem Volk spricht. Die sprachliche Fassung ist uneinheitlich; wahrscheinlich hat ein später Redaktor Stücke verschiedener zeitlicher und thematischer Herkunft verbunden. Vielleicht bildeten die suggestiv-knappen Verbote des Tötens, des Ehebruchs, des Diebstahls und der Falschaussage den ältesten Kern eines Rechtskanons, der nachträglich in Gottesrede und Sinaierzählung eingebaut wurde. Sie erwähnen weder Erschaffung noch Bundesschluß noch die Befreiung aus Ägypten.

Um Gesetze oder Rechtsregeln handelt es sich durchweg. Die ersten drei Gebote sind reichlich mit theologischen Erklärungen versehen. Hier spricht Gott. Er habe sich als Urheber des Bundes treu erwiesen; er habe sein Volk aus Ägypten herausgeführt. Jetzt verlangt er dafür ausschließliche Verehrung. Er ist der einzige Herr Israels. Andere Völker haben andere Götter, aber Israel darf sie nicht mit seinem Gott verwechseln oder gar anbeten. Gott lehrt nicht den Monotheismus; er fordert kultische Ausschließlichkeit. Israel darf keine anderen Götter neben ihm haben. Diese Grundforderung ergibt folgende Vorschriften:

Israel darf keine Skulpturen anderer Götter aufstellen (5,8). Es darf kein Abbild irgendeines anderen Wesens, sei es ein Vogel, ein Landtier oder ein Fisch, als göttlich verehren. Ihm wird nicht jede Kunst verboten, doch bildet das Kunstwerk als mächtige, magische Gegenwart des Abgebildeten eine gefährliche Gotteskonkurrenz. Gott nennt sich eifersüchtig (5,9); er kündigt Strafe an, wenn Israel andere Götter verehrt. Gleichgewichtig bietet er Belohnung für Bundestreue. Sein Gegenüber ist das Kollektiv, daher straft er bedenkenlos bis in die dritte und vierte Generation. Er hat keine ethischen Bedenken gegen Sippenhaftung. Er verkündet Volksgesetze, keine individuelle Moral.

Er verbietet den Mißbrauch seines Namens (5,11). Auch hier kündigt er Strafe an bei Zuwiderhandeln. Verboten ist wohl die Verwendung des Gottesnamens bei Fluch und Zauber.

Besonders ausführlich fordert er das Einhalten des Sabbat (5,12–5,15). Er habe Israel aus der ägyptischen Gefangenschaft befreit. Dort kannte die Fronarbeit keine Unterbrechung, aber jetzt soll der Sabbat Gott gehören, nicht der Arbeit. Der Paralleltext *Exodus* 20,11 begründet das Sabbatgebot mit der Ruhe des Schöpfers am siebten Tag. Diese Fassung beruht auf dem späteren der beiden Schöpfungsberichte, dem der sog. Priesterschrift; er stellt wohl die jüngere Fassung der Sinaierzählung dar. Er setzt die Eroberung Kanaans als geschehen und die Sabbatordnung als installiert voraus. Er legitimiert beides mit dem Befehl Gottes.

Für meine Überlegungen ist nicht entscheidend, ob *Exodus* 20 oder *Deuteronomium* 5 die ältere Textform darstellt. Beide Texte weisen Ungleichmäßigkeiten auf; sie sind zusammengestückt. Philologische Forschungen legen nahe, sie seien erst spät in die Sinai-Erzählung eingefügt worden. Dann wäre der Dekalog nicht vor dem 7. Jahrhundert entstanden; er wäre fast fünf Jahrhunderte jünger als der historische Moses, von dem wir fast nichts wissen.[51]

Die Sinai-Erzählung läßt sich weder geographisch noch historisch verifizieren. Aber in ihrem Rahmen hat der Dekalog auf Juden wie Christen gewirkt. Dieser Rahmen ist nicht gleichgültig, sondern bestimmt die Atmosphäre der Zehn Gebote. Sie kommen aus dem Herrschaftsfeld der schreckenerregenden Wettergottheit. Wer diesen Gott sieht, heißt es, muß sterben. Er ist unnahbar. Er verspricht dem verbündeten Volk Hilfe gegen seine Feinde; aber er fordert Gegenleistungen. Die Liste seiner Forderungen ist der Dekalog; die Verbote sechs bis neun sind alltägliche Regeln des Zusammenlebens eines Stammes und wurden vielleicht erst nachträglich theologisiert. Das

2. Die Zehn Gebote

heißt nicht, der Dekalog gehöre nicht in die Geschichte der Ethik. Aber er ist eine Ethik von Rechtsregeln. Er steht im Rahmen einer Religion, die den Zusammenhang von Familie, Verwandtschaft und Kult ordnet, und er gehört zur historischen Sage vom militärischen Sieg über die Ägypter und von der Ausrottung der Bewohner Kanaans. Vom Menschen als Menschen ist nirgends die Rede.

Moses empfängt den Dekalog vor der gewaltigen Gebirgskulisse: Er kommt aus der Hochgebirgslandschaft mit Donner, Feuer und Rauch. Der Ton der Widderhörner schwillt an. Das Volk war drei Tage zuvor auf die Szene vorbereitet: Es wusch seine Mäntel; die Männer, die hier allein mit ‹Volk› gemeint sind, durften kein Weib anrühren. Auch *nach* der Gesetzesmitteilung ist es überzeugt: Gott sehen heißt sterben.[52]

Die Szene auf dem Sinai hat alle Merkmale des Gottesschreckens; der Herr Israels verspricht Hilfe, verlangt aber Gegenleistung und droht generationenübergreifende Strafen an. Er lädt nicht ein zur ruhigen moralischen Selbstbesinnung, sondern zeigt seine Macht. Sein Volk will ihn nicht mehr sehen; es könnte dabei sterben. Das quasi-ethische Ergebnis: Israel soll in dem Land, das er ihm verspricht, so leben, daß es mit betonter Ausschließlichkeit Gott gehört. Es soll mit einem unsentimentalen Konzept von Liebe diesem Gott anhangen:

«Höre Israel! Jahwe, unser Gott, Jahwe ist einzig! Darum sollst du den Herrn, deinen Gott, lieben mit ganzem Herzen, mit ganzer Seele und mit ganzer Kraft.» (*Deuteronomium* 6,4)

Sofort wird dieses Liebesgebot erklärt: Israel soll sich *exklusiv* verstehen und *aggressiv* gegen die Ureinwohner vorgehen: «Ihr sollt ihre Altäre niederreißen, ihre Steinmale zerschlagen, ihre Kultpfähle umhauen und ihre Götterbilder im Feuer verbrennen» (*Deuteronomium* 7,5).

Christliche Ethiker bezogen schon früh ihre Ethik nicht allein aus dem Dekalog. Sie reinigten die wilde Szenerie der Sinai-Sage mit antik-philosophischen Argumenten. Sie moderierten den Befehlscharakter dieser Gesetze und leiteten nach dem Vorbild der Stoiker deren ethische Inhalte aus dem Konzept der Natur her. Sie hielten sich an den stoischen Grundsatz, richtig leben heiße ‹in Übereinstimmung mit der Natur leben›. Er setzte die vernünftig geordnete Natur voraus, die zwar stofflichen Charakter hatte, aber doch als Gottheit gedacht war. Augustin verband die jüdische Ethik der Bundestreue und des Gehorsams mit der philosophischen Idee der Selbstfindung des Menschen: Ethik war demnach nicht nur Befehlsannahme, sondern Verwirklichung dessen, was alle Menschen ihrer Natur nach wollen, also der Glückseligkeit.

Auch Thomas von Aquino begann die Darlegung seiner Ethik mit einem Traktat über das Glück, *De beatitudine*. Er setzte die Freiheit des Willens voraus und die vernünftige Struktur der Natur. Die göttliche Weisheit leuchte uns entgegen in den Gesetzen der Natur, der Offenbarung und der Menschen. Die ethischen Regeln hätten ihre Geltung aus dem Urteilsspruch der natürlichen Vernunft, auch wenn sie im Dekalog nicht vorkämen.[53] Der christliche Moralphilosoph will nachweisen, die Gebote des Dekalogs entstammten dem natürlichen Gesetz. Die Vernunft erfasse alles als gut, wozu der Mensch eine ‹natürliche Neigung› habe. Das ‹natürliche Gesetz› ergebe sich aus der Abfolge der natürlichen Neigungen: Als *Substanz*, die wir sind, hätten wir das naturhafte Ziel der Selbstbewahrung; daher gehöre zu unserer Natur alles, was die Selbstbehauptung in dieser Natur fördert. Als *Lebewesen* komme uns das von Natur aus zu, was die Natur alle Lebewesen gelehrt hat, so die Vereinigung der Geschlechter und die Sorge für den Nachwuchs. Als *vernünftigen Wesen* entspreche es unserer Natur, nicht im Irrtum leben zu wollen, die Wahrheit, zuerst die Wahrheit über Gott, kennen und in Gemeinschaft mit anderen vernünftigen Wesen leben zu wollen (Sth I–II, 94 1). Dies alles sei für uns sittlich geboten, auch wenn es im Dekalog nicht vorkommt.

Was Thomas ‹Naturgesetz› nennt, ist seine Vernunfterkenntnis unserer Natur, unserer Natur unter dem dreifachen Gesichtspunkt als *Substanz*, als *Lebewesen* und als *vernünftiges Wesen*. Es ist Vernunftgesetz, nicht ‹Naturgesetz› in der modernen Bedeutung dieses Wortes. Dekalog-Ethik ist das längst nicht mehr. Schon Gregor der Große sah den ganzen Umfang der Ethik in den vier philosophischen Tugenden: Klugheit (*prudentia*), Gerechtigkeit (*iustitia*), Maßhalten (*temperantia*) und Stärke oder Tapferkeit (*fortitudo*). Mit der Rezeption der *Nikomachischen Ethik* des Aristoteles im lateinischen Westen wuchs die Bedeutung dieser vier Kardinaltugenden noch. Thomas von Aquino erklärte ihre Ordnung damit, das Eigentliche der Tugend sei das Gute der Vernunft. Er hat die Dekalog-Ethik auf folgende Weise für Jahrhunderte noch weiter hellenisiert:

Das vernünftig Gute zu erkennen sei Sache der Klugheit (*prudentia*). Das Anwenden der Vernunftordnung auf unsere Handlungen heiße ‹Gerechtigkeit›. Werde sie auf unsere vitalen Impulse oder Leidenschaften (*passiones*) appliziert, so daß diese die Vernunftordnung nicht stören, dann heiße sie ‹Maßhalten› (*temperantia*). Bestärkt sie die Vernunft darin, nicht aus Furcht vor Gefahr oder Mühsal vom Rechten abzuweichen, dann sei sie die Tugend der ‹Stärke› (*fortitudo*, Sth I–II 61, 2).

3. Die Bergpredigt

Der Berg Sinai findet sich nicht auf unseren Karten. Der Dekalog enthält Ethisches nur in rudimentärer Form, gebunden an den Vorteil eines Volks im Eroberungskrieg, verkündet unter Donner und Blitz, Feuer und Hörnerschall im grausigen Hochgebirge. Diese Ethik war das Gesetz der eifersüchtigen Besitzansprüche Jahwehs, vom Himmel gedonnert als literarische Szene einer fiktiven Wüstenwanderung. Christliche Ethiker verwandelten mit Hilfe der antiken Philosophie – ihres Wertesystems, also ihrer Tugendordnung und ihres Konzepts von Physis – das Herrische und Befehlsmäßige dieser Instruktion in Weltbetrachtung und Vernunftaufgabe. Die schulmäßige Abzweckung der stoischen Naturkonzeption mit der Teleologie als Leitidee zwangen Sexualität und Ehe in ein starres Schema. Ehe und Sexualität wurden von ihrem ‹Zweck› her als Mittel der Reproduktion gedacht. Theologen wiederholen dieses stoische Erbstück als Christenlehre auch dann noch, als in entwickelten Gesellschaften die Mehrheit der Menschen viel länger lebte, als sie zur Fortpflanzung fähig oder willens war. Heute sehen fast alle Bewohner der reicheren Zonen Sexualität und Ehe als individuelles Leben und verbinden sie – zum Glück und mehr noch zum Unglück – mit Gefühl. Sie zählen auch die gleichgeschlechtliche Veranlagung zur individuellen Natur und weigern sich, diese moralisch zu zensieren. Diese humanere Bewertung von Sexualität und Ehe hat reale Voraussetzungen; sie antwortet auf unleugbare gesellschaftliche Entwicklungen und Tatsachen des gegenwärtigen Lebens: Die Verlängerung des durchschnittlichen Lebens, die sich ändernde Rolle der Frauen und die gestiegene Aufmerksamkeit auf den Zusammenhang von Moral und Repression. Viele warten darauf, daß bibelfeste Protestanten heute mit lutherischem Bekenntnismut klar sagen, daß sie die Sexualethik der Hebräischen Bibel und der Paulusbriefe verwerfen. Gestehen katholische Obere den Bruch ein, den das westliche Kirchenvolk vollzogen hat mit dem in ihre Kirche importierten stoischen Naturbegriff und der banalisierenden Identifikation von Vernunft und Zweckmäßigkeit?

Ich suche weiter nach der christlichen Ethik und gehe zur Bergpredigt.[54] Sie ist ein umfangreicher Komplex von Reden. Ich nehme den Text so wie er steht, unterlasse also die Frage, was Jesus wahrscheinlich wirklich selbst gesagt hat, und beschränke mich auf folgende Aspekte: 1. Die Goldene Regel. 2. Das nahe Weltende. 3. Die angebliche Entdeckung der ‹Gesinnung›.[55]

3.1 Die Goldene Regel

Die Bergpredigt umschließt viele und weitgehende Sprüche. Jesus besteigt wie ein zweiter Moses den Berg und beginnt damit, Arme und Trauernde glücklich zu preisen (5,3–5). Sie sind im Elend, aber sie sind glücklich; sie *werden* es nicht erst sein, wenn sie in den Himmel kommen, sondern sie sind es *jetzt* auf der Erde bei beginnender Königsherrschaft Gottes. Er sagt seinen Zuhörern – es sind seine Jünger, aber viel Volk steht herum –, sie seien das Salz der Erde und das Licht der Welt. Das werden sie nicht durch Reden, nicht durch Glaubensbekenntnisse und Titelvergaben an Jesus, sondern weil und wenn die Leute ihre *guten Werke* sehen und den Vater im Himmel dafür preisen (5,13–16). Die neue Gerechtigkeit sei größer als die der Schriftgelehrten und Pharisäer. Dies zu zeigen geht Jesus die einzelnen Gebote durch – Töten, Ehebruch, Meineid, die Liebe zum Nächsten und zum Feind (5,20–48). Er lehrt sie beten, also das Vaterunser (6,7–13). Er warnt vor Geldgier: Sie können nicht Gott dienen und dem Mammon (6,24). Er verbietet, über andere Menschen zu richten, d. h.

3. Die Bergpredigt

sie zu verurteilen (7,1–6). Er fordert Entschiedenheit und verbietet die Sorge um das Essen und die Kleidung von morgen (6,25–34). Er warnt vor falschen Propheten und schließt mit der Mahnung, es komme auf Taten, nicht auf Worte an. Nicht jeder, der zu ihm ‹Herr! Herr!› sagt, komme ins Himmelreich (7,21–23).

Inmitten dieser Vielfalt von Themen steht ziemlich isoliert die Goldene Regel. Sie wird von nichts anderem abgeleitet; sie wird nicht begründet; sie steht einfach da:

> *Alles, was ihr von anderen erwartet, das tut auch ihnen!*
> *Darin besteht das Gesetz und die Propheten* (7,12).

Das moralische Grundgesetz ist hier positiv formuliert, also nicht wie im deutschen Sprichwort:

> *Was du nicht willst, das man es dir tu,*
> *das füg auch keinem andern zu!*

Jesus bzw. der Evangelist erwartet, das werde jedermann einleuchten. Sie appellieren an die schlichte Selbsterkenntnis: Du bist ein Mensch wie jeder andere und sollst dich dem anderen zuwenden wie dir selbst. Nicht mehr, auch nicht weniger. Kein Verweis auf den Bundesschluß mit Jahweh, seine Oberherrschaft, seine Befehle. Es wird nicht Gehorsam gefordert, sondern einfache Einsicht und Handlung. Das verlangt Jesus mit Autorität, und die Forderung übersteigt den Rahmen des auserwählten Volks und seiner Geschichte mit Jahweh.

Die goldene Regel findet sich im antiken Griechenland und in Indien; Aristoteles erwähnt sie; Augustin nannte sie in *De ordine* 2, 25 einen Allerweltsspruch, *vulgare proverbium*. Sie formuliert allgemeinmenschliche Ethik, keine spezielle Vorschrift der frühchristlichen Gemeinde. Freilich formuliert sie ein nur *formales* Prinzip. Sie sagt nicht, *was* man sich selbst wünschen und dem anderen zukommen lassen soll. Sie nennt keine religiösen Prämissen, allerdings behauptet *Matthäus*, sie sei der Inhalt des Gesetzes und der Propheten. Soll sie die Zusammenfassung dessen sein, was Jesus über den Dekalog gesagt hat? Oder bleibt sie ein fremdes Einsprengsel? Ist sie dasselbe wie das Gebot der Feindesliebe? Ist sie mit ihm auch nur vereinbar?

Nimmt, wer nach ihr handelt, nicht sich selbst als Maßstab? Es ist keine Besonderheit, daß sie hier positiv formuliert ist. ‹Spezifisch jesuanisch› ist sie nicht. Wer sie dazu machen will, muß annehmen, *Matthäus* wolle sie im Zusammenhang der Kapitel 5–7 gedeutet wissen. *Matthäus* nimmt diese Interpretation nicht vor. Er präsentiert die Goldene Regel nicht als Schlüssel der Bergpredigt, eher als deren abstrakte, inhaltlich unbestimmt bleibende Zusammenfassung. Sie läßt sich auch als Egoismus auslegen, als sage sie: ‹Tue das, von dem du willst, daß es dir andere tun.› Doch enthält die Bergrede noch ganz andere Dinge. Von ihnen muß jetzt die Rede sein.

3.2 Das nahe Weltende

Die Bergpredigt insgesamt redet inhaltlich viel bestimmter als die Goldene Regel. Sie nennt die konkrete Situation, in der sie spricht, nämlich den bevorstehenden Anbruch der Gottesherrschaft. Sie setzt den Umbruch des gesamten Lebens als nahe voraus, als habe die radikale Lebensveränderung mit den Wundern Jesu begonnen. Daher nennen die ‹Seligpreisungen› die Armen glücklich, denn ihnen gehört das Reich der Himmel. Glücklich sind die Traurigen, denn sie werden getröstet. Selig sind die Gewaltlosen, jetzt bekommen sie Land.

Hier muß ich etwas genauer auf den Text eingehen. Die vier ersten Seligpreisungen, die Verse 3 bis 6, lauten bei *Lukas* 6,20–21 anders:

Nach *Matthäus* 5,3 nennt Jesus die «im Geist Armen» glücklich; bei *Lukas* sind es einfach «die Armen». Der Ausdruck «im Geist» ist wohl später hinzugefügt. Die ältere Formulierung meinte direkt, sinnlich und sozial wirklich Arme, den unteren Rand der Gesellschaft, die Schwachen. Jesus hält seine Rede vor solchen Leuten. Er preist sie selig, aber nicht, weil sie «im Geist» arm sind, sondern weil ihnen, die jetzt arm sind, das Glück besseren Lebens bevorsteht. *Matthäus* preist diejenigen selig, die nach der Gerechtigkeit hungern, bei *Lukas* preist Jesus die, die jetzt wirklich Hunger haben, aber bald zu essen bekommen. Jesus spricht bei *Lukas* konkret zu armen Leuten.

Hat *Lukas* die spirituelle Botschaft vergröbert, ins Sinnliche und Soziale gezogen, oder hat *Matthäus* die Verheißung realer Boden-

3. Die Bergpredigt

reform spiritualisiert? Ich kann von Jesus so niedrig nicht denken, daß er vor hungernden Palästinensern in schillernden Ausdrücken vom Glück ‹geistiger› Armut gesprochen hätte. Übrigens bekommen auch nach *Matthäus* die Gewaltlosen Boden; sie werden «Erde erben» (5,5). Auch hier blieb ein Rest irdisch-sozialen Glücks «vergröbert» stehen. Wenn die Zuhörer Jesu Hunger haben nach der Gerechtigkeit, dann heißt das: Sie wissen, daß sie in ungerechten Verhältnissen leben. Jesus nennt sie «glücklich», weil sich das bald ändern wird, jedenfalls noch zu ihrer Lebenszeit. Durch Umsturz, nicht von unten, sondern von oben, von der Königsherrschaft der Himmel.

Lukas, hat man gesagt, habe die gröbere Form von Glück im Auge. Bei ihm spricht Jesus immerhin seine Zuhörer direkt an: Er sagt ‹Ihr›, statt der dritten Person Plural bei *Matthäus*.

Die ‹Bergpredigt›[56] ist das spannungsreiche Dokument verschiedener Tendenzen, wohl auch geschichtlicher Phasen:

Die ersten vier Seligpreisungen bei *Matthäus* sagen den Armen, den Trauernden, den Gewaltlosen und denen, die nach Gerechtigkeit hungern, das bevorstehende Glück an. Die beglückt werden, sind nicht durch ethische Qualitäten ausgezeichnet, sondern durch Not. *Matthäus* nobilitiert sie ethisch durch den Zusatz ‹im Geist›, der bei *Lukas* fehlt. Es sieht so aus, als schwanke die erste Christenheit zwischen handgreiflicher Lebensumwälzung und deren spiritueller Verdünnung.

Bei *Matthäus* 5,7–9 preist Jesus sodann die Barmherzigen, die Herzensreinen und die Friedensstifter, also ethisch Qualifizierte. Ihnen sagt er Barmherzigkeit zu und stellt ihnen in Aussicht, sie würden Gott *sehen*. Auf dem Sinai wäre das ihr Tod gewesen, aber er verspricht ihnen Gottessohnschaft. Jesus spricht bei *Lukas* überhaupt nicht von *dieser* Gruppe von Seliggepriesenen; sein Text trifft erst dort wieder mit dem des *Matthäus* zusammen, wo Jesus die seinetwegen Verfolgten selig preist.[57] Zuerst kündigt Jesus einen bevorstehenden neuen ethischen Gesamtzustand an, dann zeichnet er ethische Handlungen aus: Barmherzigkeit, Reinheit des Herzens und das Stiften von Frieden. Vom Ganzen der Synoptiker her gelesen, stehen alle ethischen Aussagen unter der Bedingung des nahenden Weltendes. Man hat daher von ‹Interimsethik› gesprochen. Jedenfalls erklärt dies den radikalen Verzicht auf Daseinsfürsorge, auch die Feindesliebe. Es beschränkt die Geltung dieser Imperative: Die Welt ist nicht untergegangen. Jesus hat sich über das nahe Ende getäuscht. Wir stehen ethisch unter veränderten Bedingungen. Die Bergpredigt kann heute nicht ohne neue Prüfung der ethischen Orientierung dienen. Kleine radikale Gruppen mögen sich eine Weile an ihr orientieren; Familienväter, Republiken und Großkirchen können das nicht. Unter ihren Bedingungen sackt die Ethik der Bergpredigt zur Utopie zusammen. Sie wird zur desorientierenden Rhetorik.

3.3 ‹Gesinnung›

Jesus, der neue Moses, präzisiert in der Bergpredigt seine ethische Position und vergleicht sie mit dem Dekalog, *Matthäus* 5,17–5, 48. Mehrfach setzt er an: *Ihr habt gehört ... ich aber sage euch.* Zunächst bestätigt er die mosaische Gesetzgebung in allen Einzelheiten. Er verbietet seinen Jüngern, von ihr irgend etwas wegzunehmen, bezieht also eine entschieden judenchristliche Position, fast als spräche er gegen Paulus. Aber dann geht er die einzelnen Gebote durch: Nicht nur wer tötet, verfällt dem Gericht, auch schon wer seinem ‹Bruder› nur zürnt. Nicht nur wer die Ehe bricht, kommt in die Hölle, sondern auch schon, wer eine Frau lüstern ansieht. Er verbietet nicht nur den Meineid, sondern das Schwören überhaupt. «*Euer Ja sei ein Ja, euer Nein ein Nein; alles andere stammt vom Bösen*» (5,36). Nicht Auge um Auge, also keine Vergeltung, sondern Widerstandslosigkeit gegenüber jeder Gewalt: Wenn dir einer dein Hemd nehmen will, gib ihm auch noch den Mantel, 5,40. Wir sollen nicht nur den Nächsten lieben, sondern auch unseren Feind. Es geht in dieser neuen Ethik aber auch um Lohn:

> *Wenn ihr nämlich nur die liebt, die euch lieben, welchen Lohn könnt ihr dafür erwarten? Tun das nicht auch die Zöllner?* (5,46)

Jesus bestätigt die ethischen Rudimente des Dekalogs, um sie zu überbieten. Er aktualisiert sie; er radikalisiert sie, denn das Gottesreich ist dabei, die irdische Welt zu verwandeln. Manche Ausleger sehen darin den Durchbruch zur eigentlich jesuanischen Ethik: Diese verlange nicht nur äußeres Tun wie im alten Gesetz, sondern verlange, das Innere des Menschen solle gänzlich von ihm bestimmt sein. Er reguliere das Herz, nicht nur das äußere Tun. Damit stelle Jesus das Ethische in seiner Eigenheit heraus. Jede Art von Werkgerechtigkeit habe er damit überwunden. Das richtige Handeln sei nur wertvoll, wenn es der rechten *Gesinnung* entspringe.

An diesem Lob stört mich zweierlei:

1) Es trifft de facto nicht die Aussage Jesu bei *Matthäus*. Er sagt nicht, es komme auf die Gesinnung an, sondern auf das Tun. Nur soll das Tun aus einer eschatologisch-radikalen Gesinnung kommen. An den Früchten kann man sie erkennen. Jesus anerkennt allein das Handeln. Auch ich kann die reine Gesinnung so hoch unmöglich schätzen.

2) Zur radikalen Gesinnungsethik gehört, daß das moralische Gesetz allein um seiner selbst willen befolgt wird. Der Lohngedanke paßt nicht zu ihr. Jesus spricht aber vom Lohn und viel mehr noch von der Höllenstrafe. Seine Aussagen stehen dem Berg Sinai näher als Königsberg. Bei der Bewertung von Lebensrichtlinien muß ich fragen, ob sie inhaltlich, also nicht nur nebenbei von einem Irrtum ausgehen. Denn die jesuanische Zuspitzung beruht auf dem Irrtum, das Ende sei nahe. Wer davon absieht, erzeugt nur Radikalrhetorik. An kohärente Weltgestaltung ist in der Bergpredigt nicht gedacht.

4. Sexualethik

Die christliche Ethik entwickelte seit dem 18. Jahrhundert im Protest des Bürgertums gegen die Zuchtlosigkeit des Adels ein spezielles Interesse am Sexualleben. Davor galt die Wollust als das geringste aller Laster. Doch gab es Sexualphobie schon in der Hebräischen Bibel, die Kinderreichtum schätzte, also die geschlechtliche Enthaltsamkeit nicht bewunderte. Aber dem Gott näherzutreten erforderte sexuelle Enthaltung wenigstens für einige Zeit. Homosexualität galt als todeswürdiges Verbrechen, während sie den Gott der Philosophen nicht störte.[58] *Matthäus* und *Lukas* übernahmen aus der hellenistischen Umwelt die Vorstellung der Jungfrauengeburt, die antiken Heroen und Genies nachgesagt wurde. Paulus war kein Freund der Ehe. Sie galt ihm als Mittel zur Vermeidung von Unzucht. Die verschiedenen Formen der Unzucht verzeichnete er sorgfältig in einem Katalog.[59] Die alttestamentliche Verdammung der Homosexualität führte er fort.[60] Augustin lobte die Ehe im Konflikt gegen Manichäer und radikal-monastische Christen: Sie sei gut, denn sie diene dem naturhaften Zweck der Vermehrung der Menschen, ferner der gegenseitigen Treue und der Vermeidung der Unzucht, aber Jungfräulichkeit sei das weitaus höhere Gut, denn in der Ehe lasse sich die ungeordnete Gier und die Lust der sexuellen Erregung nicht vermeiden. Im Paradies habe es sexuelle Gier nicht gegeben; daher das Ideal der Paradiesesehe. In ihr hätte keine böse Begierde (Konkupiszenz) den vernunftgeleiteten Gebrauch der Geschlechtsorgane gestört. Augustins Lob der Ehe war halb fiktiv. Weil sie ohne die böse Konkupiszenz ihr Ziel nicht erreicht, verlängert sie die Schuld Adams. Sie vermehrt ständig die Zahl der erblich Schuldigen. Durch Geschlechtsverkehr werde *wirkliche Schuld* vererbt. Um frei von der Ursünde zu bleiben, mußte Jesus von einer Jungfrau geboren werden. Die Macht der Begierde prägt das Menschenleben; das sei der Kampf des Fleisches gegen den Geist. Die sexuelle Lust verwirre alles; selbst in der auf Fortpflanzung festgelegten guten Ehe sei sie die Folge der Sünde. Daher der Vorrang des ehelosen Lebens.

Thomas von Aquino hat die aus der Hebräischen Bibel, aus Paulus und Augustin überkommene Sexualauffassung nicht korrigiert, sondern verhärtet, indem er die Teleologie der stoischen Naturkonzeption streng durchführte. Er hielt die Ehe zwischen Maria und Joseph, die ohne sexuelle Beziehungen bestanden habe, für die vollkommene Ehe. Er dachte wie Augustin und andere Autoren des Mittelalters: Jesus mußte aus einer Jungfrau geboren werden, damit er frei bliebe von der Erbsünde. Augustin hatte die Ehe ein *sacramentum* genannt. Er meinte damit, sie habe den Charakter eines Zeichens der Liebe Christi zu seiner Kirche. Ein Sakrament im Sinn der sieben Sakramente, die Christus eingesetzt habe, wurde die Ehe erst durch die Konzilien von Florenz und Trient.

Thomas präzisierte den alten Katalog sexueller Vergehen. Er unterschied:

4. Sexualethik

Die einfache Masturbation, auch *immunditio* oder *mollieties* genannt,
den Geschlechtsverkehr mit Tieren, *bestialitas* genannt;
den gleichgeschlechtlichen Verkehr des Mannes mit dem Mann, der Frau mit der Frau. Paulus verwerfe ihn im ersten Kapitel des *Römerbriefs* als ‹sodomitisches Laster›;
die Verhinderung des Fortpflanzungszwecks durch ‹monströse› Positionen.

Thomas legte die Grade der Sündhaftigkeit sexueller Vergehen fest. Die Schuld werde schwerer, wenn einer anderen Person dabei Unrecht geschieht, aber die größte Verfehlung sei die Homosexualität, das *vitium contra naturam*, denn die von Gott eingesetzte Ordnung der Natur stehe höher als die von Menschen eingerichtete Rechtsordnung. Sünden gegen die Natur verletzten die Naturordnung und begingen Unrecht gegen Gott, der die Natur geordnet habe.[61] Die Reformatoren bestritten den Vorrang der Jungfräulichkeit und polemisierten gegen die kirchenrechtliche Verpflichtung zum Zölibat. Den freiwilligen Zölibat ließen sie gelten. Die augustinische Bewertung der Konkupiszenz überwanden sie nicht.[62] Zur prinzipiellen Neubewertung von Ehe und Sexualethik brachten es erst Friedrich Schlegel und Schleiermacher, Freud und Foucault. Innertheologische Anläufe zur Neubewertung bei Karl Barth und einigen katholischen Neuerern wie Bernhard Häring blieben ohnmächtig. Zölibatäre Würdenträger versteiften sich auf ständig wiederholte Verurteilungen der Empfängnisverhütung.

Kapitel VIII
Seele. Himmel und Hölle

1. Seele. Unsterblichkeit

Das Christentum verliert in Westeuropa an Attraktivität. Dennoch besitzt es noch Anziehungskraft. Es verdient die Frage, worin sie, wenn auch vermindert, für viele noch besteht. Es sind wohl vor allem drei Motive:

Erstens verspricht das Christentum eine stabile Lebensorientierung. Seine Deutung des Lebens suggeriert, sich seit Jahrhunderten bewährt zu haben. Es behauptet von sich, auf göttlichen Ursprung zurückzugehen. Es verspricht im chaotisch-raschen Wandel der Gegenwart stabilen Halt.

Zweitens, es präsentiert sich als die Religion der Liebe. Das entspricht kaum seinen maßgebenden Quellen, dem Neuen Testament und der alten Kirchenlehre. Wahr ist nur, daß in den Kirchen viel von Liebe die Rede ist. Sie handeln bei Geld- und Arbeitsrechtsfragen hart, aber ihre Reden klingen wie ein Harmonium tönt. Die Liebesrhetorik beschwört ein Gegengewicht gegen die kalte verwaltete Welt. Ob Gott die Menschen liebt, ob er sie *alle* liebt und ob er seine Menschenliebe schon in diesem irdischen Leben zeigt, das scheint ungewiß, aber daß wir unseren Nächsten lieben sollen, das scheint sicher und verbindet sich mit dem Begriff des Christlichen.

Ein drittes Gefühlsmotiv wirkt anziehend: Das Christentum hilft, mit dem Tod von Angehörigen und Freunden besser fertig zu werden. Denn es verspricht getauften und frommen Auserwählten ein Wiedersehen mit ihren Lieben im Jenseits. Es bietet einen mächtigen Trostgrund; es nimmt dem Tod den Stachel, es verspricht die jen-

1. Seele. Unsterblichkeit 233

seitige Fortdauer hiesiger Gefühlsverbindungen, es sichert Kontinuität über den Tod hinaus.

Ob es dieses Versprechen halten kann, hängt von vielen Faktoren ab: Es muß ein freundlich vorbereitetes Jenseits geben. Der Mensch muß mit seinem höheren Ich den Tod überstehen. Er muß von Jenseitswächtern geprüft und zugelassen werden. Und er muß beim Wiedersehen seiner Lieben diese wiedererkennen können. Wie ein Wiedersehen ohne Augen aussehen kann, das sollte uns noch erklärt werden. Es besteht auch der Verdacht, dieses Versprechen verharmlose den Tod. Das jenseitige Leben erscheine als bloße Verlängerung des diesseitigen Zustands, als bestünden die Sozialverbände der Guten im Jenseits weiter.

Die idyllische Konstruktion steht noch aus einem weiteren Grund in Frage:

Die ältere Christenheit sah den Übergang in den Himmel nicht so sehr als Wiederbegegnung von Individuen, sondern als Vereinigung mit Gott und seinem Hofstaat. Es begann für die beseligte Seele ein engelgleiches Leben. Die *individuelle* Unsterblichkeit wurde geglaubt und mit antik-philosophischen Argumenten auch ‹bewiesen›, aber sie stand weniger im Vordergrund als bei den christlichen Konfessionen seit dem 18. Jahrhundert. Im 19. Jahrhundert rückte sie auf zum Zentralstück des christlichen Glaubens. Sie entsprach der gesteigerten Individualisierung. Sie galt als so wesentlich, daß einige Theologen der Religion der Hebräischen Bibel den Charakter als Religion absprachen, weil sie nicht die Seelenunsterblichkeit lehre. Der selbstbewußt und sozial-sensibler gewordene Einzelne wollte jetzt auch im Jenseits nicht auf seine intime Umgebung verzichten, und dieser Wunsch erzeugte das Pathos des Wiedersehens. Man könnte es kritisieren als die Transposition des bürgerlichen Wohnzimmers ins Jenseits. Interessant wäre es, Entstehung und Abbau der Wiedersehensmetaphorik historisch zu untersuchen. Ich verfüge über keine exakten Daten; die theologischen Lexika lassen mich dazu im Stich, aber es scheint so, als habe die Wiedersehensrhetorik im Laufe des 20. Jahrhunderts abgenommen, und das nicht nur, weil Theologen jetzt zu entdecken glaubten, Gott allein sei unsterblich. Die Hoffnung, seine Lieben nach dem Tod wiederzusehen, kommt zwar in Todesanzeigen und schlichten Predigten noch vor, aber im Zentrum des Glaubens steht sie wohl nicht mehr. Andererseits hat die Koalition des Christentums mit Seele und Seel-Sorge eine respektable Geschichte; sie ist das Erbe des Sokrates und besteht oft unklar weiter. Wer sich heute mit der Wahrheit des Christentum befaßt, muß das Thema ‹Seele› neu durchdenken.

2. Noch eine Anleihe bei der Philosophie

Falls Jesus die Aufrichtung des Reiches Israel gewollt hat, dann ist sie gescheitert. Die ersten Christen warfen, von Erscheinungen des Auferstandenen gestärkt, ihre Hoffnung auf seine baldige Wiederkehr hoch auf den Wolken, zu richten die Lebendigen und die Toten. Doch das nahgeglaubte Weltgericht verzögerte sich. Die Christen orientierten sich nochmal neu. Viele starben, ohne Jesu Wiederkehr in Herrlichkeit erlebt zu haben. Ihre Angehörigen fragten sich, was in der Zwischenzeit mit den Verstorbenen geschah. Da bot sich der Ausweg: Ihre Seelen lebten, da getauft, also ihrer Sünden ledig, oben in der himmlischen Seligkeit. Sie würden auf diese dritte Art erlöst, also weder durch Wiederherstellung des Reiches Salomons noch durch Parusie, also die Umwandlung der irdischen Welt, sondern durch Versetzung der frommen Seele in den Himmel.

Die frühen Christen ersetzten die Naherwartung durch Jenseitshoffnung; das gelang nicht ohne Widerstände. Lange noch hörten sie den Satz, an die Unsterblichkeit der Seele glaubten die Heiden, Christen glaubten an die Auferweckung des Fleisches. Platons Seelenbilder hatten schon auf die letzten Texte der Hebräischen Bibel und auf den jüdischen Philosophen Philo eingewirkt, und jetzt gestattete dieses griechische Lehrstück, den Frust über das Ausbleiben der triumphalen Wiederkehr Jesu leichter zu ertragen. Spätestens bei Augustin um 400 war der Prozeß der Assimilation abgeschlossen. Daß die Jesusbewegung die römische Besatzung nicht verjagt hatte, das *sahen* enttäuschte Jünger. Daß die Parusie nicht eintrat und kein neuer Himmel, keine neue Erde kamen, das *sahen* sie auch. Aber ob die Seele sterbend ins Jenseits wechselte, vielleicht nach einem Zwischenaufenthalt bis zum Jüngsten Tag, und dort ungestörtes Glück genoß, das *sah* niemand. Das war ausgedacht und wurde ausgemalt mit Nachdenken und Phantasie. Je luftiger die Konstruktion, um so schwerer zu widerlegen. Das gedachte Jenseits ließ sich leicht untergliedern. Es wurde eingeteilt zunächst in zwei, dann in drei Etagen; es wurde ausstaffiert mit Orten der Wonnen und Höhlen der Qualen. Die Erlösung lag jetzt im Unsichtbaren. Um so länger konnte sie sich erhalten. Sie erhält sich bis heute.

Auf dem Wechsel der Seele ins Jenseits beruhte nun alle Hoffnung und alle Höllenangst. Aber was war die ‹Seele›? Ihre dunkle Herkunft wurde mehrfach philosophisch gereinigt, bevor sie theologisch, d. h. für den Übergang ins Jenseits, brauchbar war. Denn von ihrem fernen geschichtlichen Ursprung her roch sie nach Blut und Sperma, nach Atem und Schlaf, nach Drogen und Traum; sie paßte nicht gleich zur halbplatonisch-idealisierten Hoffnung auf die selige Anschauung Gottes.

Alte Völker hatten von der Seele schon eine gewisse Erfahrung: Ein Schlafender lag reglos da, aber er träumte. Es mußte in ihm noch etwas anderes sein als der Leib; etwas, das aus ihm herausgehen konnte und zurückkam oder auch nicht. Ein Gefallener lag in seinem Blut: Mit seinem letzten Atem ging die ‹Seele› und kam nie mehr zurück; daher die Assoziation von ‹Seele›, Atem und Blut. Für die Helden Homers war mit dem Tod in der Schlacht nicht alles aus. Es löste sich die ‹Seele› und ging in den Hades. Sie war ein schwaches Bild des Getöteten, sein Schatten, der zwar sprechen, den man aber nicht anfassen konnte. Sie war nicht unabhängig vom Körper; sie war ohne Willenskraft und ohne geistige Aktivität; sie döste, sie dämmerte im Dunkel unglücklich dahin.

Die Hebräische Bibel hatte am Übergang der Seele ins Jenseits kaum Interesse. Für sie rächte sich alle Schuld auf Erden, und aller Lohn geschah im Diesseits; dabei zählte das Schicksal der Familie und ganz Israels. Das Buch *Kohelet* (3, 21) bestritt das Leben der Seele nach dem Tod. Erst in den spätesten Schriften der Hebräischen Bibel, im *Buch der Weisheit* – inzwischen kursierten Unsterblichkeitslehren auf dem hellenistischen Ideenmarkt –, sprach auch die Bibel von Unsterblichkeit der Seele.

Seit dem 5. Jahrhundert vor Christus arbeiteten griechische Philosophen am Seelenkonzept, auch naturphilosophisch, nicht selten materialistisch. Platon dachte die Seele als das Erfassen reiner Bestimmungen; sie war das Haben von mathematischen, logischen und ethisch-politischen Normen. Er sprach bildhaft vom Jenseits als der Seelenheimat; er griff ägyptische Vorstellungen vom Totengericht auf. Er schuf die literarische Gestalt des Sokrates. Sokrates personifizierte, was ‹Seele› bedeutete: Ein Mittleres zwischen dem Suchen nach Glück und dem wirklichen Glück. Die Fähigkeit, die Welt, vor allem die Polis, nach dem Maßstab des Richtigen zu beurteilen, ohne über ihr Jenseitsschicksal Gewißheit zu beanspruchen. Das Ausmalen der Jenseitsschicksale hielt den Platz frei für Diskussionen über das richtige Leben; es war kein fester ‹Glaube›. Anders bei Christen des 2. Jahrhunderts: Beim Schwinden der Naherwartung kam ihnen die platonische Mythologie zupaß. Nur wurde sie jetzt Dogma, sie blieb nicht Bild.

Nicht alle Kirchendenker griffen nach ihr. Denn die griechische Philosophie, auf deren Seelenkonzept die Christen sich jetzt stützten, lieferte verschiedene und kontrastierende Ansichten über die Seele des Menschen. Das ermöglichte Christen mehrere Varianten und schuf neue Widerstände. Nicht alle frühen Christen waren Platoniker. Platon hatte die Unsterblichkeit der Seele nicht dogmatisch behauptet, nur nahegelegt und durch Geschichten illustriert: Die Seele habe vor ihrem Erdenaufenthalt im Sternenhimmel präexistiert; sie habe dort die Ideen geschaut und erinnere sich auf der Erde an sie; sie sei einfach, also nicht aus körperlichen Elementen zusammengesetzt, sie sei ideenartig und deshalb unvergänglich. Als Ursache des Lebens widersprächen Tod und Sterblichkeit ihrem Wesen. Der christliche Märtyrer Justin hatte die platonische Schule durchlaufen, blieb aber nicht bei ihr; Tertullian war nie Platoniker. Justin kritisierte Platon, daß er von der Seele behauptet habe, sie sei mit Gott verwandt. Allein Gott sei ungeworden und unvergänglich. Keinesfalls sollte die Menschenseele von sich aus, kraft ihrer Natur, unsterblich sein; Gottes Allmacht konnte ihr nur Unsterblichkeit *verleihen*. Ähnlich dachte Irenäus von Lyon: Wäre die Seele kraft eigenen Wesens unsterblich, dann wäre sie ungeworden, doch allein Gott sei ewig; er lasse sie freilich kraft seines Willens über den Tod hinaus fortbestehen.

2. Noch eine Anleihe bei der Philosophie 237

Tertullian hielt die Seele für körperlich; sie habe die dreidimensionale Form des Körpers, dem Gott sie eingehaucht habe.[63] Die Seele müsse körperlich sein, sonst könnten die Seelen der Bösen in der Hölle nicht die körperlichen Qualen leiden, die Jesus androhe, Lukas 16,19–31. Das war aber nicht das Hauptargument Tertullians. Er folgte insgesamt der materialistischen stoischen Philosophie, die eine allverbreitete Seele von feiner Stofflichkeit behauptete.

Auch Origenes war von der Stoa beeinflußt, aber ihm zufolge war die Seele eine unkörperliche Substanz; sie war mit Gott ‹verwandt›.[64] Diese neuplatonische Spiritualisierung des Seelenkonzepts sicherte die Unsterblichkeit im christlichen Denken philosophisch ab.

Augustinus vertiefte die reine Geistigkeit der Menschenseele. Sie sei den Ideen verwandt, anders als die Tierseele. Die unsterbliche, rein geistige Seele war ihm in seinen frühen Schriften so wichtig, daß er nichts anderes erkennen wollte als Gott und die Seele. Cassiodor, Schüler des Boethius, faßte nach seinem Rückzug aus der Politik die Seelenlehren des lateinischen Westens zu der Formel zusammen, die Seele sei eine einfache gottebenbildliche Substanz, die Leben verleihe und vom Stoff abgetrennt existieren könne.[65] Das war gegen 560.

Papst Gregor I., Papst von 595–604, schrieb das vierte Buch seiner *Dialoge* über die Seele. Sie bildeten bis zur Aristotelesrezeption des 13. Jahrhunderts die quasi-amtliche Vorlage für das, was Christen über die Seele und ihre Jenseitsschicksale denken sollten. Er gestand ein, daß es Christen gab, die an der Existenz von Seelen zweifelten; er wollte sie rational, mit philosophischen Argumenten davon überzeugen. Aber er kam von diesem Ziel schnell ab: In seinem *Dialog* klagt sein Schüler Petrus, wie schwer es sei, geistige Dinge zu erfassen. Neulich sei doch ein Mitbruder ganz in seiner Nähe plötzlich gestorben, aber er habe nicht beobachtet, daß dabei eine Seele den Körper verlassen habe. Gregor antwortet ihm, er habe die Seele ja auch nicht gesehen, als sie noch im Körper war; es sei unsinnig, Unsichtbares mit Augen sehen zu wollen. Damit hätte Gregor es bewenden lassen können, aber er fängt damit erst an und überschüttet den Leser mit Klosterlegenden, in denen Mönche, deren geistiges Auge durch den Glauben gestärkt und deren Herz durch Beten gereinigt gewesen sei, Seelen aus dem Leib ausfahren sahen. So habe der heilige

Benedikt gesehen, wie Engel mitten in der Nacht die Seele des Bischofs von Kapua in einer feurigen Kugel zum Himmel trugen.[66] Soeben noch fand Gregor es sinnlos, Übersinnliches sinnlich wahrnehmen zu wollen, und schon erzählt er, Benedikt habe gesehen, wie Engel die bischöfliche Seele in einer Feuerkugel zum Himmel trugen. Eine andere Klostergeschichte Gregors: Ein Mönch stimmte eben noch den Psalmengesang an und fiel plötzlich tot um; alle seine Mitbrüder sahen seine Seele in Gestalt einer Taube aus seinem Mund gen Himmel fliegen (IV 11, 4 p. 48). Gregor erzählt von der Zukunftsschau Sterbender; er berichtet vom Wohlgeruch, den die Leichen Heiliger ausströmen. Sein philosophisch belangloser Text hatte weitreichende Folgen für die mittelalterliche Auffassung des Todes, auch für die Malerei; er läßt abschätzen, wie sehr Denker des 12. und 13. Jahrhunderts das Reflexionsniveau über ‹Seele› erhöht haben. Dabei war Gregor nicht ohne Originalität; er dürfte der erste gewesen sein, der die Seelen Verstorbener schon vor dem allgemeinen Weltgericht in den Himmel bzw. in die Hölle kommen ließ. Nach der älteren Vorstellung ruhten die Seelen Verstorbener bis zum Endgericht am Jüngsten Tag an einem neutralem Ort, *Dialogi* IV 28, 1 p. 99. Irenäus von Lyon (5, 31, 1) hatte noch die Ansicht, die Seelen der Auserwählten stiegen *sofort* zum Himmel auf, für häretisch erklärt. Er hatte wie andere ältere Kirchenschriftsteller, auch Augustin, die Seelen zwischen Tod und Weltende in geheimen Warteräumen untergebracht (*De civ. Dei* 12, 9). Himmel und Hölle waren bis zur Zeit Gregors leer von Menschenseelen; erst er entschied, das endgültige Seelenschicksal trete nicht erst am Jüngsten Tag ein, sondern sofort mit dem Tod. Seitdem gingen die Verdammten *sofort* ins ewige Feuer.

Seit dem 12. Jahrhundert diskutierten christliche Denker die antiken und arabischen Texte über Seelenunsterblichkeit. Sie fanden kein einheitliches Bild vor: Was die griechische Übersetzung der Hebräischen Bibel mit ‹Seele, *psyche*› wiedergab, war nicht die unsterbliche Geistseele platonisierender Philosophen, sondern der Atem, das Leben, der Sitz der Leidenschaften, der einzelne Mensch in seiner Ganzheit. Darauf beschränkte sich das seelentheoretische Erbe der Hebräischen Bibel.

2. Noch eine Anleihe bei der Philosophie

Die Philosophen boten divergierende Ansätze: Eine ‹Seele› zu haben war für griechische Philosophen kein Privileg des Menschen. Aristotelisch gedacht haben auch Pflanzen und Tiere eine Seele. Wo Leben und Selbstbewegung war, da war Seele. Der Kosmos als ganzer hatte eine Seele; das Lebensprinzip des Universums hieß ‹Weltseele›. Um ewiges Glück oder ewige Strafe der Seele theoretisch fassen zu können, brauchten Christen die platonisch-aristotelisch-neuplatonische Rede vom ‹Geist, *nus*›. Aber von ihm war nicht sicher, ob er der oberste Teil der Seele war oder ein selbständiges Wesen, das zeitweise in der Seele Platz nahm, um tätig zu sein. Sein Wesen war die Tätigkeit, allgemeine, bleibende und notwendige Inhalte zu denken. Er erfaßte logische, mathematische, ethisch-politische Wahrheiten. War er dann nicht selbst allgemein, bleibend und notwendig? Dann war er unzerstörbar und konnte dauerhaftes Glück genießen oder ewige Bestrafung erleiden. Wenn Gott auf Erden Gerechte leiden ließ, versprachen die Priester Ausgleich im Jenseits; das war schwer zu widerlegen. Nur war kaum einzusehen, wie mit dem überindividuellen Intellekt der individuelle Kern einer konkreten Person überlebte. Platons Geistseele, war, wie gesagt, das Haben des Allgemeinen, Idealen und Notwendigen. Aber christlichen Theologen kam es auf die Individualität der Geistseele an. Sie brauchten die persönliche Belangbarkeit der Bösen und Belohnbarkeit der Guten. Die hebräische Tradition dachte zu stofflich, zu konkret und zu ganzheitlich, um die Idee der abtrennbaren Seele im Jenseits zu entwickeln; die platonische Theorie der Psyche machte zwar begreiflich, daß sie immergültige mathematische Wahrheiten und bleibende ethische Normen erfaßte und dem Ewigen verwandt war, aber sie fügte sich nicht leicht in die bildstarken Vorstellungen von individueller Fortdauer in Himmel oder Hölle. Diese Schwäche wurde akut, als im 13. Jahrhundert das dritte Buch des Aristoteles *Über die Seele* zusammen mit dem Kommentar des Averroes bekannt wurde.

Hier fand sich eine gründliche Argumentation, daß der Mensch seinem Wesen nach Intellekt sei. Der Geist als das tätige Haben des Allgemeinen und Ewigen überstehe den Zusammenbruch des Leibes; er erstrebe *seinem Wesen* nach unzerstörbare Seligkeit. Fraglich war seine Individualität. Auf die kam es aber an im christlichen System ewigen Lohns und immerwährender Strafe. Die Verzögerung der Wiederkehr des himmlischen Herrn verlagerte die Erlösungsfreuden ins himmlische Paradies; dazu mußte die Menschenseele unsterblich sein; aber diese neue Anleihe beim platonisch-aristotelischen Denken schuf neue Probleme. Paßte sie zu den neutestamentlichen Versprechungen und Drohungen? Augustin bemühte sich, die Menschenseele rein geistig zu denken; andere Lehrer gaben der Seele einen subtilen, luftartigen Körper bei. Für Origenes, Dante und Leibniz war allein Gott reiner Geist. Aber Augustin sublimierte die Geistseele so sehr, daß sie eine Mittelstellung zwischen Gott und dem Leib einnahm. Er dachte die Selbsterkenntnis als Schlüssel zur Gotteserkenntnis und fand in der Einheit von Erinnern, Einsicht und Wollen eine Entsprechung zum drei-einen Geist Gottes.

Doch der Unsterblichkeitslehre drohte außer der Ent-Individualisierung der Seele durch den Geist noch von einer anderen Seite her Gefahr. Die Seele war schon bei Platon nicht so rein jenseitig gedacht, wie es denen vorkam, die von Platon nur den Dialog *Phaidon* gelesen hatten, in dem es um den Tod des Sokrates und seine Jenseitsaussichten ging. Platons ‹Seele› hatte noch andere Funktionen; sie bewirkte Leben; sie stand ihm nicht nur als andersartig gegenüber. Sie war Naturkraft. Sie beseelte einen Leib. Es gab einen gewissen Dualismus zwischen Geist und Stoff, aber es bestand auch der Zusammenhang von Grund und Begründetem. Ihn arbeitete der Platonschüler Aristoteles gegen seinen Lehrer scharf heraus. Er nannte die Seele die Form des Leibes. Diese einheitlichere Konzeption galt im 13. Jahrhundert vielen als heidnisch; 1311 wurde sie kirchliches Dogma.

Die Form muß dem Stoff entsprechen. Als sein Lebensprinzip muß sie zu ihm passen. Dann war zwar die Gefahr des Dualismus und des Verschwimmens im Allgemeinen und Ewigen gebannt, aber es war auch nicht recht einzusehen, was eine Forma noch wirken sollte, wenn sie nichts mehr hatte, was sie formen könnte. Daher fingen späte Scholastiker – Averroisten und Ockhamisten – damit an zu bestreiten, daß die Unsterblichkeit der Seele philosophisch beweisbar sei. Nominalisten sahen einen Widerspruch zwischen der Definition der Seele als Form des Leibes und der Unsterblichkeitslehre. Luther folgte ihnen, *glaubte* aber weiter an Seelenunsterblichkeit. Naturphilosophen

2. Noch eine Anleihe bei der Philosophie 241

und Ärzte untersuchten den Zusammenhang zwischen Körperzuständen und Gemütsbewegungen. Sie untersuchten Melancholie als Funktion der Leber. Psychologische Typenlehren sprachen von Cholerikern und Melancholikern und stärkten die Ansicht von der Untrennbarkeit von Seele und Leib. Auch diese Sichtweise bedrohte die individuelle Unsterblichkeit, um derentwillen christliche Denker doch das philosophische Seelenkonzept adoptiert hatten, nachdem es volkstümliche Psyche-Bilder von Atem, Blut, Traum und ekstatischer Entrückung entweder absorbiert oder auf das Feld der Medizin ausgelagert hatte. Es folgten Konflikte. Immer schärfer werdende Unterscheidungen versuchten, sie aufzufangen. Am Ende ergab sich ein Salat begrifflicher Feinheiten, die zum Trost Sterbender nichts taugten und den anti-philosophischen Protest frommer Seelen auslösten.

Der griechische Seelenbegriff war ein trojanisches Pferd in der Gottesstadt. Er erzeugte ähnliche Schwierigkeiten wie die Rezeption des philosophischen Gottesbegriffs: Diese Importe verursachten, besonders seit dem 14. Jahrhundert, Debatten, die so kompliziert wurden, daß sie zum theologischen Gebrauch wenig beitrugen. Sie taugten nicht mehr als Weg zum Glauben. Unsterblichkeitsbeweise wurden fast zum Sondergut kirchlich kontrollierter Philosophie. Paradoxerweise befahl den Christen das 5. Laterankonzil von 1512/1513, die philosophische Beweisbarkeit der Seelenunsterblichkeit zu beweisen. Die dieser Anordnung nachkamen, waren mehr Theologen als Philosophen; sie schrieben ihre Weltanschauung um in philosophische Terminologie. Kant schien ihnen später zu Hilfe zu kommen; er leitete die Unsterblichkeit der Seele, die er aus dem Feld der theoretischen Vernunft verwiesen hatte, von der praktischen Vernunft ab, denn ohne jenseitigen Ausgleich gebe es keine Entsprechung zwischen dem Glück der Menschenseele und ihrer Würdigkeit, glücklich zu sein. Er rettete damit noch einmal dieses *eine* Element der griechischen Philosophie: den internen Bezug der Geistseele auf gesichertes Glück. Aber seine Hilfe stand im Gegensatz zu den erfahrungsphilosophischen Dicta *der Kritik der reinen Vernunft;* sie konnte kaum wirksam werden. Einige Theologen verzichteten dann lieber auf diese schwachgewordene Abstützung; sie zogen den reinen, den radikal gedachten Glauben einer Harmonisierung vor. Karl Barth glaubte Gott einen Dienst zu tun, indem er die Unsterblichkeits- und damit die Persönlichkeitsidee preisgab und an ihre Stelle die Auferstehung des Leibes setzte, als habe diese nicht bereits eine Weile auf sich warten lassen und als sei es eine menschenwürdige Vorstellung, die gepriesene Allmacht hole am Jüngsten Tag ein übernatürlich geklontes oder ein gut konserviertes eingeschlafenes Individuum aus dem Grab. Dem Seelenbegriff ging es wie dem Gotteskonzept: Die Diskussion geriet so kontrovers, daß jemand, der sich fragte, ob er den christlichen Glauben annehmen könne, weder aus der philosophischen Theologie noch aus der philosophischen Seelenlehre Nutzen ziehen konnte. Gott und Seele blieben, rein theoretisch betrachtet, tiefsinnige Themen. Was das Absolute ist und wie Bewußtsein philosophisch zu analysieren sei, das blieben offene Fragen, aber ihr Nutzen zur Glaubensabsicherung war dahin. Sie ließen sich aber auch gegen den Kirchenglauben stellen. Das hatte der Deismus des 18. Jahrhunderts mit dem philosophischen Gottesbegriff vorgeführt.

Die Seele verlor ihre beweisbare Unsterblichkeit. Das war ein so einschneidender Vorgang, daß ich ihn näher beschreiben will.

Für Leibniz und für die Schule von Christian Wolff war die Unsterblichkeit der Seele noch beweisbar. Ihr Argument war, vereinfacht, folgendes: Ich denke. Ich bin ein Denkendes. Ich bin Denken als Substanz. Die Substanz übersteht den Wechsel ihrer einzelnen Akte oder Eigenschaften. So überdauert die geistige Seele den Tod. Denn sie ist nicht aus Teilen zusammengesetzt. Nur wo trennbare Teile vorliegen, ist die Zerstörung eines Wesens möglich. Die Seele ist einheitliche Tätigkeit; sie ist als einheitsstiftende Kraft nicht zusammengesetzt und in diesem Sinn ‹einfach›. Daher ist sie unzerstörbar.

Dieses Argument hat Kant in der *Kritik der reinen Vernunft* (B 399–432) mit folgender Überlegung, die ich ein wenig vereinfache, kritisiert: Unbestreitbar ist der Ausgang von dem Urteil: *Ich denke.* Das Ich, das so spricht, ist bei allen seinen Denkakten mit dabei oder muß doch als dabeiseiend gedacht werden können. Diesen Einheitspunkt aller Gedanken nennen wir ‹Seele›. Von ihr muß die Philosophie reden, auch wenn sie nicht *sichtbar* ist. «Ich, als denkend, bin ein Gegenstand des inneren Sinns und heiße Seele.» Dieses Ich ist nicht empirisch gegeben, aber wir wissen es als die Bedingung jeder Erfahrung. Es ist nicht Empirie, aber es ermöglicht Wissen von Empirie. Es ist in dem Sinn ‹einfach›, als es nicht räumlich Teile außer Teilen hat. Damit ist das Konzept ‹Seele› rehabilitiert, aber mit einschneidender Einschränkung: Von dieser ‹Seele› können wir nicht sagen, sie sei Substanz, sie sei unzerstörbar und daher unsterblich. Das *Ich denke* macht Begriffe wie ‹Substanz› oder ‹Ursache› möglich. Es braucht sie, um Erfahrungsdaten zu erkennen. Aber auf das *Ich denke* angewandt, also ohne sinnliche Anschauung gebraucht, verlieren Begriffe wie ‹Substanz› oder ‹Ursache› ihren Sinn. Solange der Mensch lebt, ist das *Ich denke* mit sinnlicher Anschauung verbunden; dann kann ich von ihm auch sagen, daß es über die Zeit hin beharrt, aber was es außer der Zeit und ohne sinnliche Erfahrung wäre, das kann ich aus dem *Ich denke* nicht gewinnen. Das *Ich denke* ist kein Ding, sondern das bloße Bewußtsein, das alle Begriffe begleitet. Es ist kein weiterer Inhalt des Bewußtseins, sondern seine Form. Erkennen heißt: Eine gegebene Anschauung im Blick auf die *Einheit des Bewußtseins bestimmen.* Die bloße Einheit für sich betrachtet gibt keine weitere Erkenntnis her, auch wenn wir von ihr sagen können, sie sei ein Singular und könne nicht in eine Vielheit der Subjekte aufgelöst werden. Sie ist ein Subjekt aller Sätze, aber als deren logische Bedingung, nicht als tragende und überdauernde Substanz. «Der Begriff der Substanz bezieht sich immer auf Anschauungen, die bei mir nicht anders als sinnlich sein können.» Daher läßt sich die Identität der Person und ihre Unsterblichkeit aus dem *Ich denke* nicht beweisen. Dies gilt strikt für die theoretische Philosophie, während Kant davon überzeugt war, mit Hilfe der *praktischen* Vernunft einen neuen Beweis für die Unsterblichkeit der Menschenseele führen zu können. Diese Zweiteilung fand weniger Zustimmung als seine Kritik an der Metaphysik der substantialen und zeitüberdauernden Seele.

Christen *nach* Kant sahen sich vor der Wahl, entweder die Philosophie offen zur Magd der Theologie zu erniedrigen oder ihre apologetische Verwendung aufzugeben, also auf Unsterblichkeitsbeweise zu verzichten. Entschieden sie sich für die zweite Möglichkeit, entzogen sie dem Jenseitsglauben den Schutzschild allgemeiner Vernunft. Die Theologie stand dann ohne Protektion der allgemeinen Vernunftkultur da. Sie überließ sich dem Schutz des Allerhöchsten, wurde darüber aber unruhig, sprach immer lauter, gebärdete sich trotzig und defensiv; sie brach sowohl mit der historischen wie mit der spekulativen Theologie und verwechselte zunehmend Argumentation mit Predigt. Ein solcher Theologe will ‹Glaubenszeugnis ablegen›. Dazu braucht er weder philosophische Gotteslehre noch Metaphysik der Seele. Ohne sie steht er ungeschützt, von der wissenschaftlichen Kultur isoliert da. Er zerschneidet die Nabelschnur, die Gläubige nach der Enttäuschung ihrer ersten Heilserwartungen mit dem griechischen Denken verbunden hatte.

Die Ideenentwicklung der letzten Jahrzehnte hat die Berufung auf die Geistseele aussichtslos gemacht. Die Seelenmetaphysiker – darunter auch Aristoteles und Thomas von Aquino – hatten gelehrt, für das reine Denken brauche die Geistseele *kein körperliches Organ*. Ein solches würde ihre Zuwendung zur Gesamtheit der Realität nur behindern. Aber genau dieses Organ, das Gehirn, steht seit einiger Zeit im Mittelpunkt äußerst ergebnisreicher Forschungen. Die alten Bedenken, was die *Forma* des Leibes ohne Leib ausrichten könne, ob sie noch denke oder wolle, kehren verstärkt zurück. Das Wasser der Geistphilosophie haben Theologen sich selbst abgegraben. Es gibt weiterhin freie Forschung zur Philosophie des Bewußtseins. Wenn es alle seine Inhalte begrifflich bestimmt, kann es selbst nicht die Merkmale seiner gegenständlichen Inhalte tragen. Dann hat es, wie Aristoteles sagte, mit nichts etwas gemein. Dann ist es nicht nur ein Teil der Natur. Aber diese Behauptung gerät zunehmend in die Kritik. Darüber gibt es heute Diskussionen, vor allem bei Philosophen, die sich nicht einschüchtern lassen mit der Redensart, sie lebten im nachmetaphysischen Zeitalter. Doch Untersuchungen dieser Art führen ins Unwegsame, nicht in die theologische Propädeutik. Sie untermauern nicht mehr die Jenseitshoffnung der Christen, ganz abgesehen davon, daß, wenn der späte Augustin recht behält, die meisten Menschen das Jenseits mehr zu fürchten als zu erhoffen haben.

3. Arme Seele

In der Sprache meiner Großmütter war eine ‹arme Seele› ein Verstorbener, dessen besserer Teil im Fegefeuer schmorte, um seine mittelschweren und leichten Sünden abzubüßen. Zwar verdient das Fegefeuer hohes theoretisches und historisches Interesse; aber hier verstehe ich unter der ‹armen Seele› nicht die Seele im Fegefeuer, sondern ich berichte von ihrer allmählichen Verarmung seit etwa 1800. Sie verlor ihre herrliche Stellung; zuletzt fanden sie sogar Theologen nicht mehr ansehnlich. Das platonisierende Seelenkonzept war in bedrängter Lage seit David Humes und Kants Kritik am beanspruchten Wissen von substantiellen Seelen; ihr Los verschlechterte sich mit dem Aufkommen der empirischen Psychologie des ausgehenden 19. Jahrhunderts. Selbst die Seelenkundler verabschiedeten sie. Friedrich Albert Lange sprach schon 1866 von ‹Psychologie ohne Seele›. ‹Psychologie› als empirische Wissenschaft von seelischen Reaktionen und Aktionen hatte nichts mehr mit der ‹unstofflichen, sich durchhaltenden Substanz› der Vorzeit zu tun. Nietzsche schleuderte dem theologischen Seelenbild entgegen, ‹Seele› sei nur ein anderes Wort für etwas am Leibe. Das war nicht nur Polemik. Nietzsche korrigierte das Übermaß des an Seele, Bewußtsein und Moral orientierten Verständnisses des Menschen; er lehrte eine neue menschliche Selbsterfahrung als Leib. Seitdem wurde die Seele immer heftiger kritisiert. Inzwischen war klar, daß sie an ein körperliches Organ gebunden war, was selbst der Biologe Aristoteles bestritten hatte, nämlich an das Gehirn. Noch schlimmer für ihr Prestige: Sie galt als zu cartesianisch-intellektualistisch oder zu theologisch-moralistisch konzipiert, als daß sie das ganzheitliche Leben der Menschen begreiflich machen könnte. Die Seele war gar zu oft ermahnt worden, ihren Leib nur als ‹Instrument› anzusehen und ihn zu ‹gebrauchen›, nicht ihn zu ‹genießen›. Was die Seele verlor, gewann der Leib. Reformbewegungen und bessere medizinische Versorgung, Sport und Jugendbewegung behaupteten seit Beginn des 20. Jahrhunderts, von jetzt an wohne ein gesunder Geist in einem gesunden Körper. Dieser Spruch hatte zwei Nachteile: Er galt nur so lange, bis ein ungesunder Geist gesunde Leiber auf Schlachtfeldern vernichtete. Und zweitens klang dieser Spruch selbst noch nach dem alten Leib-Seele-Dualismus, den Philosophen wie Heidegger und Merleau-Ponty theoretisch abbauten. Sie wollten den Menschen ganzheitlich von seinem realen Leibleben her begreifen. Arnold Gehlen löste in der philosophischen Anthropologie die immer noch am Geist orientierte Philosophie von Max Scheler ab. Das Konzept ‹Seele› kam außer Gebrauch. Die römische Glaubenskongregation befahl zwar unter bewährter Leitung noch am 17. Mai 1979, Theologen müßten bei eschatologischen Erörterungen das Wort ‹Seele› beibehalten, aber nicht einmal alle Katholiken folgten, schon gar nicht Lutheraner.

Heute überlagern sich im Seelenbegriff des Christentums drei archäologische Schichten:

Zuunterst die neutestamentliche Erwartung baldiger
   Auferstehung der Toten,
zweitens die Tröstung mit dem Übergang der Geistseele in die
   Ewigkeit,
drittens die mehr oder weniger halbherzige Hume-Nachfolge, also
   Kritik am substanzialen Seelenbegriff. Natürlich will niemand
   das Wort ‹Seele› verbieten oder auch nur entbehren; was in Frage
   steht, ist allein ihr Charakter als zeitüberlegene *Substanz* und
   damit der frühere philosophische Beweis ihrer Unsterblichkeit.

Alte Institutionen geben selten etwas auf, was sie sich einmal einverleibt haben. Aber seit dem 18. Jahrhundert verlor das ins Jenseits verlagerte Seelenglück nicht nur an Plausibilität, sondern auch an Attraktivität. Das Leben wurde für viele angenehmer und dauerte länger; mancher war's zufrieden, am Ende bei seinen Vätern versammelt zu sein. Wer die Spitze seines Ichbewußtseins lästig fand, wer gar vom Ich sprach als von dem «dunklen Despoten», zog es vor, von ihm befreit zu werden. Als es dann vor Verdun ans Sterben ging, ließ der Tod sich nicht mehr als Befreiung von der Last des Leibes feiern. Das war nicht mehr die barocke Todeserfahrung als Überschritt der Seele ins Jenseits. Wir lernten, daß wir die Erdenschwere und die Endlichkeit brauchen. Philosophen, die realiter Zeitgenossen waren, dachten den Menschen als Person, nicht mehr als Seele, die einen Leib *hat.* Die kirchlichen Auffassungen der Sexualität, die aus der Zeit des Leib-Seele-Dualismus stammten, veralteten.

Theologen in Deutschland entwickelten seit den dreißiger Jahren meist gegen Nietzscheaner einen auffälligen Eifer zu behaupten, das Christentum sei nicht leibfeindlich. Sie entfalteten Scharfsinn und Wortklauberei, um zu beweisen, daß wenn Paulus abfällig vom ‹Fleisch› rede und mit der Sünde quasi identifiziere, dann sei nicht unser Leib gemeint. Je weniger das paulinische Fleisch gegen den Geist löckte, um so älter sah die Seele aus. Mancher Gottesgelehrte läßt heute die Seele mit dem Tod dahinsiechen, in der Annahme, Gott werde sie beim Posaunenschall am Jüngsten Tag wohl schon wiedererwecken. Aber kennt sie, wenn sie dann vor dem Weltenrichter steht, noch ihre alten Untaten? Weiß sie überhaupt, wer sie im Erdenleben war? Gibt Gott ihr eine neue Identität? Läßt sich ‹Identität des Bewußtseins› überhaupt als etwas denken, das dupliziert werden kann? Diese neue Eschatologie braucht Aushilfshypothesen, die noch unhaltbarer sind als die alte Unsterblichkeitslehre.

4. *Himmel und Hölle*

Die Einwände gegen die Seele als Substanz sind keine Modesache. Es ist leichter zu behaupten, der fromme Christ brauche die Seelensubstanz nicht, als diese Kritiken zu durchdenken oder gar zu widerlegen. Aber nehmen wir selbst an, einem Philosophen von heute sei es gegen alle Trends schließlich gelungen, die Unsterblichkeit der Seele zu beweisen. Dann hätte er zwar das Überleben der Seele gerettet, aber noch längst nicht das bunte Szenario von Himmel und Hölle begründet, das den sterbenden Christen erwartet. Unser Seelenphilosoph müßte noch einen Weltenrichter auftreiben und überdies plausibel machen, daß körperliche Strafen mit Feuer oder Eis die Geistseele quälen können, von der in diesem Zusammenhang doch nur die Rede ist, weil sie körperunabhängig, also kein Bündel von Eigenschaften oder Taten sei und daher den Tod überstehe. Er müßte im Jenseits Mauern einziehen, die den Himmel von der Hölle trennen, vom Fegefeuer ganz zu schweigen, zumal die Auferstehung des Fleisches nur aufgeschoben, nicht aufgehoben sein soll. Welche Probleme er noch zu lösen hätte, das zeigt die Sorge des Kirchenlehrers Albert von Köln. Er fragte, ob im Innern der Erde, das er sich sehr groß vorstellte, Platz genug sei für die Hölle, da die meisten Menschen böse und dort untergebracht seien. Albert dachte sich komplizierte Systeme von Nebenhöhlen aus, schachtelförmige seitwärtige Ausbuchtungen, um die vielen Sünder dort zur Strafe unterbringen zu können. Seine aristotelische Philosophie der Seele hatte er in diesem Augenblick vergessen. Philosophen wären gut beraten, auf solche Gefälligkeitskonstruktionen verzichten. Statt ihnen dabei zu folgen, sehe ich mir Himmel und Hölle etwas näher an.

Himmel. In meiner katholischen Kindheit lernten wir den Katechismus. Darin war die erste Frage: Wozu ist der Mensch auf Erden?
Die Antwort, die wir zu lernen hatten, hieß: *Um Gott und den Nächsten zu lieben, um dadurch in den Himmel zu kommen.* Was der Himmel war, wußte jedes Kind: Er war das sichtbare Himmelsblau, und darüber wohnte Gott. Jesus war bei seiner Himmelfahrt dorthin zurückgekehrt, und in diese Helligkeit sollten auch wir kommen, wenn es mit uns zu Ende ging. Der Himmel, das war ewiges Leben. Das war Hochzeitsmahl. Daß der Himmel ein riesiger Raum sei, daran hatte ich keine Zweifel, sollte er doch später viele Auferstandene aufnehmen, mit ihren Leibern.
In der Nazizeit gab es, weil der Religionsunterricht in der Schule entweder oft ausfiel oder von Abschaffung bedroht war, privaten Religionsunterricht auf freiwilliger Basis. Wir waren nur sehr wenige, und der Kaplan Blumöhr sprach über den Himmel. Durch einen Zufall kann ich diese Religionsstunde mit vielleicht zehn Kindern datieren; sie muß vor dem 2. Februar 1941 stattgefunden haben, denn an diesem Tag trat Blumöhr sein Pfarramt in Biblis an. Der Kaplan versuchte, die allzu populären Bilder vom Himmel zu zerstreuen und schwang sich zu der entmythologisierenden Aussage auf, der Himmel sei kein Raum. Das mißfiel mir Zehnjährigem und ich fragte höflich: «Aber Herr Kaplan, Jesus ist doch in den Himmel aufgefahren?» Antwort: «Ja.» Ich weiter: «Aber Maria ist doch auch mit dem Leib in den Himmel aufgenommen worden?» Antwort: «Ja.» Ich weiter:

4. Himmel und Hölle

«Aber glauben Sie denn nicht, wo zwei Körper sind, da sei auch ein Raum?»

Der Kaplan blickte mich wohlwollend an und gab eine nichtssagende Antwort. Das gab es also auch: Einen Religionsunterricht, in dem man für solche Fragen eher belohnt als bestraft wurde.

Daß ich den Himmel als Raum haben wollte, war gut begründet. Gott hatte Himmel und Erde erschaffen. Der Himmel war so real wie sein Gegenstück, die Erde. Das *Alte Testament* beschrieb das feste Gewölbe, das die Wasser unter und über dem Himmel trennte, *Genesis* Text B. Dort war der Wohnsitz Gottes. Dort stand sein Thron, wo zu seiner Rechten Jesus sitzen durfte; sein Thronsaal hallte wider von den ewigen Lobgesängen der Engel. Von dort kamen Gott und seine Boten herab; dort hinauf war Jesus nach seiner Auferstehung aufgefahren. Dieses Bild des Himmels als Raum, wie es *Altes* und *Neues Testament* ziemlich übereinstimmend geben, gefiel mir als Zehnjährigem. Hatte der Auferstandene nicht die ‹Tore des Himmels› geöffnet, die so lange verschlossen waren? War er nicht zu diesem Zweck Mensch geworden? Ich dachte konservativ und wünschte: Das Wort der Bibel sollen sie stehen lassen.

Aber dafür standen die Chancen schlecht. Schon in der Antike hatten philosophisch Gebildete das Gewitter der Abstraktion über diese schönen Bilder niedergehen lassen. Wenn sie lasen, Christus sitze zur Rechten Gottes des Vaters, wandten sie ein, ‹Links› und ‹Rechts› gebe es nur bei körperlich vom Raum umgrenzten Wesen, Gott sei aber nicht körperlich umgrenzt. Wiederum ‹vergeistigte› eine philosophische Intervention den ‹Himmel›, so daß es in ihm kein Links und kein Rechts mehr gab.

Die intellektuelle Korrektur der biblischen Himmelsbilder setzte den Himmel nicht sofort zur Metapher herab. Die griechisch-arabische Kosmologie gab ihm neue Substanz. Über ihren acht oder neun Himmelsschalen wölbte sich harmonisch der theologische Himmelsraum, *Empyreum* genannt. Dantes *Paradiso* faßte beides, philosophische Sphärentheorie und Seeelenheimat, zusammen; Maler in Mittelalter und Renaissance brauchten den Himmel als Raum, auch um die Himmelfahrt Christi und der Maria darzustellen. Aber die neuzeitliche Kosmologie entzauberte den Sternenhimmel; die Himmelstheologie der Reformatoren war streng und bildarm. Im ernüchterten 20. Jahrhundert gelang es Predigern und Religionslehrern immer weniger, Glanz und Trost des Himmels in bedrückte Seelen zu zaubern. Die Verheißung ‹Ewiger Ruhe›, die aus der Zeit stammte, als die Seelen Verstorbener die Zeit bis dem Jüngsten Gericht noch in geheimen Warteräumen zubrachten, machte ihn nicht attraktiv. Die Erwartung ‹ewiger Ruhe› hatte schon Papst Gregor gestört, als er forderte, Himmelsfreuden und Höllenqualen sollten sofort mit dem Tod eintreten.

Die Metapher ‹Himmel› hat inzwischen die biblische Herkunft abgestreift und wird von der Sprache der Werbung vermarktet. Heute ist die Vorstellung ‹Himmel› derart ausgedünnt, daß Prediger darüber lieber schweigen. Manche Theologen glauben nicht mehr an ein Leben nach dem Tod und an das Glück im Jenseits; andere gestehen, nicht zu wissen, warum die Beseligten im Himmel noch auf die Auferstehung der Toten warten sollen. Zu deutlich überlagern sich in der unabgeschwächten christlichen Eschatologie zwei inkompatible Aussagen: Erst gibt es eine persönliche Gerichtsszene und dann noch einmal die allgemeine; zuerst findet die abgetrennte Seele ihr volles Genügen, und dann soll sie erst wieder vollendet werden, wenn sie ihren Leib zurückbekommt, den die Allmacht aus der Grube zaubert. Neuere Theologen wie Rudolf Bultmann und Dorothee Sölle verzichten lieber ganz auf den Himmel. Zuerst haben sie meinen Kinderhimmel ent-kosmologisiert und entsinnlicht, zuletzt schaffen sie ihn ab. Ein Theologe strenger Denkart schritt noch tapferer zur Entmythologisierung; ihm war der alte Himmel zu heiter. Er fand, er müsse die vergnügliche Seite des Himmelslebens konterkarieren und warb für sein düsteres, entrümpeltes Jenseits damit, daß Jesus dort seine Wundmale zeige. Muß das sein? Nein, dann doch lieber Lichteffekte und Musik, Tanz und Hochzeitsmahl – wie sie der Zehnjährige erträumte.

Hölle. Die Hölle hat eine gut dokumentierte Vorgeschichte im Zweistromland und in Ägypten. Die katholische Totenliturgie bewahrte im Offertorium der Totenmesse die düstere Pracht des alten Tartarus. Sie betete zu Gott für die abgetrennten Seelen mit den Worten: Rette sie vor dem Maul des Löwen, daß sie nicht hinabstürzen ins Dunkle, *libera eas de ore leonis, ne absorbeat eas tartarus, ne cadant in obscu-*

4. Himmel und Hölle

rum. Das war noch die alte, die richtige Hölle, ein verschlingender Löwe, ein abgründig-dunkler See. Jesus drohte mit der ‹Hölle›; er nannte sie das ewige Feuer, das die Sünder quält, ohne sie gänzlich zu verbrennen.[67] Doch um in die Hölle kommen zu können, mußte die Seele individuell den Tod überstehen. Diese Vorstellung fehlte der Hebräischen Bibel; daher entfaltet sie das Höllenthema kaum. Die ‹Hölle›, *gehenna*, war ein Tal südlich von Jerusalem, das Tal des Hinnom, in dem Reste von Opfertieren verbrannt wurden, in dem also Feuer brannte. Das Wort löste sich vom geographischen Bezug und wurde zur Feuerhölle. Jesus, den sich heutige Christen zu lieb vorstellen, drohte ernst mit der *gehenna*; er verstärkte seine Aufrufe mit der Warnung vor dem ‹ewigen Feuer›, wo der ‹Wurm nie stirbt›, wo ‹Heulen und Zähneknirschen› herrscht.

Für die Christen der ersten drei Jahrhunderte stand das ewige Höllenfeuer eher im Hintergrund; es erwartete die Nicht-Gläubigen, aber allen Getauften war eine Aufnahme in den Himmel noch gewiß; erst die Theologen des 4. und 5. Jahrhunderts bliesen es so recht an. Es entstand der rhetorische Infernalismus, der manche christliche Kultur charakterisiert hat.

Er ergab sich aus folgenden Faktoren:

Erstens: Origenes wollte die Höllenstrafen zeitlich begrenzen. Das ewige Feuer sollte erlöschen, wenn der göttliche Erziehungszweck erreicht sei. Dagegen setzte eine Reaktion ein, die zur mehrfachen Verurteilung des Origenes führte, vor allem durch die Synode von Konstantinopel 543. Damit war die Ewigkeit der Höllenstrafen etabliert.

Zweitens: Gegen Origenes interpretierten Augustin und Gregor der Große das Höllenfeuer als *körperliches* Feuer; dadurch traten im Bild der Hölle die körperlichen Qualen in den Vordergrund gegenüber dem Verlust der Anschauung Gottes. Die Lehrer des lateinischen Westens schärften ein, es handle sich um materielles, nicht um metaphorisches Feuer. Außerdem begründeten sie theoretisch, warum die ewige Qual in Gottes Absicht liege: Sie plauderten die spezifisch christliche Philosophie der Strafe aus. Ihr Zweck sei nicht die Besserung des Delinquenten, sondern die Leistung von Genugtuung. Ein Theologe wurde noch deutlicher und schrieb: Wer die Strafe nur als

Erziehung versteht und nicht als Sühne und Genugtuung, glaubt überhaupt nicht an die Hölle. Er hatte recht.

Drittens verlegte Gregor der Große den Übergang der Seelen ins Jenseits auf den Zeitpunkt des individuellen Todes. Die Hölle begann jetzt unmittelbar nach dem Tod, nicht erst am fernen Jüngsten Tag. Mit der ‹ewigen Ruhe›, die als Formel in Gebrauch blieb, war es vorbei. Das vermehrte die Schrecken des Höllenfeuers.

Die Theologen hatten Mühe zu erklären, wieso der Gott der Liebe ewige Höllenqualen eingerichtet hat und auf ewig unterhält. Sie bemühten die unendlich beleidigte göttliche Majestät und hielten daran als einem Geheimnis fest, das um so unbegreiflicher wurde, je weniger Menschen nach Augustins Gnadenlehre dem ewigen Untergang entgingen. Ebenso bestanden sie auf dem materiellen Charakter des Höllenfeuers. Dabei konnten sie nie erklären, wie die reine Geistseele vom materiellen Feuer gequält werden könnte. Sie entwickelten dazu gescheite bis bizarre Theorien.

Diese Foltertheologie ließ sich nicht halten. Kantianer wandten ein, eine durch Höllenfurcht begründete Moral sei *nicht* die Stimme der praktischen Vernunft. Schleiermacher gab zu verstehen, Jesus habe die Lehre von der ewigen Höllenstrafe gar nicht vertreten. Eine ständige Revision, auch Verschleierung folgte. Vielleicht befaßt sich ja einmal eine Synode damit: Die Kirchen haben mit Höllenbildern über tausend Jahre lang die Menschen in Angst und Schrecken versetzt, und jetzt beruhigen sie uns, daß die Bibel das nicht verlange. Welche neuen Erkenntnisse über Gottes Absichten gestatten ihnen die Abmilderung? Heute glauben selbst viele Christen, die von ihren verstorbenen Verwandten behaupten, sie seien im Himmel, nicht mehr an die Hölle. Theologen versichern, ihre Reden über die Hölle lieferten keine Informationen über einen jenseitigen Strafort. Sie haben wieder einmal recht.

Die Höllentheologie endete im gedanklichen Fiasko. Sollen doch die Toten ihre Toten begraben.

Kapitel IX
Wie es sich anfühlt, kein Christ zu sein

So wird, statt der Freyheit der Kinder Gottes dem Menschen vielmehr das Joch eines Gesetzes (des statutarischen) auferlegt, welches dadurch, daß es als unbedingte Nöthigung etwas zu glauben, was nur historisch erkannt werden und darum nicht für Jedermann überzeugend seyn kann, für einen gewissenhaften Menschen ein weit schwereres Joch ist, als der ganze Kram frommer auferlegter Observanzen immer seyn mag, bei denen es genug ist, daß man sie begeht.

I. KANT, DIE RELIGION INNERHALB DER GRENZEN DER BLOSSEN VERNUNFT, KÖNIGSBERG ²1794, S. 275 F.

1. Ein persönliches Buch

Dieses Mal wollte ich ein persönliches Buch schreiben, kein Fach- und Sachbuch für Spezialisten, sondern Bericht und Rechenschaft über meine Erfahrung mit der christlichen Lehre. Ich wollte klar schreiben, eher schroff als kompromißlerisch. Ja, ich bin kein Christ, wenn man unter einem Christen jemanden versteht, der an Gott, an ein Leben nach dem Tod und an die Gottheit Christi glaubt. Bist du also Atheist? Nein. Die Argumente für die Existenz Gottes überzeugen mich zwar nicht, aber auch die Nicht-Existenz Gottes kann ich nicht beweisen. Es ist schwer, die Nicht-Existenz von irgend etwas zu beweisen. Zwar höre ich Theisten jubeln, wenn der Atheismus unbewiesen dasteht, aber dazu haben sie keinen Grund, denn außer ihrer Position bleiben dann unendlich viele andere offen. *Sie* sind beweispflichtig. Bei einem theoretischen Disput gibt es das Ja und das Nein und drittens die Stimmenthaltung. Ich sage also, alle Argumente, die ich für den christlichen Glauben gehört und geprüft habe, konnten mich nicht überzeugen; sie sind mir unter der Hand zerkrümelt. Mein Glaube verflog sich, nicht durch schlagartige Bekehrung, nicht durch ein Außenereignis, sondern durch jahrzehntelanges Anhören untauglicher Argumente, fauler Ausreden und Vertröstungen. So ist mir Stück für Stück abhanden gekommen.

Ich bin also kein Atheist. Manche nennen mich Agnostiker, aber auch dieses Etikett höre ich nicht gern. Denn derartige Schlagwörter verdecken die lebendige Auseinandersetzung und die unabschließbare Arbeit am historischem Material. Die Geschichte der europäischen, besonders der mittelmeerischen Kultur bildet mein tägliches Arbeitsfeld, zu ihm gehört auch das Christentum. Ich akzeptiere den Titel ‹Agnostiker› zur Not, nur um nicht verwechselt zu werden mit Kompromißlern, von denen mir einer gestand, er glaube nicht, aber er *versuche* zu glauben. Ich unterdrückte die Frage, ob er denn jetzt nicht alt genug sei, um mir zu erzählen, was bei diesen Versuchen herausgekommen ist. Ein anderer schrieb, er *glaube* zu glauben. Von diesen Lauen unterscheide ich mich durch den Genuß klarer Kälte: Ich glaube nicht, und ich glaube auch nicht zu glauben; ich will es nicht versuchen. Ich habe es versucht und berichte vom negativen Ergebnis meiner Versuche. Ich hatte Zeit genug für viele Anläufe. Hier sage ich, was dabei herauskam.

2. Was mir alles nicht fehlt

Wie fühlt es sich an, wenn man kein Christ mehr ist? Jedenfalls anders als Prediger behaupten. Sie sagen gern, ein Leben ohne Gott und ohne Glauben sei sinnlos. Sie malen sich den Ungläubigen aus als sehne er sich nach seinem Kinderglauben zurück, als fehle ihm etwas Wesentliches. Beklagt er nicht wenigstens die Abwesenheit Gottes? Sollte er nicht Zeugnis ablegen von der entstandenen Leere? Sucht er nicht Geborgenheit, Zuversicht? Braucht er nicht Lebensmut aus

Lebenssinn? Wohlwollende Christen blicken ihn mit mitleidigem Auge an. Manche drücken ihm eine fromme Broschüre in die Hand, um seinen Glauben wiederzuentfachen. Orthodoxe forschen nach Hochmut und anderen Lastern, die ihn am Glauben zweifeln lassen, für den es doch evidente Gründe gebe. Sie sehen ihn zu Recht bestraft durch ein trostloses Leben, habe er doch den Eid gebrochen, den seine Taufpaten für ihn geschworen haben, für immer dem Satan zu entsagen. Verständnisvollere Fromme dichten ihm ein gebrochenes Bewußtsein an. Manche können es gar nicht glauben, daß ein relativ netter Kerl den Glauben wegwirft, den sie für so kostbar halten. Muß er nicht Angst haben, wenn er demnächst nach dem Tod vor den Weltenrichter tritt und Rechenschaft ablegen muß von jedem glaubensfeindlichen Wort, das aus seinem Mund kam? Manche sehen mich in den Klauen Satans, andere überantworten mich der Barmherzigkeit Gottes und anerkennen, daß ich mir Mühe gegeben habe. Sie bringen mich in ihrer Schublade ‹Gottsucher› unter. Gerade dieses Etikett weise ich zurück; es ist eine Art der Eingemeindung. Mein Fall ist ein anderer: Ich habe Gott gesucht und habe ihn nicht gefunden. Ich habe dabei meine rheinische Fröhlichkeit nicht eingebüßt; ich lebe und arbeite in Heiterkeit. Ich mache mir über meine Zukunft keine Illusionen; ich weiß, daß ich in absehbarer Zeit sterben werde; ich rechne nicht damit, daß die Menschheit ewig fortbestehen wird; die Sonne wird wohl einmal aufhören zu leuchten. Aber mein Leben ist nicht sinnlos. Ich habe nichts weggeworfen außer Formeln; mir fehlt nichts, was ich einmal hatte. Ich habe nur etwas genauer hingesehen, und dabei bröckelte die barocke Stuckherrlichkeit alter Beweispaläste ab. Ich habe an Inhalt nichts verloren: Ich kenne die Entwicklungsschritte Jahwehs; ich lehne seine Opfersucht und Blutrünstigkeit ab; ich beteilige mich nicht an der Lobhudelei, die er sich wünscht. Der himmlische Hofstaat ist schöne orientalische Poesie.

Ich streiche Jesus nicht aus meiner Vorstellungswelt. Mich interessiert das Für und Wider der nachweisbaren Wirkungen, die er ausgelöst hat und noch auslöst. Für seine Hoheitstitel verweise ich auf historisch gebildete Theologen, von denen zu lernen ist, wie er zu ihnen gekommen ist. Ich weiß sehr wenig von ihm. Aber sicher ist, daß er in den Evangelien *nicht* sagt:

Ich bin wahrer Gott, und zwar die zweite Person der Trinität, außerdem bin ich vollständiger Mensch und lasse mich für euch kreuzigen, damit ihr von der Erbsünde befreit werdet und Gott euch wieder gnädig sei.

Hätte er so geredet, hätte er den Christen zweitausend Jahre Streit über seine Natur und Sendung erspart. So hat er aber nicht geredet. Im übrigen schildern die Evangelien ihn so sanft nicht, wie heute oft die Pastoren: Er hat Ungläubigen ewige Höllenstrafen angedroht. Er hat sich und andere über das nahe Weltende getäuscht.[68] Er hat es abgelehnt, ‹Gott› gleichgesetzt zu werden, *Markus 10,18*. Am Kreuz sah er sich von Gott verlassen, *Markus 15,34*. Er hat auch Bizarres getan: Er hat böse Geister ausgetrieben und in eine Herde von zweitausend Schweinen verbannt, die sich dann in einen Fluß gestürzt hat, *Markus 5,11–14*. Er hat einen Feigenbaum zum Verdorren verdammt, nur weil er außerhalb der Erntezeit für ihn keine Früchte trug, *Markus 11,10–14*.

Wer auf den christlichen Glauben verzichtet, analysiert solche Defizite ruhig; er erlaubt sich nüchterne Betrachtung. Er braucht kein Glaubenssystem zu retten. Er läßt den Goldgrund und geht, wie es das Leben und das historische Handwerk fordert, in die Details.

Wir leben in Mitteleuropa nicht mehr in einer geschlossenen Glaubenswelt. Es werden widersprechende Ansichten verbreitet, und wer bewußt in dieser Gegenwart lebt, bleibt als Gläubiger von Zweifelsfragen nicht verschont. Ich habe manchen Christen sagen hören: «Herr, ich glaube, hilf meinem Unglauben!» Diesen Zwiespalt ist der Ungläubige los. Er betet keine widrige Beweislage gesund. Er behauptet nicht, im Christentum sei alles falsch gewesen. Er kennt seine Schwächen und seine oft maßlos übertriebenen Stärken wie die Liebesethik und die Bergpredigt; er findet es gut, wenn jemand Hungrige speist und Kranke besucht; er kritisiert die politische Ethik und die Sexualmoral der Christen; er teilt nicht ihre tradierte Auffassung von der Rolle der Frau. Er beurteilt die Beweislage für die Glaubwürdigkeit der christlichen Lehre skeptisch: Die alten philosophischen Glaubensvorbereitungen sind weggebrochen; die historischen Argumente sind schwach bis falsch. Daher vereinfache ich mein Leben und mache von diesen Hypothesen keinen Gebrauch. Ich wundere mich über die Großtönerei von Theologen, die das Christentum als Ausbund von Vernunft anpreisen. Paulus nannte es eine ‹Torheit›.

3. Christentum der Unvernunft

Wer den christlichen Glauben verläßt oder auf sich beruhen läßt, kann freier reden. Ihn kümmert nicht kirchliche Korrektheit; er überläßt die halbherzigen Reden und theologischen Verkniffenheiten denen, die sie brauchen. Manche waten gern im Nebel, besonders wenn sie Gottes Vorsehung wegen des Bösen in der Welt mit tradierten Redensarten verteidigen. Wer den Glauben aufgibt, verschafft sich Argumentationsfreiheit. Er geht dem Zweifel liebevoll nach, den der Rechtgläubige erleidet oder unterdrückt. Er kann sagen, die Bibel lehre zuweilen Unsinniges und die Kirchenlehre enthalte Unvernünftiges. Ich könnte dazu viele Einzelheiten aufzählen und ihre Unsinnigkeit begründen, aber dies würde mein Buch sprengen. Hier stelle ich ein paar Stichworte dazu zusammen: ausgewählte und knappgefaßte Proben vom Christentum der Unvernunft, von denen ich einige schon erwähnt habe.

3.1) Die Kirchen haben – die katholische bis 1960 und darüber hinaus, die evangelische mindestens bis 1800, aber auch darüber hinaus – gelehrt, das *Alte Testament* offenbare den wahren Gott, wenn auch auf unvollkommene Weise. Jeder Satz der Bibel sei von Gottes Geist diktiert.

Der alttestamentliche Gott – religions- und ideengeschichtlich von hohem Interesse – ist archaisch-grausam. Man lese bitte: *1 Samuel*, Kapitel 15. Die geschichtlichen Berichte zeigen ihn nicht als Weisen; er fürchtet Konkurrenz; er bereut und vernichtet die Menschheit bis auf einen Liebling, von dem man nicht weiß, wie er alle Tierarten in seiner Arche unterbrachte. Gott verhängt die Todesstrafe für unverschuldetes Berühren der Bundeslade. Der christliche Glaube hat Menschen in lebenswichtigen Dingen irregeführt, indem er z. B. versicherte, es gebe Hexen. Agnostiker schmunzeln, wenn es Gott gut tut, daß Salomo ihm 22000 Rinder und 120000 Schafe opfert. Sie vermuten aber, es sei erzählerische Großmäuligkeit im Spiel.

Die Kirchen behaupteten jahrhundertelang, die Hebräische Bibel sei *historisch* glaubwürdig mit ihren Erzählungen über den Turmbau zu Babel, die geschichtliche Rolle Abrahams, die Flucht aus Ägypten, den Durchgang durch das Rote Meer, die Eroberung Palästinas, das Babylonische Exil. Dabei handelt es sich um historische Dichtungen.

3.2) Die Kirchen forderten – wie oben – *historischen* Glauben an die Berichte nicht nur der Evangelien, sondern der ganzen Bibel. So sei das Paradies ein jetzt noch existierender körperlicher Raum, lehrte Thomas von Aquino und zitierte dafür Augustin.[69] Die Evangelien behaupten, Augenzeugenberichte zu sein. Sie sind es aber nicht. Dies belegen allein schon die Berichte über das leere Grab.

3.3) Auch die *Apostelgeschichte* spricht nicht aus Augenzeugenschaft. Dies zeigen allein schon die Berichte über die Bekehrung des Paulus.

3.4) Jesus und Paulus haben das nahe Weltende verkündet. Erlösung war, wenn nicht die Befreiung von der römischen Besatzung, so doch die Wiederkehr des hingerichteten Jesus in Herrlichkeit. Das 2. Jahrhundert verarbeitete die Erfahrung der ausbleibenden Parusie durch Hellenisierung, mit Dogmenbildung, Sakramentenlehre und Rejudaisierung; der Klerus verstand seine Hierarchie zunehmend nach alttestamentlichem Vorbild. Das hat später viele Falschbehauptungen zugunsten des Bischofs von Rom ermöglicht.

3.5) Die theologische Spekulation behauptet Unvereinbares. Sie konnte nicht einmal ihre Lehre von der Trinität (drei Personen, jede eine *substantia naturae intellectualis*, in *einer ‹usia›*) kohärent formulieren. Sie behauptete drei Personen, definierte ‹Person› als individuelle Substanz geistiger Natur, lehrte, Gott sei ein einziges Wesen und definierte dabei ‹Wesen› nicht als allgemeine Artbestimmung, was drei Götter ergeben hätte, sondern als einheitliche Substanz. Sie schaute nicht genau hin, wenn Augustin sagte, er wisse nicht, was hierbei ‹Person›, *persona*, bedeute. Und außerdem war seit dem 16. Jahrhundert klar erkennbar: Die Trinitätslehre von Nicea, Augustins und der Scholastik steht nicht im *Neuen Testament*. Sie ist eine inkongruente Konstruktion des 4. und 5. Jahrhunderts.

3.6) Divergierende Aussagen des Neuen Testaments und lebhafte Streitigkeiten veranlaßten theologische Konstrukteure zur Lehre von zwei Naturen in Christus. Seit dem Konzil von Chalcedon 451 ist ihr Jesus im Vollsinn Mensch, hat also menschlichen Verstand und menschlichen Willen, und er ist zugleich im Vollsinn wesensgleich Gott, hat also göttliche Einsicht und allmächtigen göttlichen Willen. Es ist nicht zu verstehen, wie ein- und dieselbe Person zwei Bewußtseine in sich vereint. Zudem widerspricht das Jesusbild der Evangelien der unsinnigen Annahme, in Jesus gebe es zwei Bewußtseine und zwei Willen. Demnach weiß er als Mensch den Jüngsten Tag nicht, den er als allwissender Gott gleichzeitig kennt.

3.7) Augustins theologische Spekulation erfand den Ungedanken *vererbbarer Schuld*. Sein Sexismus verband deren Weitergabe durch den Geschlechtsakt. Tod und Geburtsschmerzen erklärte er zu Folgen von Adams Sünde. Das Konzil von Karthago 418 und andere Kirchenversammlungen erhoben Augustins Erbsündenlehre und Gnadentheorie zur allgemeine Kirchenlehre, die Luther noch verschärfte. Der Brief des Paulus *An die Römer* deckt sie nur teilweise. Augustins Zeitgenosse Julian von Eclanum wies nach, sie sei unbiblisch und unvernünftig. Er zeigte, Augustins Theorie beruhe auf der Falschübersetzung von *Römerbrief* 5,12. Augustin fuhr mit seiner falschen Auslegung fort, und die römische Kirche folgte ihm auch noch auf dem Konzil von Trient, nachdem humanistische Gelehrte Julians Kritik an Augustins Fehlübersetzung bestätigt hatten.

3.8) Wenn Jesus die zweite Person der Gottheit ist, wesensgleich dem Vater, und wenn er durch seinen Tod Gott mit den Menschen versöhnt, dann hat er sich mit sich selbst versöhnt. Als Gott hätte er das einfacher haben können.

3.9) Exegetische Mängel, philosophische Unaufmerksamkeit und klerikale Selbsterhöhung schufen von der Verurteilung Berengars bis zum Laterankonzil von 1215 die Abendmahlslehre, die das Wesen des Brotes seiner Substanz nach für verwandelt erklärt, während die Broteigenschaften bleiben, die sog. Transsubstantiationslehre. Diese spricht die aristotelische Sprache, steht aber im Widerspruch zur Philosophie des Aristoteles. Das haben Philosophen seit dem Mittelalter durch subtile Analysen nachgewiesen.

3.10) Als die römische Kirche die intellektuelle Führung verloren hatte und der Kirchenstaat gefährdet war, stärkte sie ihre Position mit neuen Dogmen: Die unbefleckte Empfängnis der Maria (*immaculata conceptio*) 1854, die Unfehlbarkeit des Papstes 1870 und die Aufnahme Mariens in den Himmel anno 1950. Diese Machtsprüche der Päpste waren alle unvereinbar mit dem Glaubensbewußtsein der alten Kirche. Den Bischöfen, die historisch gebildet waren wie Carl Joseph Hefele, gerann bei solchen Übergriffen das Blut. Die gelehrtesten Theologen widersprachen. Vor allem protestierte Ignaz von Döllinger, als der Papst seine eigene Unfehlbarkeit beschloß. Das letzte Beispiel bot 1949 Berthold Altaner: Dieser bedeutendste katholische Kenner der alten Kirchenschriftsteller widersprach der Definierbarkeit der Aufnahme Mariens in den Himmel. Sein gelehrter Artikel erschien rechtzeitig in einer angesehenen theologischen Zeitschrift; kurz darauf definierte der Papst das Dogma gleichwohl. Solche Zumutungen bin ich los.

Meine Liste ist unvollständig. Ich könnte sie leicht verlängern. Sie beweist aber: Die Lehren des Christentums sind keineswegs in der Hauptsache tiefsinnige uralte Menschheitsweisheit oder ehrwürdige Mythen. Sie sind kein kostbares Schatzhaus ethischer Regeln jenseits aller Kritik. Es gibt dabei Unsinniges und ethisch Unhaltbares. Sie waren auch Instrumente zur Machtsicherung von Institutionen. Diese legten die Hand auf die Texte und sagten, was sie zu bedeuten haben. Das geschieht auch heute noch:

Man lege neben die grausamen Szenen von 1 Samuel 1,15 die Auslegung, die das Zweite Vatikanische Konzil mit der dogmatischen Erklärung *Dei Verbum* in den Abschnitten 15 und 16 gab. Dort steht,

3. Christentum der Unvernunft

die Bücher des *Alten Testaments* zeigten allen, wie der gerechte und barmherzige Gott sich zu den Menschen verhält, *modos quibus Deus et misericors dominus cum hominibus agit* (15) ... *Libri tamen veteris Testamenti integri in praeconio Evangelii assumpti* (16). Sie seien *gänzlich* aufgenommen in die Botschaft des Evangeliums.

Mir ist unbegreiflich, wie jemand, der *1 Samuel* 15 gelesen hat, solches Zeug schreiben kann. Eine Kirchenversammlung, die so inkompetent über ihre eigenen Urkunden herumsalbadert, die so offen sich und andere täuscht, hat mir nichts zu sagen. Sie sagt, alles Alttestamentliche sei ins *Neue Testament* aufgenommen. Wo bleiben dann die unzähligen Rechtsvorschriften der Hebräischen Bibel? Das *Alte Testament* teilt sie als den Willen Gottes mit. Ich kann auch deswegen kein Christ sein, weil ich das Schmunzeln nicht unterdrücken kann, wenn ich unter den Geboten Gottes – die ja nicht nur zehn, sondern über sechshundert sind –, folgende Vorschriften als den Willen Gottes finde:

> *Ihr sollt euer Kopfhaar nicht rundum abschneiden. Du sollst deinen Bart nicht stutzen* (*Leviticus* 19,27).
>
> *Ein Mann, der mit einer Frau während ihrer Regel schläft und ihre Scham entblößt, hat ihre Blutquelle aufgedeckt, und sie hat ihre Blutquelle entblößt; daher sollen beide aus ihrem Volk ausgemerzt werden* (*Leviticus* 20,18).

Der Herr sprach zu Moses und erklärte, wen er als Priester nicht will:

> *Denn keiner mit einem Gebrechen darf herantreten: kein Blinder oder Lahmer; kein im Gesicht oder am Körper Entstellter, kein Mann, der einen gebrochenen Fuß oder eine gebrochene Hand hat, keiner mit Buckel, Muskelschwund, Augenstar, Krätze, Flechte oder Hodenquetschung* (*Leviticus* 21,18–20).

Freunde alter Mythen erhöhen oft die Tonlage, wenn sie von diesen sprechen. Sie seien daran erinnert, daß sich unter den Geboten Gottes auch diese befinden:

> *Eine Hexe sollst du nicht am Leben lassen.*
> *Jeder, der mit einem Tier verkehrt, soll mit dem Tod bestraft werden.*
> (*Exodus* 22,17–18).

Keineswegs alle Gebote waren unsinnig. Aber die Perfektion göttlicher Dekrete hatten sie nicht. Kochrezepte brauchen wir nicht als Gottes Gebot:

> *Das Junge einer Ziege sollst du nicht in der Milch seiner Mutter kochen. (Exodus 23,19).*[70]

Viele Texte waren Klerikerprodukte wie die Papstfabeln des Mittelalters und Legenden der Heiligen. Es ist nicht besonders philosophisch, bei solchen Texten nicht historisch-genau hinzusehen.

4. Ein zweiter Durchgang

Dies war die unvollständige Liste der Unvernunft der Christentümer. Nachdem dies klar gesagt ist, mache ich einen zweiten oder auch dritten Durchgang durch die jüdisch-christliche Tradition. Sie ist *auch* ein Bildersaal produktiver religiöser Erfindungen: Ein Gott, der im Stall in der Krippe liegt. Ein Gott, der die Menschen vom Himmel besuchen kommt und den sie töten. Der Geist, der in Fischer fährt und sie in allen Zungen reden macht. Ein Weltenrichter, der die zur Hölle schickt, die korrekt immer ‹Herr, Herr!› gesagt haben und der nur die aufnimmt, die Hungernden zu essen gaben. Das sind Bildideen, die dem Nachdenken bleiben. Ohne den objektivistischen Wahrheitsbegriff der Dogmatiker blühen die Metaphern auf: *Seht die Lilien des Feldes ... Selig, die sehen, was ihr seht (Matth.* 13,16) ... der Himmel als Hochzeitsmahl ... die Verkündung des Friedens ...

Eine über die Aufklärung aufgeklärte Philosophie der Offenbarung öffnet sich diesem poetischen Reichtum. Vorausgesetzt wäre ein poetisches Wahrheitskonzept. Kein Besonnener wird sich auf es berufen, um die historisch-kritische Exegese zu ‹überwinden›. Es funktioniert anders: Es macht jede Wahrheitsbehörde überflüssig; es vergißt protestantische ‹Lehrzuchtverfahren›, wäre diese geistlose Vokabel nicht allein schon wegen ihrer Häßlichkeit unvergeßlich. Wer religiöse Reden poetisch nimmt, hat kein Toleranzproblem; er darf Paulus kritisieren, auch wenn dies zur Distanzierung vom späten Augustin und Luther führt.

4. Ein zweiter Durchgang 263

Wer kein Christ mehr ist, verliert damit nicht den Zusammenhang mit der christlichen Kultur. Er achtet ihren Bildervorrat, hört Monteverdis *Marienvesper* und besucht den frommen Bildersaal der Kunstgeschichte. Er betritt offen – so distanziert wie beeindruckt – die Kathedrale von Chartres, auch wenn er nicht kommt, um zu beten. Er freut sich an der Legendenwahrheit, daß Franziskus den Vögeln predigte. Liebte er nicht auch den Wolf von Gubbio? Und dann gibt es noch die Erzählung vom Rosenwunder der heiligen Elisabeth: Sie habe Brot aus dem fürstlichen Haushalt in ihrer Schürze zu den Armen getragen, da sei ihr Gemahl ihr begegnet und habe, Verschwendung fürchtend, gefragt, was da drin sei, und sie habe geantwortet: «Rosen». Sie schlug die Schürze auf für den kontrollierenden Landgrafen, und es waren Rosen. Gottes Allmacht hatte ein Wunder gewirkt zugunsten der Lügnerin.

Noch schöner ist die Legende vom Ehebett der Elisabeth. Die Tochter des Königs von Ungarn hatte einen kranken Bettler auf der Straße aufgelesen. Sie wusch ihn und legte ihn in ihr Ehebett. Ihr Eheherr kam – wie bei Ehebruchgeschichten üblich – früher als erwartet von der Reise zurück und wollte wissen, was das in seinem Bett sei. Sie schlägt die Decke zurück, und alle sehen im fürstlichen Ehelager ein hölzernes Kruzifix.

Muß man an Gott glauben, um diese Erzählung sinnvoll und erheiternd zu finden? Ein mittelalterliches Gemälde in der Elisabethenkirche in Marburg stellt sie dar. Es zeigt das Poetische der Religion, bei dem kein denkender Mensch fragt, ob es ‹wirklich› passiert sei.

Ich kann an dieses ‹Wunder› ‹glauben› und gleichzeitig sagen, es sei Legende; Ich zähle den Vorgang nicht zur Welt der Fakten. Ich halte ihn für wahr nur in dem Sinn: Der als ‹wirklich› erdachte ‹Gott› steht auf der Seite derjenigen Wohlhabenden, die für Bettler produktive Phantasie entwickeln und Konflikte riskieren. Die wahre Religion lehrt, daß die verschwenderische, fast verrückte Nächstenliebe einer jungen Frau höher steht als die noch so berechtigte Kontrollsucht des zu früh heimkommenden Ehemanns. Der ‹wahre› Gott stellt sich auf ihre Seite, selbst im streng-kantianisch programmierten Marburg.

Ob man nun Christ ist oder nicht: Wer über Christentum nachdenkt, könnte sich auf die vergnügliche Jagd nach solchen Bildern machen. Eine solche zweite Ausfahrt wäre kein Kompromiß.

Um von ihr noch eine kleine Probe zu geben, komme ich noch einmal auf das Thema ‹Himmel› zurück, nachdem ich es hinreichend entmythologisiert habe. Es ist damit nicht erschöpft. Ich kann es neu meditieren. Ich zeige das an einem winzigen poetischen Fragment. Es besteht aus nur zwei Zeilen, die isoliert überliefert sind; wir kennen keinen literarischen Zusammenhang. Es ist ein einziger religiös-poetischer Satz:

> *Immer, Liebes! gehet*
> *Die Erd und der Himmel hält.*[71]

Ein Bruchstück aus dem Gespräch von Liebenden. Unten ist die Erde, oben der Himmel. Die Stimme – des Mannes zur Geliebten? Der Mutter zum Kind? – beruhigt: Unten ist Unruhe, oben Halt und Ruhe. Der Himmel «hält», das heißt nicht nur, daß Ruhe bei ihm zu finden ist, sondern daß er trägt und sichert. Er hält die Erde und damit auch uns. Die ältere Sprache fordert das zweite e bei ‹gehet› und erlaubt die vom Dialekt vorgegebene Kurzform «Erd» ohne Schluß-e, was dem langen Stammvokal starken Ton gibt. Der intime Satz gibt Zuversicht, ohne etwas Kosmologisches oder Theologisches zu behaupten. Keine Autorität spricht da, sondern ein Liebender. An diesem Himmel gibt es nichts zu glauben und nichts zu entmythologisieren. Hölderlin redet von Erde und Himmel ohne dogmatischen Anspruch. Der Satz klingt hell; Tonfolge, Wortwahl und Schönheit des Rhythmus bringen die Ruhe dieses Himmels mit sich. Sie bewirken, was sie sagen: ein einziger dunkler Vokal im unbetonten «und». Sonst an den betonten Stellen nur i- und e-Töne. Ein Beispiel für poetische Wahrheit für den, dem der Satz etwas sagt.

Die zwei Zeilen stellen in ihrer Klarheit und Kürze keine inhaltlichen Probleme. Sie zeigen durch sich selbst ihre *Wahrheit*: Sie lenken den Blick auf Himmel und Erde, also auf Alles. Sie reden nicht von Gefühlen, sondern vom Kosmos, aber sie verändern auch in dem, dem sie etwas sagen, die Stimmung. Sie stimmen um. Es ist kein berühmter Satz; er kommt in keiner höheren Schulbildung vor. Der Gedanke, irgendeine Autorität müßte oder könnte ihn bestätigen, fällt in sich zusammen. Ich vergesse nicht, daß *ich* ihn ausgewählt, um nicht zu sagen: ausgegraben habe. Er war nie ‹umstritten›, nie die Parole einer um Macht kämpfenden Gruppe. Das unterscheidet ihn von dem Satz: «Am Anfang schuf Gott Himmel und Erde». Dieser Satz trat jahrtausendelang als unbestreitbares Gotteswort auf, bewehrt mit der intellektuellen Position der Kirchen und ihrer Gewalt über die Polizei. Es wäre eine naive Abstraktion, ihn unabhängig von den Kämpfen betrachten zu wollen, die er ausgelöst hat und in den Debatten um *intelligent design* heute noch auslöst. Er hat Schlagwortcharakter und schafft heute in den USA manchem Naturforscher und Pädagogen Schwierigkeiten. Er ist nicht der Satz eines Liebenden, der seine bange Geliebte tröstet; er soll das Wort Gottes sein, das die Wahrheit über das Universum enthalte und heute gegen die Evolutionstheorie in Stellung gebracht wird. Es gibt Geschichten und Sätze, die durch ihre Stilisierung zur göttlichen Autorität und durch jahrhundertealten Auslegungsstreit für die poetische Aneignung zerschlissen sind.

Aber über die einzelnen Texte gibt es kein definitives Urteil. Pasolini hat gezeigt, was man mit dem Matthäusevangelium im freien Gebrauch noch alles machen kann. Franz von Assisi hat entfaltet, was in den neutestamentlichen Berichten über die radikale Armut Jesu liegt. Was assimilierbar ist, hängt von geschichtlichen Konstellationen und von der religiös-poetischen Kraft Einzelner ab, die sich aus der Überlieferungsmasse ‹häretisch› ‹etwas herausnehmen›. Wer kein Christ mehr ist, hat dabei weniger Schererereien.

Auf ähnliche Art nahm ich langsam und relativ akribisch Abschied, ohne Wehmut, eher vergnügt, in dem Gefühl, etwas Neues gelernt zu haben und meine eigenen Gedanken denken zu dürfen. Ich war ein langsamer Nestflüchter. Am Ende stand das ruhig gewonnene Resultat: Ich war kein Christ mehr.

Anmerkungen

1 Erstes Vatikanisches Konzil. Dogmatische Konstitution *Dei Filius, De fide* c. 4, in: Heinrich Denzinger – Peter Hünermann, *Enchiridion symbolorum, definitionum et declarationum de rebus fidei et moribus*, Freiburg ^{40}2005, S. 819 Nr. 3019. Dort c. 2 S. 813 Nr. 3004 wird definiert, die natürliche Erkenntnis Gottes sei gewiß (*certa*). In c. 3 Nr. 3009 heißt es, äußere *facta* böten im höchsten Maße sichere Beweise der göttlichen Offenbarung, nämlich die biblischen Wunder und Weissagungen: *divinae revelationis signa sunt certissima*.
2 Kurt Flasch, *Über die Brücke. Mainzer Kindheit 1930–1949*. Frankfurt/M. 2001.
3 Die Stelle *Römer* 9,5 wirft philologische Probleme auf. ‹Gott›, das ist im Neuen Testament der Vater. Jesus wird im untergeordneten Sinn als Gott bezeichnet: *Johannesevangelium* 1,1; 1,18 und 20,28; *1. Johannesbrief* 5,20 und vielleicht *Titusbrief* 2,12. Dazu Walter Bauer, *Wörterbuch zum Neuen Testament*, Berlin ^{6}1988, Sp. 725.
4 *1 Könige* 17,17; etwas Ähnliches gelang seinem Schüler, *2 Könige* 4,32.
5 *Apostelgeschichte* 9,36 und 20,9. *Markus* 6,7 und *Matthäus* 10,8 berichten, Jesus habe die Apostel ausgesandt, um Kranke zu heilen, Tote zu erwecken und Dämonen auszutreiben.
6 Augustinus, *De consensu evangelistarum* 3, 7, 28–31.
7 Augustinus, *Contra epistolam fundamenti* 4 CSEL 25 Zycha p. 196.
8 Es versteht sich, daß diese Kritik sich nicht auf sprachphilosophische und systemtheoretische Analysen von ‹Sinn› bezieht, sondern auf seine theologische Abzweckung wie in den angeführten Beispielen.
9 Augustinus, *De vera religione* 7, 13, Corpus Christianorum 32, ed. Daur p. 196, 20–23.
10 Thomas von Aquino, *Quaestiones disputatae de veritate*, Quaestio I art. 10, Opera omnia, Band 22, Rom 1970, S. 31: *Veritas consistit in adaequatione rei et intellectus*.
11 Thomas von Aquino, *Quaestiones disputatae de veritate*, Quaestio 1

art. 2, Opera omnia, Band 22, Rom 1970, S. 9 b: *Res ergo naturalis, inter duos intellectus constituta, secundum adaequationem ad utrumque vera dicitur.*

12 Thomas von Aquino, *Quaestiones disputatae de veritate*, Quaestio 1, art. 1, Opera omnia, Editio Leonina, Band 22, Rom 1970, S. 5 b: *Omnis autem cognitio perficitur per assimilationem cognoscentis ad rem cognitam, ita quod assimilatio dicta est causa cognitionis, sicut visus per hoc quod disponitur secundum speciem coloris cognoscit colorem.*

13 Zur linguistischen Seite s. schon Bernhard Duhm, *Das Buch Jesaia*, Göttingen 1914, S. 52.

14 Die Stelle bei Justin, Erste Apologie 54, 2, *Apologiae pro Christianis*, ed. M. Marcocich, Berlin 1994, S. 108. Der heutige Stand der Forschung bei Ulrich Luz, *Das Evangelium nach Matthäus*, Band 1, Düsseldorf und Zürich ⁵2002, S. 152.

15 Thomas von Aquino, *Summa contra Gentiles* III 101, Editio Leonina III p. 313: *proprie miracula dicenda sunt quae divinitus fiunt praeter ordinem communiter observatum in rebus.*

16 I. Kant, *Die Religion innerhalb der Grenzen der bloßen Vernunft*, Zweyte vermehrte Auflage, Königsberg bei Friedrich Nicolovius 1794, S. 118. – Das Wort ‹statuieren› bedeutete in Kants Zeit: annehmen, behaupten; wir kennen das Wort noch in der Wendung ‹ein Exempel statuieren›.

17 Der lateinische Text der Verurteilung von 1277 und meine deutsche Übersetzung finden sich in: Kurt Flasch, *Aufklärung im Mittelalter? Die Verurteilung von 1277*, Mainz 1989, bes. S. 182 und 214.

18 Thomas von Aquino, *Summa contra Gentiles III 100*, Editio Leonina III p. 311 b: *Neque est contra naturam si Deus in rebus naturalibus aliquid operetur aliter quam consuetus cursus naturae habet. Hinc est quod Augustinus dicit ...*

19 Ich schreibe: ‹vermutlich›, denn nicht alle dem Paulus zugeschriebene Briefe sind von ihm verfaßt, in vermutlich sicheren Paulusbriefen ist mit späteren Einfügungen zu rechnen.

20 Bei Henecke-Schneemelcher, *Neutestamentliche Apokryphen. I. Evangelien*, Tübingen ³1959, Nr. 8, S. 122.

21 Bossuet, *Défense de la tradition et des saints pères*, Œuvres complètes, Band 4, Paris 1867.

22 Jürgen Becker, Auferstehung Jesu Christi, in: *Religion in Geschichte und Gegenwart*, Band 1 Tübingen ⁴1998, Sp. 922.

23 In *Sth* I 105, 8 gibt Thomas wieder eine andere Abstufung der Wunder.
24 Augustinus, *Contra epistulam Fundamenti* 4, CSEL 25, Wien 1891 p. 196.
25 Wer heute über die Ausbreitung des Christentums in der Antike spricht, begeht einen methodischen Fehler, wenn er sich dafür einen Lieblingsgrund ausdenkt statt die historischen Forschungen zu nutzen, die es dazu längst gibt. Vgl. Johannes Geffken, *Der Ausgang des griechisch-römischen Heidentums*, Heidelberg 1920; Paul Veyne, *Quand notre monde est devenu chrétien (312–394)*, Paris 2007. (dt.: *Als unsere Welt christlich wurde*, München 2008).
26 ‹Gott ist tot› steht bei Nietzsche, *Die fröhliche Wissenschaft*, 3. Buch, Nr. 108; Kritische Studienausgabe, München 1980, Band 3, Seite 467, 3. Buch Nr. 125: Der tolle Mensch, S. 480–482; 5. Buch Nr. 343 S. 573–574. Dazu: Martin Heidegger, Nietzsches Wort «Gott ist tot», in: *Holzwege*, Frankfurt/M. 1950, S. 193–247.
27 Nietzsche, *Die fröhliche Wissenschaft*. 5. Buch: Wir Furchtlosen. Aphorismus 343, Kritische Studienausgabe Band 3, S. 573.
28 Jahweh befiehlt auch sonst Genozide: 2 *Mose* 32,27; 4 *Mose* 32; *Josua* 7,24–25; *Josua* 10 und 11; 2 *Samuel* 12,29–31.
29 Ich zitiere, wenn nicht anders vermerkt, die Hebräische Bibel nach der sog. Einheitsübersetzung der Neuen Jerusalemer Bibel, abgekürzt NJB, Freiburg/Br. [8]1985.
30 Zum historischen Problem: Rudolf Smend, *Bibel, Theologie, Universität*, Göttingen 1997, besonders S. 5–20; ders., Sinai, in: Christoph Markschies – Hubert Wolf (Hg.), *Erinnerungsorte des Christentums*, München 2010, S. 128–149. Informativ auch: Philipp R. Davis, *In Search of ‹Ancient Israel›*, Sheffield 1992; Jan Christian Gertz (Hg.), *Grundinformation Altes Testament*, Göttingen [4]2010, besonders S. 291–292.
31 Thomas L. Thompson, *The Mythic Past – Biblical Archeology and the Myth of Israel*, London 1999; Shlomo Sand, *Die Erfindung des jüdischen Volkes. Israels Gründungsmythos auf dem Prüfstand*, zuerst hebräisch 2008, deutsch Berlin 2010.
32 Thomas von Aquino, *De spiritualibus creaturis*, a. 8: *Invenitur enim in speciebus rerum una abundare super aliam, sicut et in speciebus numerorum, ut dicitur in VIII Metaph. In istis autem inferioribus, quae sunt*

generabilia et corruptibilia, et infima pars universi, *et minus participant de ordine, invenitur non omnia diversa habere ordinem per se; sed quaedam habent ordinem per accidens tantum, sicut individua unius speciei. In superiori autem parte universi, scilicet in corporibus caelestibus, non invenitur ordo per accidens, sed solum per se; cum omnia corpora caelestia ab invicem specie differant, nec sint in eis plura individua unius speciei, sed unus tantum sol et una luna, et sic de aliis.*

33 Gerhard v. Rad, *Genesis*, Göttingen 1949, S. 60. Von da an zitiert als: Rad.

34 Wilhelm Vischer, *Das Christuszeugnis des Alten Testaments*, München 1935, S. 80, zustimmend zitiert bei Rad S. 75.

35 So auch die Augsburger Confessio: *Tota dissensio est de paucis quibusdam abusibus*, in: *Die Bekenntnisschriften der evangelisch-lutherischen Kirche*, Göttingen ⁶1967, S. 83.

36 Wichtige Quellen: Petrus Lombardus, 3 *Sent* 20, 1, 3; Thomas von Aquino *ScG* 4, 55 und *Sth* III 46–49; *Die Bekenntnisschriften der evangelisch-lutherischen Kirche*, Göttingen ⁶1967, dort Protest der Apologie der Augsburger Konfession S. 148 gegen scholastische Abschwächungen der Erbsünde Augustins; dazu Luther, *Schmalkaldische Artikel*, Teil 3, 1–10 in: *Bekenntnisschriften* S. 433–435; *Catechismus Romanus ex decreto concilii Tridentini*, lat.-dt., 2 Bände, Regensburg ⁴1905.

37 Apologie der Augsburger Konfession, in: *Bekenntnisschriften*, S. 146.

38 Johannes Herrmann, in: *Theologisches Wörterbuch zum Neuen Testament*, Band 3, Stuttgart 1938, S. 310 f.

39 Paulus, *Römerbrief* 3,25: hilastêrion, lat. *piaculum*, Versöhnungsmittel, Lösegeld. Ähnlich *Hebräerbrief* 2,17 und 1 Joh. 2,2 und 4,10. Vgl. den Artikel hilasmos in: *Theologisches Wörterbuch zum Neuen Testament*, Band 3, Stuttgart 1938, S. 311–324. Informativ auch Walter Bauer, *Wörterbuch zum Neuen Testament*, Berlin ⁶1988, Sp. 762–763.

40 Ich stelle hier zusammen, wie im Neuen Testament die ‹Erlösung› benannt wird. Sie heißt dort:

Lytrôsis, apolytrôsis, von lyein – lösen, bezahlen, *redemptio*, Erlösung; *lytron, premium redemptionis,* Kaufpreis, Lösepreis; lat. *redimere,* bedeutet: Loskaufen, einen Gefangenen auslösen. Als ginge es darum, die Gunst eines Mächtigen mit Geld zurückzuerkaufen, indem man einen Preis zahlt. Durch Zahlung die Gunst eines Herren wiedergewinnen, durch Lösegeld einen Schaden abwenden. Ein anderer Vorstellungskreis ist ‹Genugtuung›: Griechisch *katallax*, lat. *reconciliatio*, Versöhnung, *katallage* heißt Austausch, *katalassein* bedeutet: ausgleichen; *hilasmos*, lat. *Propitiatio, placatio*, Besänftigung des Zornes Gottes, Versöhnung, Wiedergewinnung der Gunst Gottes; *cheirographon*, Schuldbrief, der zerrissen wird Kolosser 2,12; *paradidonai, tradere*, preisgeben, hingeben. Gott gibt seinen Sohn dahin.

Die Bibelstellen dazu finden sich leicht unter den genannten Stichwörtern in: Gerhard Kittel, *Theologisches Wörterbuch zum Neuen Testament*, Stuttgart 1933 ff.

41 *Markus 10,45*, häufiger bei Paulus: *1 Timotheus 2,6; Titus 2,14*. So wurden wir gerettet vor dem Zorn Gottes: *1 Thessalonicher 1,10; Römerbrief 5,9 und 7,25*. Früh kommt die Wendung auf, Christus sei gestorben *für uns, 1 Thessalonicher 5,10*. Er habe sich hingegeben *für unsere Sünden, Galater 1,4*. Sein Blut wurde vergossen für die vielen, Paulus, *Römerbrief 5,6–8; 14,15; 1 Korinther 1,13*. Daß es nicht heißt «für alle», versteht sich.

42 Paulus, *Römerbrief 3,24–25; 6,18–19; 8,32; Galaterbrief 1,4 und 2,20*.

43 Wichtige Entwicklungsschritte: Irenäus (*Adversus haereses*, besonders 5,1,1 und 5,21,3) bis hin zu Anselms *Cur Deus homo?* und Abaelards *Römerbriefkommentar*.

44 Das Kreuz als Mausefalle, die den Teufel fängt, bei Augustin, *Sermo 130, 2 Pl 38, 726*: *Ad pretium nostrum tetendit muscipulam* (die Mausefalle) *crucem suam. Sermo 134, 5, 6 PL 38, 745: Quid ergo ad horam exultasti, quia invenisti in Christo carnem mortalem? Muscipula tua* (deine Mausefalle) *erat: unde laetatus es, inde captus es*. Augustin gebrauchte die Metapher der Mausefalle öfter. Auch Papst Gregor liebte sie, *Moralia 33, 14–31 und 17, 46*.

45 Paulus, *Römerbrief 12,1*. Er sah seinen apostolischen Dienst als Opfer, *Römerbrief 15, 16; 2. Korintherbrief 12,7–8*.

46 *Johannes 15,18–20*. Aber auch unter den Brüdern gibt es viele Antichristen, *1. Johannesbrief 2,18–21; 4,1–6*.

47 Augustinus, De *libero arbitrio*, ed. W. M. Green, 10, 29, 105–112, CORPUS CHRISTIANORUM, Series Latina, Band 29, Turnhout 1970, S. 293–294.

48 Ich folge in der Ablehnung einer universalistischen, inklusivistischen Deutung der Passage dem wohl besten gegenwärtigen Matthäuskommentar: Ulrich Luz, *Das Evangelium nach Matthäus*, Band 3,

Evangelisch-katholischer Kommentar zum Neuen Testament, Zürich – Neunkirchen-Vluyn 1997, der auf den Seiten 516–561 eine besonnen-abwägende Interpretation entwickelt, wenn er auch zum Schluß die historisch-philologische Analyse verläßt und zum Auslegungsprinzip Augustins zurückkehrt, in der Bibelauslegung sei alles wahr, was die Liebe fördere.

49 Die Hebräische Bibel gibt den Text an mehreren Stellen mit Variationen wieder, z. B. *Exodus* 20,2–18 und 34,10–26. Ich folge zunächst der Fassung *Deuteronomium* 5,6–22, deutsch nach NJB S. 223. Zur Interpretation vgl. Julius Wellhausen, *Prolegomena zur Geschichte Israels*, Berlin [6]1905; ders., *Israelitische und jüdische Geschichte*, Berlin [6]1907; Martin Noth, *Das zweite Buch Mose. Exodus*, übersetzt und erklärt. *Das Alte Testament* Deutsch. Neues Göttinger Bibelwerk, Teilband 5, Göttingen [7]1984, S. 122–135; Gerhard von Rad, *Das fünfte Buch Mose. Deuteronomium*. Neues Göttinger Bibelwerk, Teilband 8, Göttingen [4]1983, S. 40–44; Norbert Lohfink, *Studien zum Deuteronomium und zur deuteronomistischen Literatur*, 5 Bände, Stuttgart 1990–2005; Eckhart Otto, *Das Deuteronomium. Theologie und Rechtsform in Juda und Assyrien*, Berlin 1999; ders., *Das Gesetz des Mose*, Darmstadt 2007. Zur Unauffindbarkeit des Berges Sinai informativ: Rudolf Smend, Sinai, in: Christoph Markschies – Hubert Wolf (Hg.), *Erinnerungsorte des Christentums*, München 2010, S. 128–159.

50 G. von Rad, *Das fünfte Buch Mose*, S. 43.

51 So Jan Christian Gertz, *Grundinformation Altes Testament*, Göttingen [3]2009, S. 232.

52 *Exodus* 19,13–17 und 20,18–19; *Deuteronomium* 5,23–26.

53 Thomas von Aquino, *Sth* I–II 100, 11: *Sed praecepta moralia ex ipso dictamine rationis naturalis efficaciam habent, etiamsi numquam in lege statuantur.*

54 *Matthäus* 5,1–7,29 mit kleinerer Parallele in *Lukas* 6,20–49.

55 Ich benutze den griechischen Text nach Nestle-Aland [27]1993 und verdanke viel Ulrich Luz, *Das Evangelium nach Matthäus*, Band 1, Evangelisch-katholischer Kommentar, Düsseldorf – Neunkirchen-Vluyn [5]2002. Deutsche Übersetzung nach NJB, mit kleinen Veränderungen.

56 Das ist *Matthäus* 5,3–12 und *Lukas* 6,20–21 zusammengesehen.

57 Erst *Lukas* 6,22–23 entspricht wieder *Matthäus* 5,9–12.

58 *Leviticus* 18,22–23 und 20,12.

59 Paulus, 1 *Korinther* 6,9.
60 Paulus, *Römerbrief* 1,26–27; 1 *Timotheus* 1,8–11.
61 Thomas von Aquino, *Sth* II–II 154, 12 et ad 1, vgl. 154, 11.
62 Quellen zum Thema bei Gerald Bonner, s. v. *concupiscentia*, in: *Augustinus-Lexikon*, Band 1, Basel 1986–1994, Sp. 1113–1122.
63 Tertullian, *De anima* 4, 1 und 7, 1, 1.
64 Origenes, *De principiis* 1,1,7 und 3, 1, 13.
65 Cassiodor, *De anima*, CCSL 96, Turnhout 1973.
66 Gregor der Große, *Dialogi*, IV, 7, lateinisch-französisch in den *Sources chrétiennes* Band 265, Paris 1980, S. 43.
67 Jesus über die Hölle: *Markus* 3,29 und 9,43–48, bei *Matthäus* 3,12; 5,22–30; 18,8 und 25,41–46; *Johannes* 15,6.
68 Belege: *Markus* 9,1; *Matthäus* 10,23; 16,28; 24,34, 26,64. Dasselbe bei Paulus: 1 *Thess*, 4,15–17.
69 Thomas von Aquino, *Sth* I 102, 1: Thomas stellt sich die Frage, ob das Paradies ein physischer Ort, eine körperliche Landschaft sei, ein *locus corporeus*. Er kennt die alte Tradition einer symbolischen Auslegung; er zitiert zwei Texte Augustins, in denen Augustin gegen die Tradition des Origenes angeht und die bildliche Deutung nur dann zuläßt, wenn die massiv-realistische Deutung zuvor akzeptiert worden ist: Augustinus, *De Genesi ad litteram* 8, 1 CSEL 28 Zycha 229 und *De civitate Dei* 13, 21. Der Bericht vom Paradies, sagt Augustin, sei nicht von der bildlichen Art des Hohen Lieds, sondern handle durchaus von Dingen, die geschehen sind, *sed omnino gestarum est sicut in Regnorum libris*. Wer die realistische Deutung zurückweise und nur die allegorische zulasse, tue das, wie er nicht an die Wunder glauben wolle, ib. p. 229–232.

Thomas bestätigt dies und fährt fort: *Ea enim quae de paradiso in Scriptura dicuntur per modum narrationis historicae proponuntur. In omnibus autem quae sic Scriptura tradit, est pro fundamento tenenda veritas historiae et desuper spirituales expositiones fabricandae.*

Thomas nimmt den historischen Charakter der Paradieseserzählung als Exempel, um eine Regel *aller* Schriftauslegungen daraus abzuleiten: Es gebe in der Bibel durchaus Texte, die nur allegorisch zu lesen sind, wie das Hohe Lied. Aber wenn die Bibel eine Geschichte erzähle, sei zuerst der historische Sinn festzuhalten. Er sei das Fundament, auf dem dann geistliche Auslegungen aufgebaut werden können.

Thomas erwähnt, daß Geographen nach dem Ort des Paradieses

gesucht und ihn nicht gefunden haben: *Aliqui diligentissime inquisierunt omnia loca terrae habitabilis* (arg. 3). Er findet dafür die Erklärung, es gebe diesen Ort, aber er sei geographisch so abgelegen, durch Berge oder Meere von den bekannten Gegenden abgetrennt, so daß Geographen ihn nicht entdecken konnten, I 102, 1 ad 3.

70 Übersetzung der Neuen Jerusalemer Bibel, Freiburg ⁸1985.
71 Hölderlin, Sämtliche Gedichte, hg. von Joachim Schmidt, Deutscher Klassiker Verlag im Taschenbuch, Band 4, Frankfurt/M. 2005, S. 442 Nr. 64.

Sachregister

Allegorie 21–22, 86–87, 189–190
Auferstehung 132–136, 195; *vgl.* Bibel, Wunder, Historisch-kritische Methode
Autobiographisches 9, 11, 14, 28–38, 248–249, 253–257

Bekenntnisformeln 11–13, 25, 26, 73; *vgl.* Glaube, Lehre
Bibel 17, 22, 47, 108–114, 57–167, 180–193, 223–229, 257–258, 261
Böse, das 171–179

Christentum
- Ausbreitung 64, 66; *vgl.* Glaube, Wunder
- Definition 19–26, 80
- Geschichtlichkeit 12, 13, 17, 41–61; *vgl.* Einschnitt, Historisch- kritische Methode
- Wahrheit 17, 18, 83–108, 262–264

Dichtung 102–108, 117, 119, 262–265

Einschnitt, des 18. Jahrhunderts 20, 27, 41–48, 66–67, 80–82, 84, 86, 140, 141, 234–244
Erlösung 194–214, 259

Erschaffung 180–193
Eschatologie 226–228, 245–246, 258; *vgl.* Ethik, Himmel, Hölle, Seele
Ethik 102–103, 176–177, 209, 212, 215–231, 260; *vgl.* Liebe

Frau 185, 186, 192–193, 256

Gefühl 21, 68–71, 223; *vgl.* Ethik, Glaube
Glaube, Glaubensbegründung 20–21, 64–82; vgl Entscheidung, Gefühl, Sprung, Wunder
Gnade 78–79, 196–199, 208; *vgl.* Erlösung, Gott
Gott 14–15, 19, 42, 139–193, 257; *vgl.* Erlösung, Erschaffung, Glaube, Liebe, Metaphysik, Theodizee, Vernunft
- Begriff 139–140, 142, 161
- Beweise 144–157
- sein Tod 141–143; *vgl.* Einschnitt, Geschichtlichkeit
- der Väter 157–167, 257; *vgl.* Bibel, Erlösung, Liebe, Theodizee
- Vergröberungen im 20. Jahrhundert 141–142, 149

Himmel 247–250; *vgl.* Eschatologie, Hölle, Seel
Hölle 250–252; *vgl.* Eschatologie, Seele
Historisch-kritische Methode 48–61; 121–129, *vgl.* Bibel, Christentum, Einschnitt

Lehre, christliche 9, 11; *vgl.* Bekenntnisformeln
Liebe 9, 142, 199, 206–209, 215–229, 232, 256; *vgl.* Ethik

Metaphysik 20, 21, 48, 97, 140, 141, 144–149, 150–157, 161, 165–167, 168–171, 173–174, 181, 232–244; *vgl.* Einschnitt, Gott, Philosophie

Philosophie 13, 14–18, 23, 24, 144–157, 166, 225, 234–244; *vgl.* Metaphysik, Vernunft, Wahrheit

Relativismus 43; *vgl.* Geschichtlichkeit, Wahrheit
Religion 10, 16, 17, 43, 89–108, 167

Seele 232–244; *vgl.* Einschnitt, Ethik, Metaphysik, Unsterblichkeit
‹Sinn des Lebens› 75–76; *vgl.* Glaube, Vernunft
‹Sprung› 76–78; *vgl.* Einschnitt, Glaube

Universum 174–176
Unsterblichkeit 27, 48, 232–244, 247; *vgl.* Einschnitt, Metaphysik, Seele

Vernunft 132, 257–262; *vgl.* Gott-Beweise, Philosophie, Wahrheit

Wahrheit 17, 18, 83–108, 195, 262–265; *vgl.* Dichtung, Historisch-kritische Methode
Weissagungen 109–114; *vgl.* Bibel, Historisch-kritische Methode
Wunder 57, 114–120, 133–135; *vgl.* Auferstehung, Ausbreitung, Bibel, Historisch-kritische Methode

Personenregister

Abaelard 87, 197, 206
Adenauer, Konrad 140
Adorno, Theodor W. 32, 34
Albert der Große 42
Albert von Köln 248
Allwohn, Adolf 32
Altaner, Berthold 260
Anaxagoras 15
Anselm von Canterbury 87, 144–147, 150, 197, 206
Apollonios von Tyana 110
Aristoteles 15 f., 24, 42, 88, 96, 100, 150, 152 f., 178, 180, 209, 222, 225, 237, 239 f., 244 f., 260
Augustin 10, 18, 23, 53, 58, 61 f., 64–67, 86–88, 90–95, 100, 105, 108, 114, 117, 119, 132, 134–136, 140, 150, 155, 161, 176 f., 190, 196–198, 202–204, 206, 208–214, 218, 222, 225, 230 f., 234, 237 f., 240, 244, 251 f., 258 f., 262
Augustus 33
Averroes 239

Barth, Karl 149, 167, 231, 241 f.
Bartsch, Hans-Werner 35
Bayle, Pierre 48, 51, 87
Bellarmin, Robert 84
Benedikt, hl. 238

Benedikt XIV. 116
Berengar von Tours 260
Bernhard, hl. 115
Bloch, Ernst 82
Blumör, Josef 248 f.
Boccaccio, Giovanni 115
Bockius, Fritz 29
Böll, Heinrich 43
Boethius 237
Bonhoeffer, Dietrich 191
Bonifaz VIII. 209
Bossuet, Jacques Bénigne 52, 62, 129
Bradwardine, Thomas 145
Braun, Herbert 30, 35–37
Brück, Anton Philipp 30
Brüning, Heinrich 29
Bruno, Giordano 42
Buchberger, Michael 130
Buddha 69
Büchner, Georg 105
Bultmann, Rudolf Karl 32, 34–36, 54, 149, 156, 250
Bush, George W. 45

Caesar, Gaius Iulius 33
Calvin, Johannes 51
Cassiodor 237
Cicero, Marcus Tullius 33 f., 140, 209

Cramer, Wolfgang 32, 34
Cusanus, Nicolaus 50

Dante Alighieri 115, 240, 249
Descartes, René 146, 155
Diehl, Lorenz 30
Dilthey, Wilhelm 71, 82
Dionysius Areopagita 50, 53, 129, 148
Döllinger, Ignaz von 260
Drewermann, Eugen 45

Eckhart 71, 192
Elisabeth, hl. 263
Empedokles 110
Erasmus von Rotterdam 50, 53, 87, 215
Eusebius von Caesarea 114, 126

Fichte, Johann Gottlieb 12, 67 f.
Flasch, Josef 29 f.
Foucault, Michel 231
Franz von Assisi 74, 263, 265
Freud, Sigmund 231

Galilei, Galileo 42
Gaulle, Charles de 140
Gaunilo von Marmoutiers 145 f.
Gehlen, Arnold 246
Gelzer, Matthias 32–35
George, Stefan 30
Gilson, Etienne 167
Görres, Joseph 118
Goethe, Johann Wolfgang 14, 19, 28, 85, 163 f., 180, 190

Gregor I., gen. der Große 203, 222, 237 f., 250–252
Grün, Anselm 45

Häring, Bernhard 231
Heckmann, Herbert 32
Hefele, Carl Joseph 260
Hegel, Georg Wilhelm Friedrich 67 f., 77, 118, 146
Heidegger, Martin 34, 82, 167, 214, 246
Heine, Heinrich 64, 67
Heraklit 14 f., 190
Hesiod 14, 189
Hirschberger, Johannes 32
Hitler, Adolf 29, 31, 72, 149
Hölderlin, Friedrich 264
Höllerer, Walter 32
Homer 14, 104, 189, 218, 235
Horkheimer, Max 32, 34
Hume, David 45, 48, 115, 129, 141, 155, 245 f.

Irenäus von Lyon 196, 236, 238

Jacobi, Friedrich Heinrich 77, 82
Jaspers, Karl 34, 190
Julian von Eclanum 42, 177, 259
Justin der Märtyrer 113, 236

Kant, Immanuel 20, 45, 48, 64, 67 f., 70, 82, 115, 141, 146, 148, 155, 172, 216, 241–243, 245, 253
Karl I., gen. der Große 215
Kierkegaard, Søren 21, 75, 77, 82
Kirn, Paul 32

Konstantin I., gen. der Große 50, 129, 134
Kopernikus, Nikolaus 46
Küng, Hans 45

Lange, Friedrich Albert 245
Langerbeck, Hermann 32
Leibniz, Gottfried Wilhelm 20, 46, 48, 87, 146, 176, 240, 242
Leo XIII. 59
Lessing, Gotthold Ephraim 128
Löwith, Karl 167
Loisy, Alfred 60
Lommatzsch, Erhard 32
Lucia, hl. 86
Lukian 110
Luther, Martin 18, 22, 46, 65, 71, 88, 140, 181, 197, 199, 215, 240, 259, 262

Mann, Thomas 131
Marshall, Bruce 115
May, Kurt 32
Merleau-Ponty, Maurice 246
Meyer, Eduard 33
Mommsen, Theodor 33
Montaigne, Michel de 32
Monteverdi, Claudio 263
Müller, Gerhard Ludwig 113

Napoleon Bonaparte 41
Newton, Isaac 116
Nietzsche, Friedrich 30, 139, 143 f., 245
Nikolaus von Kues 119, 150

Ockham, Wilhelm von 47 f.
Origines 202, 209, 237, 240, 251

Parmenides 161
Pascal, Blaise 21, 68, 116, 140, 181
Pasolini, Pier Paolo 265
Patzer, Harald 32
Paulus von Tarsus 33, 36, 50, 52 f., 55, 58, 60, 111, 120–124, 126 f., 129, 147, 196, 200–202, 205–209, 228, 230 f., 247, 257–259, 262
Philo 189, 234
Piero della Francesca 131
Platon 14, 57, 91 f., 94 f., 105, 139, 147, 150–152, 161, 180, 190, 234, 236, 239 f.
Plotin 94, 181
Pompeius Magnus, Gnaeus 33
Proklos 50, 53, 129
Pythagoras 110

Rabelais, François 32
Rad, Gerhard von 158, 162, 188, 190–193
Rahner, Karl 149, 154, 167
Ratzinger, Joseph 11, 77, 107 f., 112, 121, 136, 162, 166 f., 176
Romanianus 91
Russell, Bertrand 9, 80

Scheler, Max 82, 246
Schelling, Friedrich Wilhelm 67 f., 169
Schlegel, Friedrich 231
Schleiermacher, Friedrich 68, 82, 115, 231, 252

Schneider, Hermann 200
Schönborn, Christoph 74
Schopenhauer, Arthur 178
Schrott, Raoul 104
Schwalbach, Johannes 29 f.
Scotus, Johannes Duns 146
Seneca, Lucius Annaeus 144, 209
Servet, Michael 50 f.
Simon, Richard 48, 51 f., 60, 62, 87, 129, 181
Smend, Rudolf 164
Sölle, Dorothee 250
Sokrates 15, 69, 92, 234, 236, 240
Spinoza, Baruch de 48, 51, 103
Stohr, Albert 29
Strauss, David Friedrich 83
Sturmfels, Wilhelm 32
Suarez, Franz 155

Teresa, Mutter 74, 215
Tertullian 236 f.

Thomas von Aquino 22, 65–67, 77, 88, 114, 117, 119, 132–136, 146, 153–156, 168, 174 f., 177, 197, 206, 209, 222 f., 230 f., 244, 258
Thukydides 58

Valla, Lorenzo 50, 53, 87
Vattimo, Gianni 18
Vossler, Karl 33
Vossler, Otto 32 f.

Wagner, Richard 178
Weber, Max 118
Weckesser, Klaus 32
Weiser, Artur 193
Wellhausen, Julius 186
Wilhelm II. 21
Wittgenstein, Ludwig 45, 82
Wolff, Christian 242

Xenophanes 15